남성성과 문화

남성성과 문화

Masculinities and Culture

존 베이넌 | 임인숙 · 김미영 옮김

고려대학교출판부
KOREA UNIVERSITY PRESS

Masculinities and Culture
by John Beynon

서문과 감사의 글

이 책은 다음과 같이 구성된다. 1장은 젠더와 남성성과 '남성성들'에 대한 일반적인 쟁점들과 논쟁들을 제기한다. 2장은 역사적 차원을 도입하여 대영제국 시대 남성성의 구성을 검토한다. 3장은 오늘날까지 남성성들을 비판적으로 연구하고 이론화해 온 네 가지 학제 간 방식을 개괄한다. 4장은 현대의 남성이나 남성성, 혹은 심지어 둘 다 만성적인 '위기'라는 주장에 초점을 맞춘다. 5장은 소위 '신新남성'의 기원들을 조사하고 1980년대와 1990년대에 가속화된 남성성의 상품화를 살펴본다. 6장은 새천년을 맞는 기간 동안 영국의 정론지들과 대중서적들에서 이루어진 '밀레니엄 남성성'의 담론적 구성을 검토한다. 마지막으로 7장은 남성성을 서로 다른 방법으로 연구할 수 있고 대단히 광범위한 자료를 이끌어 낼 수 있는 '연구양식들' 여섯 가지를 상술한다. 나는 다방면에 걸쳐 있고 지적 깊이와 폭을 아우르는 책을 쓰려고 내내 애썼다. 그래서 문화연구, 미디어연구, 문학연구뿐만 아니라 문학, 역사, 대중문화(특히 영화와 텔레비전), 잡지, 정론지, 사회학, 민속지학, 인류학 등을 아우르는 광범위한 자료들에 의존했다. 용어해설 부분은 독자들이 이 책을 읽으며 익숙해질 용어들을 많이 담고 있는 한편 이 책에 중대한 기여를 하고 중요한 주제들을 요약하고 있다.

글쓰기는 가장 좋을 때에도 고독한 일이고 저자가 다른 사람들에게 진 막대한 빚을 지속적으로 떠올리게 만드는 작업이다. 그래서 나는 이 책의 출현에 크고 작게 기여했던 다음 분들에게 진심에서 우러나오는 감사를 표시하고 싶다.

• 글래모건대학 정책센터의 구성원들은 2000년과 2001년 학기에 내게 강의를 면제해 주었다. 그러지 않았다면 이 책《남성성과 문화》는 결코 빛을 볼 수 없었을 것이다.

• 인문사회과학대학(HASS)의 '미디어와 문화연구학과'의 친구들과 동료들, 특히 톰 오말리와 필립 미첼. 톰은 내 뒤를 이어 학과장 자리를 맡아 줘 내가 이 책의 초고를 제때 완성하는 데 더할 나위 없이 기여했다. 가브리엘 버넌에게도 같은 빚을 졌는데 그는 '유럽 미디어와 문화 연구 네트웍'의 조정자 자리를 승계해 주었다.

• HASS의 소중한 친구들과 동료들인 (알파벳 순서대로) 스티브 블랜드퍼드, 페니 번, 마이크 코놀리, 데이비드 던컬리. 콜린 젠트, 피터 자차이미어크, 게리 르웰린, 매기 맥노턴, 밀레나 모건, 유안 모리스, 크리스피터스, 토니 파웰, 에이드리언 프라이스, 제인 프린스, 에린 스트리프, 앤디 톰슨, 다이아나 월래스 외에도 너무나 많은 사람들이 있어서 이름을 모두 언급할 수 없다.

• 스튜어트 앨런은 처음부터 친절히 격려해 주었고 기획 후반부에는 유익한 편집상의 논평을 해 주었다. 버킹엄 개방대학 출판부의 저스틴 본과 크리스틴 퍼스 두 사람 모두 함께 일하기에 탁월한 전문가들이다.

• '돌핀 북스'의 소유주인 칼 데이비스는 내게 읽을 자료들을 꾸준히 제

공했을 뿐만 아니라 나를 위해서 참고문헌 만드는 작업에 많은 수고를 하였다. 아울러 글래모건대학 시청각교재센터의 직원들(특히 빌 뉴먼과 앨런 코튼), 카디프대학 도서관, 상원上院 도서관, 런던대학, 중부 미주리주립대학 도서관, 런던의 영국영화연구소와 특히 언제나 도움을 주었던 이안 오설리번.

• 내가 의존한 책들의 많은 저자들. 나는 특히 빅토리아 시대의 보디빌딩에 대해 대단히 창의적인 연구를 한 마이클 버드에게 큰 신세를 졌다(2장). 그리고 1980년대와 1990년대 남성성의 상품화를 기록한 프랭크 모트와 숀 닉슨, 팀 에드워즈의 연구에 빚지고 있다(5장).

• 이 책은 지난 수년 동안 진행했던 남성성 강의의 산물이면서 강의에 다시 영향을 미치기 위한 것이다. 그러므로 나는 HASS의 '남성, 남성성 그리고 문화' 과목을 들은 수많은 과거와 현재의 학부생들에게 감사하고 싶다. 특히 그들의 미간행 연구물을 간단하게 인용하도록 허락해 준 애덤 게리쉬와 매기 메이거에게 감사한다. 또 현재 박사과정에 있는 피터 자차이미어크와 리처드 서스턴에게 특별히 감사를 보낸다. 피터와 리처드 둘 다 남성과 남성성의 분야에서 조사연구를 수행했고 나는 그들이 진행하고 있는 작업을 간략히 참조했다.

• '힐탑' 병원의 직원들, '빅토리아가' 종합학교, '그린 에이커' 중등학교는 내가 현장연구들을 수행하도록 허락해 주었고 그것은 7장에서 잠깐 언급된다.

• 1998년부터 지금까지 이 책의 초고들이 발표된 맨체스터대학의 학술회의를 조직했던 분들, 애버리스트위스대학, 폴란드 로드대학의 영국연구센터, 노팅엄대학, 워릭대학, 런던대학 교육연구소, 산티아고 데 콤

포스텔라대학, 포위즈 뉴타운의 웨일스대학의 그래기노그 홀 컨퍼런스 센터, 글래모건대학 HASS의 연구자 세미나, 특히 버솔드 쉐네하우드와 다니엘 리가 조직하여 2000년 8월 리버풀의 존 무어스대학에서 개최된 국제학술회의 '남성 공론화하기Posting the Male'의 발표자들과 토론자들에게 감사하고 싶다. 인상 깊었던 이 모임은 현대 남성성 연구의 다양성과 활력을—만일 증거가 필요하다면—입증했다. '남성 공표하기'는 내가 7장, '오늘의 남성성 연구하기'를 쓰고 있을 때 개최되었다. 그러므로 존 무어스대학에서 발표된 탁월한 최신 논문들을 많이 인용한 것은 우연이 아니다.

• 나의 가족 헬렌, 사라, 데이비드. 수많은 종잇조각들 위에 읽기도 어렵게 휘갈겨 쓴 글들로부터 잘 정돈된 참고문헌들을 마법처럼 만들어 낸 헬렌에게 대단히 감사한다.

• 마지막으로, 이 책을 나의 아버지 월터 베이넌(1903-74)의 기억에 헌정함이 특히 적절해 보인다. 그는 제국의 모험 이야기들에 둘러싸여 성장했고, 그의 어린 시절은 제국이 상승일로였던 기나긴 '에드워드 왕의 전성기'와 일치한다. 그는 열다섯 살에 《보물섬》과 《산호섬》에 그려진 그런 일들로 뛰어들었다. 그는 안락한 환경을 내던지고 바다로 도망쳤는데 그의 귀에는 당시 음악당에서 유행했던 노랫가락이 한 점 의심 없이 울려 퍼졌다 한다.

이 세상 끝날 때까지 담대한 소년들은
어디서 났든 나이가 몇이든 모두
바다로 내달릴 테니

거대한 대양을 개의치 않고
바다가 요동칠 때도
안 그러면 그들은 얼마나 진절머리를 낼 것인지!
해안의 삶은 정말 따분하다
그러나 바다 깊은 곳에서 그들은 확실히 건질 것이니
부와 명성을…

그 후 그는 멀리 떨어진 당시 대영제국의 모든 곳을 여행했다. 2장을 쓰면서 내 아버지를 좀 더 잘 이해할 수 있게 되었다.

·존 베이넌
영국 웨일스 트레포리스트의 글래모건대학에서

차례

1장

무엇이 남성성인가?

테리: “내가 젊었을 때 세상은 지금의 반만큼도 복잡하지 않았어. 남자는 남자고 여자는 여자였지. 맞아, 논란의 여지가 없었지! 당신은 이제 당신이 어디 있는지 모를 거야! …”

(뒤에서 “그래 맞아, 그렇지!” 등의 합창).

“… 내가 무슨 말을 하는지 알고 싶으면 여기 들어오는 사람들을 쓱 한번 둘러보기만 해도 돼. 그들은 내가 그들 나이였을 때와는 달라 보이고 다르게 행동하지. 서로 껴안고 키스하는 한 덩어리가 들어오고 있네. 근력강화 운동을 하고 킥복싱을 하는 여자들도 있지. 그들 중 하나는 심지어 해군에 지원했다네! 남자 같기도 하고 여자 같기도 하고, 내 막말을 용서하게나, 모든 게 곤두박질치고 있네. 확실해 확실하다고!”(2000년 10월 남부 웨일스 ‘시타운’의 파크호텔 술집에서).

‘남성성’ 혹은 ‘남성성들’?

처음부터 한 가지를 수정처럼 분명히 해 두어야만 한다. 책 제목에 반영되어 있고 이 책이 반복해서 예시하듯이 ‘남성성’은 많은 남성성들로 구성되어 있다는 점이다. 각 장은 다양한 남성성들이 존재하고 있음을 탐색하거나 지적한다. 모든 남성들이 공통적으로 남성의 몸을 가지고 있지만(크기, 형태, 외양은 가지각색이라도) 젠더, 즉 '남성다움'과 '여성다움'의 형식들과 표현들은 무수히 많기 때문이다. 남성성에는 언제나 문화적 역사적 지리적 위치가 덧붙여진다. 우리 시대에는 여성주의와 게이운동이 결합해 획일화된 남성성 개념을 파열시키는 데 영향을 미쳐 왔고, 심지어 섹슈얼리티도 더 이상 고정되거나 타고난 것으로 여겨지지 않게 되었다. 결과적으로 '남성성들'이란 용어 사용이 갈수록 유행이 되고 있는데[예를 들어, 부흐빈더(Buchbinder, 1994)와 코넬(Connell, 1995)에서처럼] 이는 우리의 새 시대를 반영하기 위해서이자 남성성의 문화적 구성과 표현을 더 자세하고 엄밀한 비판적 조사에 노출시키기 위해서이다. 복수 형태의 남성성을 처음 접했을 때 놀라웠던 것이 남성성은 생물학적으로 정해진 표준화된 그릇이고 그 안에 모든 '정상적' 남성들이 들어 있다는 가정, 즉 남성성은 심리학적 기질들과 신체적 속성들에 입각해 측정할 수 있는 '자연적인' 어떤 것이라는 널리 펴져 있던 상식적 가정에 배치되었기 때문이다. 이제 그 개념은 더 이상 놀랍지 않다.

그러나 우리가 남성성을 문화(그 자체가 분명 엄청나게 다채로운데)와 연결해 보면 남성성의 실행은 다양하고 유동적이고 심지어 불안정한 구성물이라는 점이 이내 분명해진다. 그래서 나는 이 점을 강조하고자 한다. '남성성'이 나타날 때마다 그것을 획일성을 의미하는 것으로 읽어서는 안 되고 그 반대로 다양성과 분열성으로 읽어야 한다는 점이다. (사실상 그것은 '데이터data'라는 단어와 매우 비슷한 '단수형 복수'로 많은 다른 형태들을 취할 수 있는 것으로 취급하는 것이 상책이다.) 실제로 독자들은 각 장이 끝날 때마다 남성성들의 전체 목록을 열거해 보라는 권고를 받을 것이며, 때문에 이 책의 끝에 이르면 그 목록이 상당히 길어질 것이다.

'남성maleness'이 생물학적이라면 남성성masculinity은 문화적이다. 사실 남성성은 문화로부터 자유롭게 떠다닐 수 없다. 오히려 남성성은 개인들과 집단들에 의해 서로 다른 장소, 서로 다른 환경, 서로 다른 시대에 서로 다르게 형성되고 표현되는 문화의 소산이다(Berger et al., 1995). 남성들은 남성성을 유전적 구성의 일부로 가지고 태어나는 것이 아니다. 남성성은 남성들이 문화적으로 동화되어 들어가는 어떤 것이고, 적절한 문화적 방식으로 재생산하도록 학습한 사회적 행위 규칙들로 구성되어 있다. 남성성은 여러 요인들 중에서 특히 계급과 하위문화, 연령, 인종 같은 지표에 의해 좌우된다. 게다가 '노동계급' 남성성 혹은 '중간계급' 남성성, '게이' 남성성, '흑인' 남성성 같은 손쉬운 일반화들은 모두 다 오해의 소지가 있는데, 이러한 각각의 광범위한 범주들 안에는 경험과 재현 모두에서 상당한 차이들이 존재하기 때문이다. 사실상 남성들은 전 세계적으로 똑같은 남성성의 개념을 공유해 본 적이 없다. 인류학이 논증하듯이 그것은 문화적으로 특정한 방식으로 해석되고 실행되고 경험된다(Franklin, 1984; Gilmore, 1990; Cornwall and Lindisfarne, 1994). 또한 매우 다른 유형의 남성성이 같은 환경 안에서 공존할 수 있다. 가끔 내가 답사하는 학교(Beynon, 1985; 1989; 1993)와 병원(Beynon, 1987)과 감옥(Thurston and Beynon, 1995; Beynon, 1996; 2001) 같은 현장 환경에서도 이 점은 분명하게 나타나고 있다. 나와 마찬가지로 콘월과 린디스파르너(Cornwall and Lindisfarne, 1994) 역시 고정된 남성적 본질에 대한 어떤 관념도 거부한다. 대신 남성성의 다중적이고 모호한 의미들, 맥락과 시간의 흐름에 따라 변화되는 의미들을 강조한다. 그들은 문화적 차용에 대해 이야기하고 "다른 곳에서 수입된 남성성들이 지역의 생각들과 결합하여 새로운 형태를 생산한다"고 설명한다(Cornwall and Lindisfarne, 1994: 12). 그러나 모두가 '남성성들'이란 용어에 만족해하는 것은 아니다. 맥이네스MacInnes는 그 용어를 더욱 폭넓게 채택하는 것은 어떤 것도 해결하지 않고 새로운 혼란만 만들어 낼 수 있어서 부적절하다고 본다. 애당초 남성성은 남성은 어때야 하는가에 대한 공상—사람들이 자신의 인생을 정돈하고 의미를 부여하게 돕는 키메라 같은 구성물—으로만 존재하고 있다고 맥이네스는 주장한다. 그러므로 복수형으로 바꾸어 달라지는 것은 하나도 없다. "남성성이라 할 만한 것이 없듯 남성성들이라 할 만한 것도 없기" 때문이다(MacInnes, 1998: 40).

잠시 우리가 시작한 '시타운'의 파크호텔로 돌아가 보자. 철학적인 테리는 일단의 나이 든 친구들과 어울려 밤마다 잘 보이는 구석 자리에서 사회 변화를 관찰하고 있는데, 아마도 그의 말이 맞을 것이다. 남성성과 여성성(둘 다 단수형 복수로 사용된다)은 지난 70년 남짓의 세월 동안 현상과 본질 모두 알아볼 수 없을 정도로 변화되었다. 그는 지금 이 주제에 대해 사람들이 쓰고 있는 것들을 모르기가 십상이고 그 편이 그에게 나을 것이다. 그럼에도 불구하고 그는 본질적으로 맞는 무언가를 지적하고 있을지 모르는데, 그것은 우리 사회에서 남성성과 여성성이 별로 오래되지 않은 과거와 비교해도 덜 정형화되고 정의하기 어렵게 되고 있다는 것이다. 그러나 남성성이 전에는 고정되어 있고 안정적이었다는 그의 가정은 맞는 걸까? 아니면 그것은 오래전 잃어버린 젊은 남성들의 세계에 대한 총체적인 향수의 일부에 불과한가? 부인할 수 없이 확실하게 말할 수 있는 것은 21세기를 시작하면서 남성성은 전례 없이 현미경 아래 놓이게 되어 우리가 전에는 충분히 의식하지 못했던 균열들이 확대되어 보인다는 점이다. 물론 이런 검사 자체가 우리 시대의 산물인데, 일부는 여성주의의 결과이고 일부는 그것에 대한 반작용이다. '남성성'이 실용적인 용어로서 쓸모가 있는지 심지어 그것이 있기나 한지 의심받고 있지만 영국 대학들에서 그것(혹은 그것들!)에 대해 연구하고 가르치려는 관심은 1990년대 이후—미국에서보다는 다소 늦게—눈덩이처럼 불어나고 있다. 이제 문화, 언론, 미디어 연구 프로그램들과 아울러 사회학, 문학, 영화 연구에서 남성성을 둘러싼 현대의 논쟁을 충분히 참조하지 않는 일은 드물다. 남성성은 저기 길거리에서는 위기에 처했을지 모르나(4장) 학계에서는 텍스트들과 배경들을 '풀어내는' 수단으로 전례 없이 요구되고 있다. 문학적 남성성들에 대한 간행물이 최근 갑자기 대거 쏟아져 나오는 것〔예컨대 나이츠(Knight, 1999)와 쇠네-하우드(Schone-Harwood, 2000)〕만 봐도 그렇다.

이제 남성성이 어떻게 문화적으로 형성되고 그 모든 다양성 속에서 어떻게 경험되고 실행되는지에 대해 말하고 싶다. 그래서 먼저 남성성을 역사적 맥락 안에서 살펴보고, 그 다음 계급이라는 렌즈를 통해서 살펴보기 위해 패권적 남성성hegemonic masculinity 개념을 서두에 도입한다. 이로써 내가 남성성에 대한 '문화주의적' 접근이라 부르면 가장 좋을 것을 채택하고 있다는 점이 벌써부터 분명해질 것이다. 그럼으로써 나는 사회생물학이나 진화심리학과 연관된 시각들과 남성의 행동을 '자연화'하는 경향이 있는 시각들이 준동하지 못하게 한다. 예를 들어 사회생물학은 유전적으로 남성이라는 것과 젠더로서의 남성성 사이에 인과적 연관성이 있다고 주장한다. 사회생물학의 가장 극단적인 유형에서 남성들은 그들을 본래 경쟁적이고 공격적이고 폭력적이게 만드는 맹렬한 호르몬의 꼭두각시로 간주된다. 어떤 독자들은 이런 관점들을 생략하는 것을 중대한 한계로 여길지 모르겠다. 그래서 그 자신 과학자인 클레어Clare가 생물학적 차이들에 대해 말할 수밖에 없었던 점을 적는 것이 도움이 될 듯 싶다.

> 남성과 여성 사이에 존재한다는 생물학적 차이들은 남성을 남근지상주의자나 성적 약탈자 또는 폭력적인 살인자들로 주조하는 절대적인 명령이 아니다 (Clare, 2000: 217).

남성성에 대해 질문하기

생물학과 젠더의 관계로 돌아가기 전에 많은 질문을 던지는 것이 유용할 수 있다. 나의 목표는 그럼으로써 독자로 하여금 남성성에 대한 모든 획일적인 '해석'으로부터 물러서게 하는 것이다. 즉 그들의 가정들을 재검토하고 그 '상식적인 의미'를 문제 삼고, 그럼으로써 남성성이 고정되어 있고 통일된 것이며 변화될 수 없는 것이라는 관념이나, 정말로 항상 그래 왔다는 관념을 흔드는 것이다. 자 갑시다!

- 남성성이란 무엇인가, 그리고 그것은 '정상적으로' 어떻게 이해되는가? 남성 내면에 단단히 고정되어 있고 그들 모두가 공유하는 근본적으로 남성적인 무언가가 정말로 있을까? '남성'은 '남성성'과 같은가? 남성의 경험에 '공통성'이 있을까? 남성들(그리고 여성과 아이들)에게 미치는 남성성의 효과는 무엇인가? 우리는 새로운 남성성, '남성이 되는' 새로운 방식들의 탄생을 목도하고 있나? '새로운 남성성'은 어떤 경우에 무엇으로 구성되는가?

• 생물학과 섹스, 젠더의 관계는 무엇인가? 공통된 일련의 젠더 이데올로기들이 존재하는가? 그렇다면 그것이 계급, 섹슈얼리티, 연령, 민족성과 맺는 관계는? 남성성에서 구체적으로 무엇이 '남성적'인가, 오직 남성들만 '남성적'일 수 있다는 것이 맞는 말인가? 남성들이 과거에 그런 것보다 덜 남성적인가? 어떤 의미에서 한 여성이 '남성적'일 수 있는가? 반대로 남성이 '여성적'일 수 있는가, 만일 그렇다면 그것은 바람직하거나 용인될 수 있는가?

• 남성은 남성성에 대해 동일한 정의를 계속 견지하는가 아니면 나이를 먹으면서 남성성에 대한 개인적 의미와 표현이 변화하는가? 남성성은 역사를 통해 변화되어 왔는가? 만일 그렇다면 어떻게? 남성성은 서로 다른 환경에서 어떻게 다르게 실행되는가? 왜 대부분의 사회에서 소년들은 남성이라는 지위를 허용받기 전에 먼저 가르침받고 시험을 거치는가?

• 남성들은 어디서나 같은 방식으로 '남성답게' 되길 열망하는가? 남성성과 여성성 사이에 문화적 경계들을 넘어 연속성이 존재하는가? 소년들에게 부과되는 남자로 성장하라는 요구가 왜 그렇게 중요한가? 그것은 서로 다른 문화에서 서로 다른 형태를 띠는가?

• 서로 다른 문화 속에 사는 사람들이 어떻게 (예를 들어 의례와 기술의 연마, 스포츠, 인내를 통해서) 이상적인 남성성 이미지를 구성하는가? 남성성의 심층구조(Tolson, 1977), 즉 남성다움의 지구적 원형이 서로 다른 문화들을 가로질러 전 세계적으로 존재하는가?

현미경 아래 놓인 남성성

이미 분명해진 것처럼 남성성은 1990년대 동안 전례 없이 주목을 받게 되었다. 1998년 맥이네스는 그의 중요한 책《남성성의 종말*The End of Masculinity*》에서 오래된 남성적 특권들은 이제 사라지고 있다고 주장했다. 그는 이런 상황이 전적으로 좋은 일이고 결과적으로 수많은 새로운 가능성들이 아버지, 남편, 파트너, 연인, 노동자 등으로서의 남성들에게 열리고 있다고 주장했다. 젊은 남성들은 자신의 아버지나 할아버지처럼 전적으로 직업에 의해서만 규정되는 것에 더 이상 만족스러워하지 않는다. 대신 그들은 가정적 역할이나 여타 역할을 그들의 파트너와 기쁘게 맞바꾸고 (아니면 미사여구로 인해 그렇게 이해하는 것일지도) 이성애 남자든 동성애 남자든 모두 (물론 자원을 가지고 있다면) 확장된 범위의 라이프스타일을 채택할 수 있게 되었다. 동성애 허용도가 커졌고 (비록 강하고 잔여적인 동성애 혐오증이 특히 런던과 주요 도시들의 바깥에 여전히 남아 있지만) 그 증거는 여러 가지 형태로 나오고 있다. 예를 들어 내가 이 글을 쓰고 있을 때(2001년 2월) 보수적인 영국 신문인《데일리 텔레그래프*Daily Telegraph*》는 한 사설에서 게이 남성이 영국 수상으로 용인될 수 없는 이유란 없다고 결론지었다. 이런 일들은 대단한 발전이 있었음을 나타낸다. 20세기 후반부까지도 남성성(여기서는 사회적으로 인정되는 방식의 '남성 되기'로 규정된)과 여성성('여성 되기')은 생물학과 젠더가 직결되어 있는 안정적이고 심지어 타고난 상태인 것처럼 이야기되어 왔기 때문이다. 그러한 견해는 자주들 언급하는 존John이라는 어린 소년의 사례로부터 얼마간 지지를 받는다. 그는 포경수술이 잘못되어 고통을 받다가 소녀라는 젠더를 다시 지정받았는데, 성전환수술과 빈틈없는 사회화가 잘 적응하는 소녀를 만들 것이라는 믿음에서였다[이에 대한 최신

보고는 잭슨(K. Jackson, 1999)과 2000년 10월 BBC2 채널의 〈호라이즌Horizon〉 프로그램에서 다룬 바 있다〕. 그러나 성을 바꾸는 수술과 12년 동안의 사회적 치료와 호르몬 요법에도 불구하고 '조앤Joan'(그녀의 새 이름)은 결코 자신이 소녀라고 느끼지 않았고 어른이 되어 다시 남자로 돌아가는 수술을 받았다.

가까운 과거에조차 남성적 역할과 여성적 역할은 분명히 구분되었고 남성 역할을 하는 여성(혹은 그 반대)은 극도로 의심의 눈초리를 받았다〔예를 들어 토마스 하디Thomas Hardy의 소설 《성난 군중으로부터 멀리*Far from the Madding Crowd*》(1874)에서 농장을 소유한 여주인공 에버딘이라는 결단력 있는 인물로 생생하게 묘사되었다〕. 이제는 상황이 훨씬 덜 뚜렷하게 구분된다. 남성과 여성의 역할과 가치가 더욱 비슷해지고 그럴수록 점점 더 남성과 여성은 공유하고 있는 기질들의 메뉴에서 선택 가능한 것으로 보인다(전에도 강조했던 것처럼 두 성별 중 더 많은 특권을 누린 쪽이 덜 그런 쪽보다 선택 가능성이 더 높지만). 대처Thatcher 시대 이후 사람들이 누군가를 '남성적'이라고 하면, 그것이 남성을 이야기하는 것인지 여성을 이야기하는 것인지 전혀 확실치 않게 되었다. 그러나 불과 한 세대 전까지만 해도 남성은 여성보다 '자연적으로' 더 권력이 있고 경쟁적이고 출세하고, 사업뿐 아니라 스포츠에서도 힘이 넘치고 성과가 좋고, 집 밖의 '진짜 세상'에서 가동할 기능을 훨씬 더 잘 갖추고 있다고 간주되었다. 이것의 강한 여운은 거칠고 영웅적이고 신화적인 남성성이 국민 정서에 깊이 뿌리박혀 있는 서구에 여전히 남아 있는데, 여성주의자와 여타 세력에 의해 그 한계가 잔인하게 노출된 시대에도 그렇다는 것은 얄궂은 일이다. 서구의 대중문화(영화, 음반, 텔레비전, 비디오, 사이버 게임 무엇이든)는 계속해서 남성다움을 과시하는 '건장한 남성'을 찬양하고 있었지만, 확실히 1970년대부터 그것의 묘사에는 풍자와 심지어 역기능의 색조가 강했다. 그 결과 많은 남성들은 이제 다른 상황에서 다른 시대에 다르게 경험되고 전시되는 혼종적 남성성을 지지하고 있다. 아마 지금 21세기 벽두에 목도하고 있는 것은 보다 유동적이고 짜깁기된 남성성, 다양한 '남성성' 유형들을 '채널 돌리듯 이리저리 바꿔서' 나온 결과에 다름 아니다. 생물학적 차이에 기반한 협소한 정형화된 유형은 마침내 사장되고 있다. 영국 역사학자인 데이비드 스타키David Starkey처럼 저명한 인물도 오늘날 부유하고 소비주의적인 서구에서 '남성'과 '여성'의 분명한 구분은 유지될 수 없다고 주장했다.

> 우리는 슈퍼마켓에 있고 무엇보다도 소비자들이다 … 우리는 무제한의 자유를 가지고 있다 … 우리는 본질적으로 희소성이 없는 세상에 있다. 그것이 우리가 지금처럼 행동할 수 있고, 두세 가족을 부양할 수 있고, 게이를 환영할 수 있고, 정의되지 않는 이 놀라운 세상을 가질 수 있는 이유이다 … (오늘날) 역할과 본성에 대한 혼란이 있는데, 우리는 다시금 남성이 되는 것, 여성이 되는 것 그리고 인간이 되는 것이 무엇인지 적절히 이해할 필요가 있다〔1999년 6월 BBC 라디오 채널4의 〈도덕적 미로The Moral Maze〉에서〕.

우리는 젠더 정체성이 생물학보다는 경제학과 문화적 환경과 관계되는 시대에 살고 있는 듯하다. 그러나 많은 이들에게 젠더 구분이 덜 애매모호했던 시절에 대한 향수가 강하게 남아 있다(맨 앞에서 인용했던, '술집에서의 시선' 즉 테리의 경우에서처럼).

이제 앞에서 간략히 다루었던 생물학과 젠더, 그 둘의 연관성 문제로 돌아가자. 생리학(남성의 몸)과 문화(남성성의 사회적 관계들)가 분명하게 연결되어 있긴 하지만 그것은 언뜻 보는 것처럼 그렇게 직접적이지 않기 때문에 그 연결의 성격을 조심스럽게 탐구할 필요가 있다. 그래서 나는 이 문제와, 그리고 그것과 연관된 문제에 대해서 소수의 선도적 저자들이 말한 바를 간략하게 검토하겠다. 그 저자들은 (앞에서 우리가 이미 만난 인물들 중의 일부와 점차 긴 대열을 이루게 될 인물들 중에서 선발한) 등장순으로 보면 모건(Morgan, 1992), 세즈윅(Sedgwick, 1985), 맥이네스(1998), 그리고 콘월과 린디스파르너(1994)이다. 그들 모두는 남성성이 생물학적으로 구성되는 것이 아니라 사회적으로 그리고 역사적으로 구성된다는 점에 동의한다. 모건(1992)에서 출발하는 것이 좋을 듯하다. 모건은 남성성(그리고 여성성)이 무엇인가는 그들이 어떤 존재냐가 아니라 그들이 무엇을 하느냐(즉 어떻게 행동하느냐)의 관점에서 가장 잘 접근될 수 있다고 주장한다. 젠더가 문화적이라면 남성뿐만 아니라 여성도 자체적인 일련의 행위들을 가지고 있는 '문화적 영역'인 남성성 안으로 걸어 들어가 (영구적이든 일시적이든) 거주할 수 있다는 말을 할 수 있다. 이런 견해에서 '남성다움'과 '여성다움'은 남성과 여성 모두에게 할당될 수 있는 일정한 범주의 문화적으로 정의된 특성들을 표시하는 것이다. 모건은 섹슈얼리티까지 도입하여 섹슈얼리티의 표현들 역시 어느 정도 사회문화적으로 구성되고 있는가에 관한 쟁점을 제기하면서 〈그림 1.1〉에 보이는 '젠더 지도'를 만들었다.

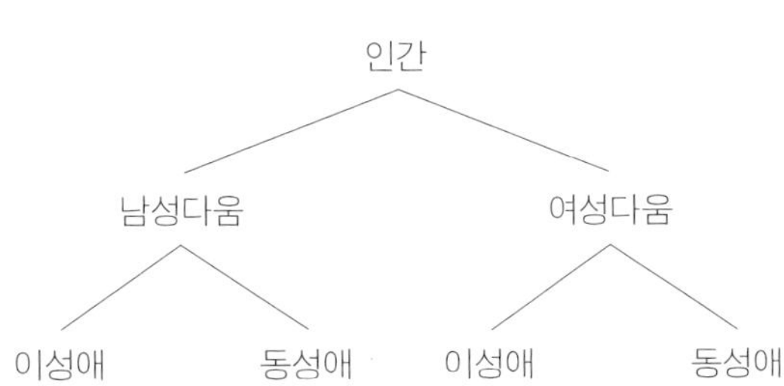

〈그림 1.1〉 모건의 '젠더 지도'

계급과 민족성, 연령, 종교, 지리적 위치와 같은 요인들을 추가로 도입하면 이 도표는 훨씬 더 복잡해진다. 몇 가지 분명한 보기들이 생물학적 남성과 여성이 남성이나 여성의 젠더 역할에 들어갈 수 있다는 점을 설명하는 데 도움이 될 것이다.

• 톰보이: 어린 소녀가 일시적으로 채용한 남성 정체성으로 젊은 여성이 되어서까지 그것을 너무 오래 유지하면 그녀의 이성애는 의심을 받게 된다.

• 성전환자: '그'나 '그녀'는 상황의 요구에 따라 혹은 자신이 원하는 대로 '남자' 혹은 '여자'가 될 수 있다.

• 출세한 여자 중역: 그녀는 큰 회사 대표이고 지도력과 결단력, 야심과 공격성(전통적으로 남성적 속성들)을 일상적으로 증명해야 한다. 그러나 사생활에서 그녀는 헌신적인 아내나 파트너 그리고 다정하고 살뜰한 엄마이기도 하다.

• 남자 간호사: 그는 보통 여성적인 것과 연관된 속성인 부드럽고 돌봐주고 먹여 주는 이가 되어야 한다.

남성성과 여성성은 습관적으로 그 둘 사이의 차이에 입각해 규정되고 있다. 그러나 세즈윅(1985: 12)은 남성성을 남성과 자동적으로 동일시하는 것을 거부하며 "어떤 것이 '남성성'에 대한 것일 때" 그것이 항상 "'남성'에 대한" 것은 아니라고 주장한다. 그녀는 남성성과 여성성을 하나의 이분법 안에 놓는 것을 거부한다. 남성성과 여성성은 동일한 축의 정반대편에 있는 것이 아니라 실제로는 서로 다른 수직적 차원에, 따라서 그녀의 용어로 '독립적인 변수'에 있다고 그녀는 주장한다. 어떤 사람들은 두 차원에서 높은 점수를 받고, 다른 사람들은 고정관념적인 남성과 여성 속성들에서 낮은 점수를 받는데, 이런 조사는 "어떤 이가 다른 이보다 더 '젠더적'"임을 나타내는 것뿐이라고 그녀는 결론 내린다(1985: 15-16). 이 논점(그리고 이와 관련된)에 대한 연구 중 가장 포괄적인 것은 앞에서 간략하게 소개했던 맥이네스(1998)의 주장이다. 그의 분석에서 '남자다'라는 것이 대체로 해부학적이라면, 남성성은 확실히 사회적이고 문화적이고 역사적이며, "소년에 대한 것만큼이나 소녀에 대한 어떤 것이고 시간이 흐르면서 확실히 어떤 생물학적 성별과도 특별히 연결되지 않게 된다(MacInnes, 1998: 45)." 남성성과 여성성은 남성과 여성의 특성으로서 사회문화적 구성물로 존재할 뿐 사람들의 소유물로 존재하지는 않는다. 실제로 그것은 사람들이 어떤 맥락에서 서로에 대해 그리고 자신에 대해 갖는 일련의 가정일 뿐이다.

> 남성성, 여성성 용어와 함께 젠더는 현대사회에서 사람들이 성별에 기반한 남녀 차이가 있다고 상상하기 위해—실제로는 아무것도 없는 곳에—사용하는 이데올로기이다 … (그것은) 우리가 존재한다고 상상하는 무엇이며, 남자와 여자 두 성별의 존재들을 통해 우리에게 구체적인 형식으로 나타나는 무엇이다(MacInnes, 1998: 1, 10).

그는 성별화된 몸들과 남성성과 여성성 사이에 단순 대응관계란 있을 수 없다고 주장한다. "생식기와 생물학적 능력을 제외하면 남자와 여자는 다르지 않기 때문이며 … 생물학적으로 남자라는 것이 남성성을 부여하지는 않기 때문이다"(MacInnes, 1998: 77). 그는 해부학적인 것을 빼고는 남성과 여성 사이에 어떠한 차이도 없는 시대가 올 것이고 그렇게 되면 "실제 세상과 그것에 대한 우리의 분석에서 남성성 종말의 시대가 될 것이라고 전망한다"(MacInnes, 1998: 47). 그가 남성성의 종말이란 단어로 의미하는 것은, 남성성은 남성에게 특유한 젠더 정체성이라는 믿음의 소멸이다. 실로 '남성성의 종말'은 그가 보기에 전 지구적 평등권으로 향하는 중요한 발걸음이 될 것이다.

어쩌면 더욱 도전적인 것은 성별화된 몸과 젠더화된 개인은 둘 다 문화적으로 구성되므로 함께 묶지 말아야 한다는 콘월과 린디스파르너(1994: 10)의 입장이다. 그들은 "생물학이 살아가는 경험의 다른 어떤 측면들보다 더 원초적이거나 '실제적'인 것은 아니다"라고 주장한다. 그들은 "남성성에는 남성적 양식과 여성적 양식이 있고 마찬가지로 여성성에도 남성적 양식과 여성적 양식이 있다(Cornwall and Lindisfarne, 1998: 15)"라고 주장한다(〈그림 1.2〉에서 보듯이). 결과적으로 '남자'와 '여자'는 어떤 본질적인 생물학적 실재를 가지고 있지 않고 정체성이 구성되는 통로라는 은유로 더 잘 이해된다. "본질주의자들의 '남자-여자' 이분법은 서로 다른 시대에 다른 장소에서 사람들이 젠더화되는 방법을 설명하지 못하고 … '남성이 된다'는 개념은 이제 더 이상 보편적으로 다룰 수 없다"는 점을 고려하면 그렇다(Cornwall and Lindisfarne, 1998: 3).

더욱이 그들은 세 개의 가장 익숙한 기술어記述語들('남성men', '남자male',

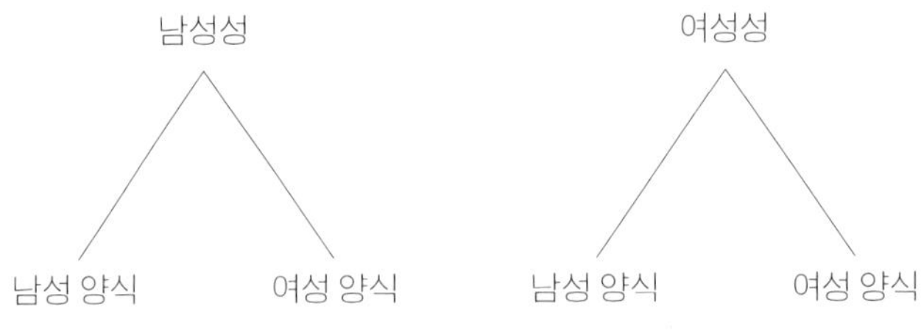

〈그림 1.2〉 남성성과 여성성의 양식(versions)들

'남성성masculinity')들이 (이를 테면 '여성', '여자', '여성성'과) 반드시 양립 가능하지는 않다고 주장한다. 각각의 단어는 여러 가지 의미를 가지며 심지어는 모순된 측면을 기술하는 것일 수도 있다. 결과적으로 "남성과 남성성 사이에는 어떤 '자연적'이거나 필연적인 연관성이 없다"(Cornwall and Lindisfarne, 1998: 37).

남성성의 형성과 실행

남성성에 영향을 미치고 그것을 유형화하는 사회적 요인들은 무엇인가? 남성성은 어떻게 문화적으로 구성되는가? 〈그림 1.3〉에 텍스트로서의 남성성의 형식을 만들고 그것을 경험하고 실행하는 것에 영향을 미치는 주요 요인들이 항목으로 제시되어 있다. 그런 요인들은 분명히 서로 겹치고, 개인에 따라 어떤 것들은 다른 것들보다 더 영향력이 있고 더 오래 지속될 것이다. 남성성은 콘크리트처럼 굳어 있지 않고 오히려 언제나 신속한 변형

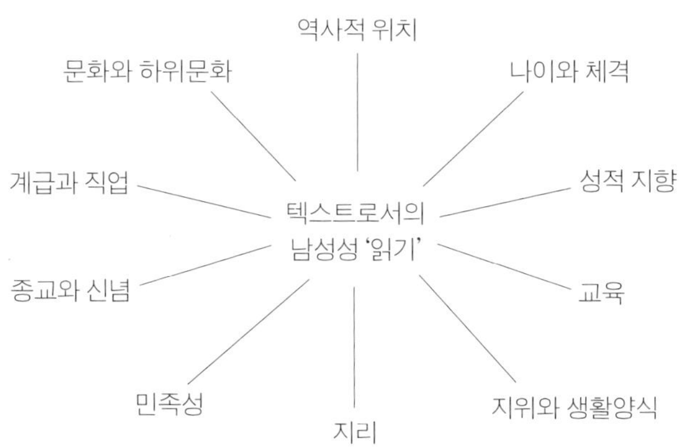

〈그림 1.3〉 남성성을 형성하는 주요 요인들

능력을 가지고 있다. 예를 들어 테리의 경우에서 보듯이 한 남성이 나이 들면서 그를 둘러싼 세상이 변하듯 그의 남성성의 의미와 표현도 불가피하게 변하는 것이다. '움직이는 남성성'을 뚜렷이 보여 주는 또 다른 예는 계급과 지위, 문화, 지리적 위치가 변화되고 상승이동이나 하강이동을 하는 남성과 그 과정에서 남성성(심지어 '남성성들')의 의미와 경험 및 실행을 변형시키는 남성일 것이다.

남성성은 어떻게 전시되는가? 혹자는 남성성을 계급과 민족성 같은 구조적 특성들의 내면화된 산물로 접근하는 반면 모건(1992)과 버틀러(Butler, 1990) 같은 저자들은 그것을 고프먼식 공연, 즉 '연극적 수행'으로 본다(Coleman, 1990). 남성성과 여성성은 '본질'이나 '근본적인 것들'로 구성되기보다는 커스텐(Kersten, 1995)이 '상황적 수행'이라 부르고 버틀러(1990)가 '수행적 행위'라 부른 것으로 수행되고 있는 일련의 기호들이다. 1980년대(5장에서 다루게 될)는 그 좋은 예라 할 수 있다. 이 시기에는 펑크족의 '콜라주식 옷차림'을 포함해 패션을 통해 연출되는 완전히 새로운 범위의 상업적으로 추동된 남성성들이 출현했다. 개성은 갈수록 자신의 라이프스타일을 과시하는 패션의 일부로 되었다. 즉 에드워즈(Edwards, 1997)가 표현했듯이 당신은 당신이 입고 있는 옷들인 것이다. 이런 자아도취적인 남성성의 출현은 더 큰 구조적인 그림을 반영했는데 그것은 생산 주도 가치에서 소비 주도 가치로의 전환, 포드주의에서 탈포드주의로의 전환과 미분화된 대중 마케팅에서 짧은 주기로 쉽게 '재편성'될 수 있는 새로운 의류 생산 기술의 도움을 받은 보다 유연한 틈새 마케팅으로의 전환이었다.

'실행으로서의 남성성'을 생각할 때, 문화적으로 승인된 방식으로 남성성을 수행하지 않는 사람들은 추방당하고 심지어 처벌받기 쉽다는 점을 기억해야 한다. 예를 들어 오스카 와일드O. Wilde와 오브리 비어즐리A. Beardsley 같은 19세기의 전위 예술가들과 자유분방한 삶을 살았던 보헤미안들은 생물학적, 우생학적 남성성 규정들에 어긋났다. 비슷하게 1960년대와 1970년대 록스타들은(양성적인 데이비드 보위D. Bowie부터 남장여성인 게리 글리터G. Glitter까지) 일반적으로 수용되던 '남성다움'에 대한 관념들에 계속해서 도전했고 1980년대에는 남성잡지들이 그 일을 했다(5장). 버트(Burt, 1995; 1998)와 다른 이들이 증명했듯이 남성의 춤은 품위 있고 활동성이 컸음에도 불구하고 럭비 같은 '남성다운' 활동들과 스포츠들의 반명제이자 병약한 남성성의 표현으로 널리 간주되었다. 영화 〈빌리 엘리어트Billy Elliot〉(2000)는 갈채를 받았을지 모르나 영국에서 젊은 남자가 발레리노가 되고 싶다고 하면 사람들은 여전히 미간을 찡그리며 동성애 혐오적인 암시를 하거나 심지어 대놓고 욕을 할 가능성이 높다. 대부분의 남성들은 거친 육체적 강함을 과시하든 '남성적인' 합리성과 유능함을 과시하든 여하간 그들의 자아 표현에 우월성을 결합하라는 문화적 요구를 여전히 받고 있다. 물론 젠더를 문화적이고 연극적으로 수행되는 것으로 제시함으로써 남성성과 여성성은 모든 생물학적 남자들과 여자들이 자동적으로 꼭 맞게 만들어진 구속복이라고 보는 패러다임은 심각하게 손상되기 시작했다. 이런 관점에서 볼 때 '남성적인 것'은 다른 장소와 다른 시대에 사는 남성들과 여성들 모두에 의해서 다양하게 전시될 수 있다. 또한 그것은 그 안의 다양한 배경들과 행위들을 검토할 수 있는 하나의 분석적 개념으로 이용될 수도 있다.

나는 남성성의 발달과 표현이 문화와 나이, 민족성, 신념체계, 지역성,

신체적 혹은 정신적 장애, 국적, 성적 지향 등의 요인들에 의해 형성되고 있다는 점을 기정사실화하고자 애써 왔다. 그 결과 다음에 열거하는 이들이 공유하는 '남성성'의 면모가 무엇인지 논란의 여지가 있다. 웨일스의 론다에 사는 광부였던 60대 실업자, 런던의 성공한 50대 증권거래인, 궁벽한 농촌에서 부족한 생계를 근근이 이어가는 가난한 인디언, 뉴욕의 부유하고 젊고 게이인 패션 디자이너, 랭카셔 볼튼의 가족지향적인 교사. 그들은 생물학적으로는 같지만 자신의 남성성을 각기 다르게 경험하고 전시하도록 위치 지어져 있다. 틸너(Tillner, 1997)는 다음과 같이 결론 내린다.

> 실행되는 남성성들의 모든 다양성은, 남성적인 것으로 정의되고 개인이나 집단이 대처해야 하는 구체적인 상황에 맞게 각색되는 일련의 모호한 생각들과 요구들, 이미지들, 이야기들의 구체적인 실천으로 이해될 수 있다(Tillner, 1997: 2).

특정한 상황에 대처해야 하는 집단의 흥미로운 예는 여전히 상당한 편견에 맞닥뜨리고 있는 게이 남성들이다. 예를 들어 포레스트(Forrest, 1994)가 '부치butch복장 전환'을 얘기할 때 그는 젊은 게이 남성들이 어떻게 이전에는 전적으로 '이성애자' 남성들과 결부되었던 이미지와 옷, 스포츠 활동, 그 외의 기표들을 통해 이따금씩 자신을 표현하려는 선택을 하는지에 대해 언급한다. 또 한편으로 다른 게이 남성들은 과잉 남성성을 표현전략으로 선택하여 예전에는 전적으로 마초 남성성에 결부되어 있던 상징들을 강조한다. 이것과 게이 우상들에 기반한 그 밖의 '게이 옷차림들'이 1980년대 남성잡지들과 광고들에 대거 등장해 상당한 인기를 끌면서(5장) 많은 이성애자 남성들이 다른 유행을 따르듯 그것을 따라해 당시 게이 공동체 일부의 불평을 사기도 했다.

이제 남성성과 여성성은 보다 유동적으로 되고 있고 남성들과 여성들은 점점 더 공유하는 중간 지점을 갖게 되었다고 흔히 주장된다. 남성들은 더욱 여성들처럼 되고 여성들은 더욱 남성들처럼 된다는 이러한 주장의 증거는 다소 빈약하고 대체로 동일한 사례들에 의거한다. 예를 들면 다음과 같다.

- 여자 파트너가 일하러 나간 동안 가정을 책임지고 있는 '아빠주부들'.
- '유리천장glass ceiling'을 깨고 전문직에서 고위직에 올라 조직과 기관을 경영하고 '남성적' 품행을 채택한 여성들.
- 도시의 '유흥가'에서 진탕 마시고 '사나이'같이 구는 일단의 젊은 여성들.
- 쓰러져 우는 강한 남성들〔특히 스포츠에서 영국 축구선수 폴 개스코인P. Gascoigne(가짜Gazza[1]로 불리는)과 독일의 자동차 경주 세계 챔피언인 미하엘 슈마허M. Schumacher에게서 목격됨〕.

패션에 관한 한 남성들은 확실히 더 스타일과 외모를 의식하게 되었고 한 때 거의 전적으로 여성적인 것과 결부되었던 영역 안으로 걸어 들어갔다. 오랫동안 옷이 정체성의 결정적인 표시였던 게이 하위문화에 선도되어 젊은 남성들은 점차 유명 디자이너 상표를 중요시하게 되었고 여성들이 오랫동안 그랬듯이 복장코드dress code상의 미묘한 뉘앙스 변화들에 대해 매우 민감해졌다.

1 1990년대 아일랜드의 악동 축구스타 폴 개스코인Paul John Gascoigne의 별명.

남성성 경험하기

남성성이 경험되는 방식은 어떤 때는 점진적으로 어떤 때는 급격하게 항상 변화하고 있다. 20세기의 남성들은 그들의 생애 동안 거대한 사회문화적 변화를 목격했고 그것은 남성성이 경험되는 방식에 직간접적으로 (그리고 개인의 사회적 지리적 위치에 따라 다르게) 영향을 미쳤다. 1900년대 초에 대영제국에 태어나 새천년까지 살아온 가상의 한 남자를 예로 들어 그의 남성성 경험을 주조한 사회경제적, 문화적 요인들을 조명해 보자.

여성의 부상浮上

참정권운동은 1860년대 태동기부터 20세기 초 수십 년까지를 휩쓸어 마침내 여성들이 투표권을 보장받기에 이른다(1918년과 1928년 두 단계를 거쳐). 페미니즘은 1960년대를 거치면서 세력을 확대해 여성의 세상에 대한 경험을 변화시켰다. 20세기 말에 이르자 혹자는 가부장제의 굴레가 마침내 부서졌고 여성들은 더 이상 남성들에 의해 '소유되거나' 통제되지 않는다고 주장했다. 동등한 권리들이 적어도 이론상으로는 법전에 있었고 제도화되었다. 여성들의 삶이 변형되었다면 남성들의 삶도 그러했다.

20세기의 갈등

수백만의 남성들이 유럽의 전쟁터에서 특히 1914년에서 1918년 그리고 1939년에서 1945년 사이에 사망했다. 왕과 국가를 위해 죽는 것은 영광스럽다는 영웅적이고 애국적인 남성성 관념은 그 이후로 영원히 그리고 심히 위태로워졌다. 두 차례의 세계대전은 남성들과 여성들 모두의 삶을 변화시켰다. 남성들에게는 전쟁에서의 역할이 할당되었고 강함과 인내, 용기, 감정 억제가 요구되었다. 여성들은 국내 전선과 (많은 이들을 위해) 전투지구 둘 다에 대처해야 했다. 그들은 남성들이 자리를 비운 산업계에 들어갔고 전쟁이 끝나자 다시 부엌으로 추방되었다. 남성들은 전투에서 돌아와 그 다음 주에 일자리를 찾아야 했다. 당시는 심리상담이란 것이 도래하기 전이었고, 나중에서야 많은 이들이 (전쟁) 경험으로 정신적 외상을 겪고 있었는지 알려졌다. 그러므로 많은 사람들이 민간인 삶에 적응하는 데 엄청난 문제들을 겪었다는 것은 놀라운 일이 아니다(Turner and Rennell, 1995).

일 세계의 변화

1929년 대공황기에 일의 세계는 대대적으로 붕괴되었고 암울한 1930년대 내내 수백만의 남성들이 실업 상태에 놓였다. 그 과정에서 그들은 전통적 가부장적 남성성의 위대한 표식들 중의 하나인 소위 **생계벌이**자 역할을 박탈당했다. 많은 이들이 자기 자신과 자기 가족을 벌어먹이지 못하고 자기 꿈을 추구하지 못하는 무능력 때문에 피폐해져 경제체제를 비난하기보다는 스스로를 비난했다. 그 세기 후반에는 신기술이 자연을 변화시키고 일의 가용성과 성격을 변화시켰다. 예를 들어 농장일에 요구되는 육체노동의 양이 현저하게 줄어들면서 남성들은 남성성의 의미를 중노동에 의거할 수 없게 되었다. 1980년대와 1990년대는 (광업, 조선, 항만업 같은) 전통적 중공업의 종말을 목격한다. 포드주의적 대량생산으로부터 탈포드주의적 유연생산과 틈새 마케팅으로의 전환은 시간제와 임시직 일들의 증가와 함께 전례 없이 많은 여성 고용을 낳았다. 그 과정에서 대다수 남성들을 위한 일의 총체적인 성격이 완전히 변화되었다.

소비사회의 도래

이제 서구사회의 모든 영역에 침투해 들어간 소비주의와 유명인사 문화의 발흥은 2차 세계대전 이후의 재건기, 특히 1950년대에 시작해 1960년대에 빠르게 진전된 '이미지 산업'의 발달과 확장에 뿌리를 둔다. '욕망'은 '필요'를 대체했고, 그가 어떤 사람인가는 그가 소유한 것들에 점점 더 근거하게 되었다. 집과 옷과 자가용과 여타 '성공'의 지표들이 사람들의 자아 이미지에 막대한 중요성을 지닌다고 여겨졌다. 소비주의 풍조와 긴밀히 연결되어 실제로 수많은 상업화된 남성성들이 (돈, 외모, 나이, 지위 등의) 자원들을 갖고 있다면 '사들일' 수 있게 시장에 나와 있다(5장 참조).

게이운동의 성장

오스카 와일드가 체포되고 재판받고 파멸한 남자로 리딩Reading 감옥에 투옥된 것이 불과 한 세기 전이다. 게이운동은 에이즈의 도래에도 불구하고 영국과 미국에서 모두 영향력 있는 하위문화가 되었다. 소호Soho 같은 게이문화의 중심지를 벗어나면 강한 동성애 혐오증의 요소들이 잔존하긴 하지만 사람들이 게이와 레즈비언 권리에 더 관용적으로 되었다는 것이 그 증거이다. 물론 게이운동은 예전에 대단히 당연시되어 온 이성애주의의 '정상성normality'을 의문시해 왔다.

남성성에 대한 시각들의 변화

1960년대 이래 남성성을 공격했던 자들은 여성주의자들뿐만이 아니었다. 1970년대에는 일단의 남자들 스스로가 남성성을 의문시하기 시작했는데, 특히 ('여성해방'에 발맞춰) 남성해방을 구호로 삼았던 북아메리카의 소위 남성운동에서 그랬다. 전통적 남성성은 부드러움과 감정 및 어떤 취약함의 상징들이든 억압하라고 강요하는 '신경-근육의 무장'으로 간주되기 시작했다. 플렉과 소이어(Pleck and Sawyer, 1974: 4) 같은 저자들은 남성들이 기쁨과 부드러움의 억제를 너무도 잘 학습해서, "감정을 표현하지 않은 결과 종국에는 그런 감정을 경험하지 않게" 될 정도라고 주장한다. 남성성은 남성들을 성취와 권력, 위세, 이윤추구에 중독되는 파괴적인 내리막길로 내모는 해로운 것으로 제시된다. 그 결과 남성들은 자신의 성취 수준에 대한 불안으로 고통받고 있고 자신의 느낌을 드러내는 데 서툴고 그것을 표현할 수 없게 되는 것 같다. 정말로 전통적 남성성은 매우 취약한 토대 위에 있는 것처럼 보이고, 이제 필요하게 된 것은 '남성해방'이다. 이는 불가능한 남성적 목표들을 좇아다니는 것을 포기하는 것으로 플렉과 소이어(1974)는 그 대신 자신의 활동과 관계에 좀 더 완전하게 감정적인 헌신을 함으로써 얻는 내적 만족을 추구하라고 남성들에게 이야기한다. 그들은 더 이상 사랑과 정서적 지지를 위해 여성들에게 의존하지 말아야 하며, 타인의 이익을 위해서만이 아니라 자기 자신의 목적을 위해 창조적인 에너지를 쓸 필요가 있다. 남성성 자체를 의문시함으로써만 남성들은 자신이 어떤 존재인지, 어떻게 하면 그렇게 될 수 있는지, 지금 그것을 어떻게 다뤄야 하는지를 이해하게 될 것이다.

이런 종류의 변화들이 끼친 영향을 일반화하는 것은 위험한 일이겠지만, 20세기 말 남성성의 실행과 경험이 세기 초와 매우 다르다는 것은 확실하다. 아마도 가장 큰 차이는 1900년도에 비해 2000년도에 '남성다움의 텍스트'가 파편화된 정도이다. 삼십 년의 '해체'를 거친 후 이제는 수많은 남성성들이 팔리고 있다는 것이 전혀 놀랍지 않다. 콘웰과 린디스파르너(1994: 1)가 "'상처 입은 남성'에서 '새로운 남성'으로 재구성된 남성 이미지들이 광고 전광판과 텔레비전, 잡지와 신문에 등장하고 있다"라고 쓸 때 바로 이 점을 강조했던 것이다.

패권적 남성성

남성성들 이외에 자주 등장하는 또 하나의 용어는 '패권적hegemonic 남성성'이다. 그것은 특정 시대, 특정 장소에서 '남성 되기'의 성공적인 방식들을 규정한다(Kimmel, 1994; Connell, 1995). 그 과정에서 다른 남성성 유형들은 부적절하고 열등한 것, 콘월과 린디스파르너(1994)의 용어로 **종속적 변종들**로 간주된다. 패권적 남성성은 절충적 합의에 의해 확립되거나 권력과 업적을 통해 확립된다. 그것은 가장 무자비하게는 순전한 강압에 근거하고 있다. 패권적 남성성과 종속적 남성성들 사이의 긴장은, 그 구조와 실행에 단단히 박혀 있는 패권적인 남성적 가치들에 흠뻑 젖어 있는 많은 일터들과 조직들에서 쉽게 찾을 수 있다(Pringle, 1989; Burton, 1991; Cockburn, 1991). 권력(물론 다양하게 규정되고 전시될 수 있지만)은 패권적 남성성의 결정적 요소이고 저항은 많은 장들이 남성성의 의미 경쟁을 둘러싼 이데올로기 투쟁의 지점임을 확인시킨다. 콘월과 린디스파르너(1994)는 이렇게 말한다.

> '남성답게 처신하기'뿐만 아니라 '남자답다'도 서로 다른 환경에서 다르게 해석될 수 있다 … 남성성들은 특정한 무대장치 안에서 실행되거나 연기된다 … 남성성에 대한 민속지적 묘사들은 권력에 대한 경합하는 해석들에 입각해 정확하게 놓을 필요가 있다(Cornwall and Lindisfarne, 1994: 37-8, 44).

중간계급의 전문직 남성들은 이메일과 메모를 통해서 권력을 행사하는 경향이 있는 반면 육체노동을 하는 남성들이나 반숙련, 숙련직 남성들은 신체적으로 권력을 표현하기 쉽다. 이 점은 "남성들이 경제적으로 자기 노동력 판매에 의존하는 곳에서 남성다움의 표현은 권력 행사의 수단을 제공한다"라고 벡(Back, 1994: 172)이 강조했던 바이다. 그러나 구舊 노동계급에 기반을 두고 있던 패권적 남성성, 산업혁명의 태생이며 육체적 힘과 남성들의 우정, 노동조합 연대를 찬양했던 그것은 레이건-대처의 '자유시장'과 '하향 확산식trickle down 경제정책'[2]에 의해 심각하게 훼손되었다. 그 정책들은 많은 중공업(예를 들어 사우스웨일스의 석탄 광산업 같은)의 종말, 노동력 '감축', 시간제 노동과 더 많은 여성고용(보통은 저임금의)의 증가를 목도하는 탈포드주의의 도래를 낳았다.

남성 우월성 선언의 문화적 표현인 패권적 남성성이 어떻게 그 위치를 가까스로 확보하고 유지하고 있는가? 다양한 패권적 재현들이 이념의 재가를 받았고 다른 구성물들은 타도되고 조롱받거나 아니면 흡수되었다. 예를 들어 일반화된 **신남성-주의**(보다 배려하고 섬세하고 가정적이고 표현적인 남성들)의 많은 요소들이 이제 패권적 남성성의 현대판에 등장하고 있다. 핸크(Hanke, 1992)는 텔레비전이 이미지와 극 구성과 서사를 통해 그런 상황에 기여했음을 보여 준다. 비슷하게 피스크(Fiske, 1987)는 행위, 모험, 경쟁, 공격과 같은 '젠더화' 장치들을 수단으로 삼아 '남성들의 장난감'(자동차, 헬리콥터, 탱크, 총 무엇이든 간에)을 강조하는 '원격 남성성telemasculinity'의 구성을 조명한다. 더욱이 **남권주의**masculinism는 '남성의 우정'

2 사회의 부유층이 더 부유해지면 더 많은 일자리 창출 등을 통해 그 부가 서민들에게 확산된다고 보는 입장의 정책.

과 남성들의 관계를 통해 찬양된다[〈내일을 향해 쏴라Butch Cassidy and the Sundance Kid〉(1969) 같은 전형적인 '남성의 우정을 다룬 버디 영화들'에서처럼]. 문화적으로 찬양된 패권적 남성성의 유형들은 비록 많은 남성들의 보다 평범한 일상사와는 일치하지 않더라도 보편적 의식의 일부가 되었다. 어떠한 사회역사적 맥락에서도 다수의 남성성들이 존재한다(Carrigan et al., 1983; Roper and Tosh, 1991). 어떤 것은 패권적이고, 더 약하고 종속된 형태들과의 관계 속에서 구성되고 그럼으로써 '정상적'이거나 '자연적'인 것으로 정당화된다. 그것들은 지속적으로 변화 중이고 그래서 우리는 같은 시대에서나 다른 시대에 서로 다른 장소에서 서로 다른 형태를 띤 다양한 남성성들을 이야기할 수 있다. 그 차이들은 크지 않을 수 있으나 (그리고 공통점이 많을 수 있으나) 그럼에도 불구하고 차이들은 의미가 있다. 맥이네스(1998)는 어떤 역사적 조건들이 남성들(그리고 여성들)로 하여금 '남성성' 같은 것을 상상하도록 부추겼는가라는 매우 흥미로운 질문을 던진다. 나아가 그는 남성성이 한 사람의 속성으로는 존재할 수 없고 사회적 이데올로기로만 존재하기 때문에 가장 잘 연구되어야 할 것은 다음이라 한다.

> 남성들과 여성들이 최초로 남성성 같은 것이 존재한다고 믿게 된 특정한 역사적 조건들, 취하고 있는 서로 다른 형태들과 신념들, 그 역사적 조건들 안에서 그들이 갖는 결과들(MacInnes, 1998: 77).

역사 속의 남성성

남성성은 두 가지 의미에서 시간 속에 위치한다. 남성성은 한 개인 남성을 둘러싸고 변화하고, 또 그가 나이 들어 가면서 그 자체 안에서 변화한다.

2장에서 논의하겠지만 19세기 중반 아놀드주의 남성성Arnoldian masculinity은 우리가 사는 탈제국주의, 탈식민주의 시대에는 대단히 낡은 것으로 보인다(비록 많은 반향들이 여전히 명맥을 유지하고 있음이 분명하지만). 그러나 변화는 매우 빠르게 일어날 수 있다. 예를 들어 1990년대의 새로운 사나이new lad 담론은 불과 몇 년 전에 있었던 새로운 남성new man 담론과 상당히 다르다(5장). 남성성에 대한 역사적 접근이 드러내는 한 가지는 남성성의 '진짜' 본성이라 실증함으로써 '사실'의 지위를 획득했던 것들이 실제로는 사회적이고 역사적이며 문화적인 구성물들이라는 점이다. 예컨대 산업혁명에 의한 노동분업(남성들은 공장에, 대부분의 여성들은 집에 배치했던)과 그로 인한 가부장제(남성의 경제적 우월성에 기반을 둔)의 결과, 남성들은 여성들과 달리 실질적이고 합리적이며 경쟁적으로 타고났다는 생각이 '자연스럽게' 되었다. 또한 19세기 후반 영국과 미국에서 (각각 크림전쟁의 패배와 남북전쟁의 정신적 외상이 따른 후) 스포츠와 야외활동을 통해 남성들을 재再남성화하고 남성다움의 상실로 여겨진 것을 역전시키려는 단호한 노력이 있었다. 확실히 그때부터 남성다움은 스포츠에서의 활약과 강하게 결부되었다.

훗날 내가 남성성에 대한 역사적 접근에 대해 이야기할 것이 많아질지 모르겠지만 지금으로서는 남성성이 시간에 따라 어떻게 변화되었는지에 대해 각각 통찰력 있는 빛을 던져 준 세 저술가를 간략히 언급하는 것으로 그치겠다. 라쿼(Laqueur, 1990)는 17세기에서 19세기 사이의 생물학적 차이에 기반한 섹스-젠더 모델의 발달을 도표화했는데, 이제 우리는 그것을 익히 알고 있다. 예전에 성적性的 차이란 정도의 문제였지 종류의 차이는 아니었다. 즉 여성 혹은 남성이 된다는 것은 사회에서 하나의 위치를 차지하는 것이었지, 양립 불가능한 두 성별 중에서 이것 아니면 저것이 되는 것이 아니었다. 섹스와 전前 젠더 사이에 이데올로기적 분리가 이루어지지 않았고, 따라서 인간의 성sex 정체성은 단일 성 모델에서 양극 모델로 옮겨간 것이다. 망간(Mangan, 1997)은 이 점을 논의하면서 다음과 같이 논평한다.

> 남자와 여자의 재생산 기관들의 본성에 대한 갈렌Galen의 해부학적 모델은 여성들이 본질적으로 불완전한 남성들이라고 주장했다. 그것은 2세기에 태동해 계몽주의 시대에 이르기까지 서구의 성 정체성 개념을 지배했다(Mangan, 1997: 8).

한편 호흐(Hoch, 1979)는 남성성의 역사에서 반복되어 온 두 가지 주제를 규명한다.

- '청교도주의 주제'는 의무와 중노동과 훌륭한 목표에 부합되는 남성성을 찬양한다.
- '바람둥이 주제'는 삶과 여가와 쾌락을 즐기는 남성성을 강조한다.

마지막으로 코넬(Connell, 1995)에게 남성성의 역사는 단선적으로 제시될 수 있는 것이 아니다. "지배적, 종속적, 주변적 남성성들은 지속적으로 상호작용하면서 서로의 존재 조건들을 변화시키고 스스로를 변형시키고 있다"(198). 그는 세 가지 핵심적인 사건들을 지적한다.

- 여성들을 위한 가정 영역과 남성들을 위한 공적 영역의 출현
- 이성애주의를 수용 가능한 (그리고 존경할 만한) 남성다움과 동일시함으로써 동성애를 의학적인 측면에서 불법화하고 법률적인 측면에서 범죄로 만드는 상황이 수반됨

• 19세기 산업 확장과 더불어 육체노동과 임금을 버는 능력과 '생계벌이자' 능력에 기반을 둔 남성성 개념의 전개

남성성, 계급 그리고 노동

이제 계급으로 넘어가자. 노동계급의 남성성은 일련의 사회학 연구자들과 문화 연구자들에 의해 잘 기록되어 왔다. 하그레이브(Hargreaves, 1967), 윌리스(Willis, 1977), 그리고 베이넌(Beynon, 1985)은 영국 중등학교들의 하류에 흐르는 전복적인 노동계급 남성 하위문화의 발달을 기록했다. 이는 상위층의 순종적 행위와 나란히 있는데, 그것을 잘 정리한 것이 윌리스(1977)의 전복적인 '사나이들'과 고분고분한 '범생이'에 대한 묘사이다. 전자는 학업성적을 자격증과 좋은 직업을 얻을 수 있는 기회로 여기지 않는다. 그들의 파괴적인 반反문화는 학교에서 연마되어 나중에 작업장에서 재생산되는데, 그것은 노동하는 생활로부터의 해방이 아니라 결국 그것에 굴복하는 것으로 판명된다. 어떤 연구자들은 싸움과 '헤픈 여자 갖기'를 용감한 '저항'으로 찬양하는 경향이 있는 반면 다른 이들은 그것을 다른 젊은 남성들과 여성들의 예속에 기생하는 것으로 본다. 더욱이 런던 남부의 노동계급 젊은이들에 대한 벡(1994)의 연구는 청소년 남성성이 단 한 가지 형태만 있는 것이 아니라 다양한 젊은 남성성들이 있음을 드러낸다. 그가 면접했던 젊은 남성들은 젠더, 민족성, 인종과 관련해 자신들을 다르게 위치 지운다. 그는 '공영주택단지 아이들', '집에 죽치는 아이들', 젊은 베트남인들, **흑인스러운 백인**(흑인 정체성을 채택한 백인 아이들), 그리고 일터에서 자신을 자격을 갖춘 노동자로서 뿐만 아니라 '남성'으로 확립해야 하는 젊

은 남성 '도제들'에 대해서 이야기기한다. 그 연구가 드러내는 가장 흥미로운 부분은 일단의 백인 젊은이들이 어떻게 흑인 이성애자 남성들과 연결되는 마초 섹슈얼리티의 요소들을 채택하는지에 대한 것이다. 그렇게 하면서 벡은 백인이 흑인문화 형태와 스타일, 억양과 사투리를 차용하는 것에 대해 연구했던 길로이와 로렌스(Gilroy and Lawrence, 1988)의 발자국을 따라간다. 벡(1994)은 전유된 흑인 이미지란 것이 얼마나 정형화된, 본질적으로 백인의 가공물 즉 '흑인스러움'에 대한 백인의 이미지이고 자신의 인종차별적 태도를 반드시 바꾸지는 않은 채 흉내 내는 것인지 설명한다. 오히려 흑인 젊은이들은 과잉 섹슈얼리티에 대한 백인 젊은이들의 환상의 대상이 되었고, 대조적으로 젊은 베트남 이주민들은 나약하고 여성적인 존재로 그려진다. 벡(1994: 182)의 결론을 보면 "백인 검둥이들은 진짜 흑인들을 총체적 인간 존재로서가 아니라 대단히 특정하고 제한된 문화적 지침금을 가져오는 자들로 받아들이고 있다." 콘월과 린디스파르너(1994: 7)는 이 점에 대해 논평하면서, "그러한 이미지들의 전유가 새롭고 대중적이고 반인종차별적인 남성성들을 생산할 수 있지만 동시에 더 넓은 사회에서는 인종차별적 고정관념을 강화할 수도 있다"는 역설을 지적한다.

중간계급 남성들은 제도적 권력을 휘두를 수 있는 반면 노동계급 남성들은 싸움과 운동(특히 축구)을 통해 물리적 힘을 사용하고 음주, 마초 근성, 성적 무용담을 과시하는 것으로 상투적으로 그려진다. 노동계급의 젊은이 남성성은 싸움, 공공장소에서 야단법석 떨기, 음주를 핵심적 기표들로 삼는 집단적 허세행위들을 포함하고 있다(Willis, 1977; Corrigan, 1979). 카나안(Canaan, 1996)은 노동계급 출신 남성들이 나이 들어가면서 어떻게 남성성과 음주 및 싸움질과의 연결선을 절단하는지에 주목한다. 그들은 더 이상 과음을 감당하거나 젊은 남성들에게 신체적 우위를 행사할 수 없고 그런 것들을 더 이상 내켜하지 않지만, 사적 영역인 가정에서는 지속적으로 지배권을 행사한다. 또 젊은 남성들은 적극적으로 성행위를 찾아 나서는 반면 나이 든 남성들은 사적인 동반자 관계에 더 큰 가치를 부여한다. 노동계급 남성들은 직장에서 공식적 권력을 거의 경험하지 못하기 때문에 결과적으로 가정에서 지배함으로써 그들의 권력 없음을 위장하고 보상받기 위해 마초적인 정체성들을 빈번히 채택하게 될 것이다. 과거에 노동계급 남성들은 '손재주가 있고' 실용적이고 '가족임금'을 버는 생계벌이자가 되어 아내는 일자리를 안 찾아도 되게 만듦으로써 존경과 위엄을 얻었다. 어쩌면 예전에 가족을 적절히 부양하지 못한 남성들에게 가해졌던 모욕을 제대로 인식하기란 어려울 수도 있다. 생계벌이자가 되고 전업주부를 두는 것은 한 가구에서의 엄격한 성별 분업이었다. 중노동에 가치를 부여하고 기운과 체력 및 자부심에 근거한 남성성에 대한 노동계급의 긍지를 윌리스(1977)는 아주 잘 포착하고 있다. 그것은 1970년대에 기록되고 여전히 생생한 지난 시절 중공업 노동자의 목소리이다.

> 주물공장에서 일해요 … 아, 낙하단조[3] 말이우. 그것에 대해 뭐 좀 아시우? … 모르겠지 … 저기 저 베스널가에 시끄러운 공장은 아시겠지 … 길에서도 소리가 들릴 걸 … 난 거기서 큰 망치 담당이라우 … 6톤이나 나가지. 24년째 거기서 일하고 있소. 엄청 시끄럽지만 지금은 난 익숙하다우 … 또 덥지 … 지루하지는 않아요 … 항상 새 제조 라인들이 오고 있고 최고로 솜씨 좋게 해내야 하거든 … 계속 일해야 해요 … 힘든 일이지. 매니저들은 못해, 쇠를 들어 올릴 힘

3 강철 망치를 낙하시켜 형체를 만드는 방법.

이 어디 있나 … 저기 몇 사람이 서서 나 일하는 걸 구경하고 있지요, 난 그게 좋다우(Willis, 1977: 53).

노동계급의 직업문화를 다룬 또 다른 주목할 만한 연구들로는 디트로이트 자동차 노동자들의 공격적 남성성에 대한 리퍼트(Lippert, 1977)의 연구와 시드니 건설 노동자에 대한 버그만(Burgmann, 1980)의 연구가 있다. 콜린슨과 히언(Collinson and Hearn, 1994, 1996)은 육체노동자들 사이에서 남성다운 정체성들이 하위문화로 재생산되는 현상에 주목했다. 이런 정체성들은 복종과 저항이 뒤섞여 있는 마초적 행위들과 언어들을 통해 표현되었다. 이등시민으로 취급된 남성 노동자들은 상황을 재규정하고 (농담, 욕설, 신참 골리기 등을 통해) 그럼으로써 그들의 작업 환경에 대한 통제권을 다소 더 확보할 수 있는 것처럼 보였다. 작업 현장의 상호작용은 재미있고 익살스러운 동시에 성차별적이고 비하적이었다. 남성성은 예컨대 농담과 헐뜯기를 통해, 성적 신체적 위협과 희롱, 누드 달력과 핀업 사진, 야단법석, 동성애 혐오적 농담과 행위 등을 통해 실행되었다. 경영진들은 여성적이고 무능하다고 배척되었고 사무실 직원들은 출세한 '펜대 굴리는 자들'로 배척되었다. 이 남성들은 왕왕 승진을 거부했는데, 그 까닭은 자신들이 무력해진 '예스맨'이 되어 '즐길 수' 없게 되고 일거리를 집으로 가져옴으로써 상사가 사생활에 침범해 들어오는 걸 제지하지 못하게 될 위험이 있다고 생각했기 때문이다.

중간계급 남성성 개념도 심하게 일에 의거하지만 이 경우에 일은 경력과 전문직이다. 중간계급 남성들에게 직업 갖기는 수입을 위해서만 하는 무언가가 분명 아니다. 그들은 노동계급의 남성들보다 보상으로부터 덜 소외되어 있고 일에 더 많이 헌신할 준비가 되어 있는 경향이 있다. 콜린슨과 히언(1996)은 중간계급의 직업들이 남성적 함의를 강하게 띠고 있다는 사실을 지적한다. 예를 들어 '위험하고' '섹시한' 과학기술 및 금융, 광고의 세계들은 확실히 남성다운 신비로움이 넘쳐난다. 기업의 권력지대와 런던 금융가에서의 삶은 고도로 성별화되어 있고 대단히 남성스럽다(McDowell and Court, 1994; McDowell, 1997). 성공적인 전문직 남성성은 비즈니스 정장, 이동전화, 번쩍거리는 차, 아름답고 순종적인 여성들 그리고 대저택이나 펜트하우스 등과 확고히 연결되는데 이 모두는 기업가적 남성다움의 가치들을 표시하며(Podmore and Spencer, 1987) 노동계급 남성성만큼이나 여성적인 것을 배제하고 있다. 콜린슨과 히언(1994; 1996)의 경영문화 연구는 경영능력이 관리자들의 유형들을 구분할 뿐만 아니라 관리자와 비관리자를 구분하는 점에 주목한다. 관리자로서의 남성은 자기 휘하에 있는 남성들과 여성들을 절대적으로 통제함으로써 남성성을 행사한다. 실제로 많은 사람들이 비정상적으로 통제에 집착하고 필요하다면 도를 넘는 관리주의와 권위주의를 노출할 준비가 되어 있는 것으로 보인다. 물론 관리직에 있으면서도 똑같이 남성적인 방식으로 행동하고 있는 여성들도 그렇다. 콜린슨과 히언은 지배적인 '관리자 남성성들'의 전모를 지적했는데, 그것은 흔히 공격적인 스포츠와 전투적인 은유들에 의거하고 있다. 거기에는 '진정한 남성들'은 지도자이고 무제한의 압력을 흡수할 수 있으며 상황이 어떻든 항상 냉정하고 차분하고 침착하다는 가정도 내포되어 있다. 일터에서 남성성의 실행에 대한 이런 연구들이 있긴 하지만 우리는 남성들이 어떻게 다양한 직업에서 '남성다움'을 과시하고 다양한 범위의 통제전략과 저항 및 순종전략을 쓰는지에 대해 훨씬 더 많이 알 필요가 있다.

지구화가 도처의 '지역들'과 '삶들'에 피할 수 없는 영향을 미치고 있는 점을 고려하면(Beynon and Dunkerley, 1999; 2000), 남성성의 형성에 대한 연구에 지구화를 결합하는 것은 때늦은 감이 있다. 기 등(Gee et. al, 1996)이 주목했듯이 고든 게코G. Gekko 같은 새로운 세대의 기업 자본가들은 전 지구적 범위에서 활동하고 자본 축적에 관계되지 않는 일이면 기업이든 개인이든 그 어떤 것에도 그 어떤 사람에게도 진정으로 헌신하지 않는다. 코넬(Connell, 1998)은 대단히 혁신적인 논문에서 '지역의 남성성들'을 이해하려면 전 지구적인 측면에서 생각하지 않을 수 없음을 지적했다. 그는 **전 지구적 남성성들**(전적으로는 아니지만 대체로 북대서양 국가들과 연계된)에 대해 이야기하고 소위 '다국적기업가 남성성'의 출현을 기록한다. 그는 이것을 "상당히 조건부적인 충성(심지어 기업에게도), 자기중심주의의 증가, 타인에 대한 책임감의 쇠퇴(이미지 조작의 목적을 제외하면)가 특징인 남성성으로 규정한다"(Connell, 1998: 16). 기업가 권력과 쉼 없는 일등석 여행이 원기왕성하고 섹시하게 혼합된 곳에서 작동하고 있는 다국적기업가 남성성은,

> 자유분방한 섹슈얼리티를 구가하고 여성들과의 관계를 상품화하는 경향이 증가한다는 점에서 전통적인 부르주아 남성성과 다르다. 세계 대부분의 지역에서 사업가들을 맞이하는 호텔은 보통 포르노 비디오를 제공하고 어떤 지역에서는 잘 발달된 매춘산업이 국제적 사업가들을 맞이한다. 다국적기업가 남성성은 육체적 힘을 필요로 하지 않는데, 그것이 기초하고 있는 가부장적 배당금은 비인격적이고 제도적인 수단들에 의해서 축적되기 때문이다(Connell, 1998: 16).

남성성 조사하기—한마디 주의사항

나는 결론적으로 클레터바우Clatterbaugh에게로 돌아가고 싶다. 그는 워싱턴대 철학교수이고 상당히 시사하는 바가 많은 책인《남성성에 대한 현대적 시각*Contemporary Perspectives on Masculinity*》(1990)의 저자이다. 그는 1998년에 비슷하게 도전적인 논문을 출판했는데 거기서 그는 이 책의 독자들이 유념하면 유익할 수많은 쟁점들을 제기한다. 그는 흑인과 유대인, 멕시코계 미국인, 게이, 중간계급 등등 많은 남성성들이 존재하고 그중 어떤 유형들은 패권적임을 인정하면서 그 논문을 시작한다. 그의 용어로 남성성을 둘러싼 작금의 '개념적 뒤엉킴'을 설명하기에 앞서, 그는 이러한 '형용사적 남성성들'은 "구별되는 집단들이 소유하고 있는 일련의 태도와 행위, 능력의 복합적 구성"(Clatterbaugh, 1998: 25)이라고 폭넓게 정의한다. 그는 나이와 인종, 부富 등과 같은 변별적 특성들을 열거하는 것은, 그렇게 범주화된 남성성들이 실제로 뚜렷이 다른 남성성들을 보인다는 점을 논증하기에는 불충분하다고 주장한다(Clatterbaugh, 1998: 33).

> 남성성들은 한데 모아 놓은 수많은 신발들 같은 것이 아니다 … 그 종류들(펌프스, 로퍼 등)은 분명치가 않다. 내게 남성성들을 분별할 수 있도록 준비되어 있는 기준들은 없다 … 우리가 지금 얘기하고 있는 것(남성성들)에 대해 극히 빈약하게 정의된 생각만을 가지고 있다는 것이 아마 남성성에 대한 저술들의 가장 잘 숨겨진 비밀일 것이다(Clatterbaugh, 1998: 27).

물론 이 점은 중요한 문제를 제기하는데, 남성성들을 식별할 수 없다면 어떻게 그것을 연구할 수 있는가 하는 문제이다. 이 점은 '남성성의 다양성들'이 남성성들과 같은 것인가 하는 또 다른 질문에 이른다. 앞에서 언급했듯이 전자는 이 다양성들이 본질적으로 남성적인 뭔가를 공통으로 가지고 있다(그러나 정확히 무엇인가?)는 점을 시사한다. 반면 후자는 상당한 정도(완전한 정도는 아니더라도)의 자율성을 누릴 수 있다. 클레터바우는 남성들 사이의 다양성과 차이에 대한 지속적인 연구를 지지하면서 다음과 같이 경고한다.

> 남성성들에 대해 얘기하는 것은 … 우리 자신들과 우리가 토론하고 싶은 사회적 현실 사이에 하나의 층(그리고 매우 혼란스런 층)을 만드는 것이다 … 남성들을 이해하는 데 공헌할 수 있는 그 과업에서 우리가 하고 있는 바와 한계에 대해 분명히 알 필요가 있다(Clatterbaugh, 1998: 42).

게다가 그는 '남성성'과 '남성들'을 너무 쉽게 등식화하고 있음을 개탄하면서 그런 등식화를 일종의 '얼버무림', "성인 남성이 되는 것은 생물학적인 반면, 남성성은 사회적이고 역사적인 것으로 취급하려는 의도의 의미들"을 뒤섞을 뿐인 얼버무림으로 묘사한다(Clatterbaugh, 1998: 39-40). 더 이상의 혼란과 신비화를 피하고자 한다면 우리는 처음부터 한 편에는 이미지들과 담론들, 다른 한편에는 남성들과 남성의 행동들, 그 둘을 구분할 필요가 있다.

> 우리가 이미지들, 고정관념들 혹은 규범들을 얘기하고 있을 때 우리는 남성들에 대해 얘기하고 있지 않다는 점을 아주 분명히 해야 한다. 그리고 우리가 남성들과 그들의 행동들과 특권들과 태도들에 대해 얘기할 때 우리는 이미지들에 대해 얘기하는 것이 아니다(Clatterbaugh, 1998: 42).

마지막으로 그는 남성성 연구의 많은 (대부분은 아니더라도) 접근들이 만족스럽지 않다고 본다. 그런 접근방식들이 '남성성/들'이 실제로 무엇인지 이해하는 데 많은 도움을 주고 있지 않다는 것이다. 그는 내가 이 책의 뒷부분에서 쓰는 두 가지 접근법에 대해 유보적인 입장이다. 하나는 남성성들이 담론 안에서 그리고 담론을 통해 생산되는 방식들('담론적 남성성', 6장 참조)인데 그는 그것을 '탈근대적 선택지'라고 부른다. 또 하나는 수행으로서의 남성성, '연극적 수행'으로서의 남성성이다(7장 참조).

이러한 어려운 문제들이 적절히 다뤄지려면 그전에 남성들이 실제 살아가면서 경험하는 남성성들에 대해 훨씬 더 많은 연구들이 필요하다. 회피하는 것처럼 들릴 수 있는 위험을 감수하면서 이제 이 장을 끝내야 할 시간이다. 이번 장의 목표는 독자들의 생각을 뒤흔들어 우리를 둘러싼 세상과 과거에 제공된 남성성과 남성성들에 대해 비판적으로 사고하도록 만드는 것이었다. 이제 과거로 돌아가 19세기와 20세기 초에 어떻게 '제국적 남성성'이 규범으로 작용했으며('상류사회' 양식과 '평민' 양식에서 모두), 그것을 뒷받침했던 사회역사적 요인들이 무엇인지에 대해서 살펴보자.

| 더 읽을 거리 |

Butler, J. (1990) *Gender Trouble, Feminism and the Subversion of Identity.* New York: Routledge.

Clatterbaugh, K. (1990) *Contemporary Perspectives on Masculinity: Men, Women and Politics in Modern Society.* Boulder, CO: Westview.

Connell, R.W. (1985) *Masculinities.* Cambridge: Polity.

Cornwall, A and Lindisfarne, N. (1994) *Dislocating Masculinity: Comparative Ethnographies.* London: Routledge.

MacInnes, J. (1998) *The End of Masculinity.* Buckingham: Open University Press.

Morgan, D.H.G. (1992) *Discovering men.* London: Routledge.

Sedwick, E.K. (1985) *Between Men: English Literature and Male Homosocial Desire.* New York: Columbia University Press.

Willis, P. (1997) *Learning to Labour.* Farnborough: Saxon House.

2장

남성성과 제국주의적 상상

한 민족을 위대하게 만드는 모든 것에서, 식민화 권력에서, 무역과 상업에서, 문명사회의 모든 순수예술에서, 잉글랜드는 근대세계의 모든 다른 민족을 능가할 뿐 아니라 고대 역사의 모든 민족들도 능가한다. 영국인은 세계에서 다른 모든 것들과 구분되는 우월한 종자이다[윌프레드 로리어 경Sir Wilfried Laurier, 1898년; 하워드(Howard, 1967: 53)에서 재인용].

제국주의 시대의 남성성

이 장에서는 남성성에 대한 현대의 논쟁에서 잠시 벗어나 19세기 후반부터 1914년 1차 세계대전 발발 때까지 사람들이 남성성을 어떻게 바라보고 형성했는지 살펴보기로 하자. 대영제국은 18세기 내내 꾸준히 확장되어 (비록 아메리카 식민지는 잃었지만) 19세기에는 아프리카를 침투하고 분할하는 데서 그 정점에 이르렀다. 우리 아버지처럼 20세기 초에 학교를 다닌 세대는 지구의 많은 부분을 붉게 칠하여 영국 '소유'임을 나타내는 데 익숙했었다. 대영제국은 국내외에서 제국의 다양한 요구에 지도자와 행정가, 서기, 군인, 선원, 상인 등으로 봉사할 막대한 인력을 필요로 했다. 한밑천 잡을 일도 많았다. 그러니 이 장에서 제국주의적 남성Imperial man의 출현과 그 유형을 만들어 냈던 요인들 몇몇을 검토해 보자. 제국주의적 남성성(이 말은 제국에 봉사하기에 적합한 남성성이란 뜻이다)은 19세기 후반 제국의 시대에 어떻게 구성되고 재현되었는가?

이 문제에 답하기 위해 이 장은 다음과 같이 구성되었다. 첫째, 19세기와 20세기 초에 남성성이 형성된 방식을 검토한다. 둘째, 남성성이 그 시대의 제국주의 모험 문학에서 어떻게 '상상되고' 재현되었는지 살펴보는데, 특히 발렌타인R. M. Ballantyne과 해거드H. R. Haggard 같은 영국의 두 대중소설가들을 참조한다. 셋째, 제국주의적 남성 구성의 또 다른 측면으로 방향을 바꿔 영국의 남성 '혈통'이 퇴화하고 있다는 공포에 대한 대응을 살펴본다. 나는 스포츠의 성장과 체육의 인기, 이 두 가지 대응에 주목한다. 넷째, 제국주의적 남성성이 그 신봉자들에게 해를 끼쳤다는 비난을 검토한다. 다섯째, 어떻게 제국주의적 남성성이 2차 세계대전 때까지 소년용 이야기책들에 살아남았는지 살펴본다. 마지막으로, 비록 제국주의적 남성이 스러졌을 수도 있지만 제국주의적 남성성의 요소들은 예컨대 현대의 스포츠와 보디빌딩에 살아남아 있다고 주장한다.

'제국에 안성맞춤'인 제국주의적 남성성

19세기 중반부터 젊은 남성들의 교육에서 체육, 금욕주의, 성적 순결과 도덕적 용기가 엄청나게 강조되기 시작했다(Mason, 1982; J. Mangan and Walvin, 1987). 그것은 토머스 아놀드Thomas Arnold, 토머스 칼라일Thomas Carlyle, 찰스 킹즐리Charles Kingsley, 토머스 휴즈Thomas Huhges, 로버트 베이든-

파웰Robert Baden-Powell같이 정말로 다양한 저명인사들의 저술과 행동에서 분명히 나타난다. 럭비교Rugby School의 영향력 있는 교장이었던 토머스 아놀드는 남성다움을 지성적 에너지와 도덕적 목표 및 성적 순결과 동일시했다. 단체운동은 젊은 남성들의 신체훈련뿐 아니라 정신훈련에도 중요했다. 기독교는 남성적이고 남성다운 신앙으로 표현되었고 예수 자체도 남성성의 용어로 재현되었다. 아놀드와 동시대인인 토머스 칼라일은 보다 공격적으로 변형된 남성다움을 옹호하면서 올리버 크롬웰Oliver Cromwell과 프리드리히 대제Frederick the Great 같은 철저히 독립적이고 행동하는 남성들을 찬양했다. 1832년 이후 아놀드식의 남성성이 지배 엘리트에 의해 채택되긴 했지만 로퍼와 토시(Roper and Tosh, 1991)는 1880년대에는 칼라일 방식이 승리했다고 결론짓는다. 칼라일 방식은 행동과 권위, 의지의 축복, 심지어 (앞에 소개했던 로리어 경의 정서에 반영된) 영국의 인종적 우월성 (물론 21세기 관점에서 보면 근거 없는 인종차별주의로 읽을 수 있지만)까지 강조하는 제국주의적 남성을 기대했기 때문이다.

길모어(Gilmore, 1990)는 여성성의 해악스런 영향이라 여긴 것에 대항하여 남성들로만 구성된 조직들에서 소년을 훈육하고 단련하는 엄격한 훈련을 통해 '딱딱한 남성성'이 증식된 그 시대에 강박적인 도덕적 남성화가 작동했다고 말한다. 신사계급과 새로 떠오른 중상층 계급은 제국에 공헌하는 데 필요한 자립심과 결단력의 자질을 주입시키기 위해 자기 아들들을 기숙학교의 거친 환경으로 내몰았다(Chandos, 1984). 나아가 매켄지(MacKenzie, 1987)는 19세기 말 사냥꾼 숭배 문화를 기록했다. 그 시대에는 오지에서 살아남는 기술과 야생성이 신체지상주의 이데올로기의 토대가 되었고, 스카우트 운동의 기초가 마련돼 있던 영국과 미국은 그 이데올로기를 채택했다(Hantover, 1978). 베이든-파웰은 직접 쓴 《보이스카우트 운동*Scout movement*》 교본(1963[1908])에서 가정의 안락함이 낳는 '무르게 만드는' 효과를 언급했다. 소년들에게 진짜 남성다움을 가르쳐야 했고 그 덕성들(근성, 자립, 결단력, 지도력과 진취성)은 가정과 여성적인 것으로부터 아주 멀리 떨어져 남성들끼리만 '대자연'에 노출됨으로써 습득되어야 했다. 노동계급의 소년들에게 접근했던 성공회의 유사 종교재단인 '소년단Boy's Brigade'도 이와 비슷했다.

제국주의적 남성성은 특정한 시간과 장소, 권력과 계급의 산물이었고 아울러 굳게 믿어 의심치 않은 인종적 민족적 우월성 개념들의 산물이었다. 그것은 19세기 후반부와 분명히 1차 세계대전 때까지, 심지어 그 이후까지 영국의 남성 주체들을 형성하는 데 영향을 끼쳤다. 당시 영국의 모든 남성들이 제국주의적 남성성의 기준들에 절대적으로 동조했던 것은 아니다. 그보다 제국주의적 남성성은 모든 '제대로 된' 남성이라면 적어도 제국과 나아가 영국 민족의 미래의 번영을 열망해야 한다는 패권적 남성성을 위해 강력한 일련의 영향력들을 매우 다양한 원천에서 제공했다.

20세기 후반에 대다수 남성들은 자신의 감성적 자아로부터 그리고 여성과 여성적인 것으로부터 분리되어 있다는 규탄과 동성애 공포증의 기원은 19세기 중반의 남성성 형성에 있다는 비난들이 쏟아졌다. 예를 들어 로퍼와 토시(1991)는 남성성이 일련의 '타자들', 즉 여성과 동성애자와 원주민에 대한 지배에 입각해 정의되었음을 논증한다. 차례대로 각각에 대해 살펴보자.

여성들

19세기는 일하는 여성들이 갈수록 산업 일터에서 배제되고 덜 숙련된 일로만 제한되던 시기였다. 한편 노동하는 남성들의 남성성은 손재주, 기술, 임금노동, 딸린 아내와 아이들 부양, 그에 따른 생계부양자라는 자부심의 관념들을 둘러싸고 구성되었다.

동성애자들

게이 역사가들은 빅토리아 시대의 가족에서 이성애의 제도화가 이루어지는 한편 같은 시기에 동성애에 대한 법적 의료적 사회적 공격이 개시되었다고 정리해 왔다(Weeks, 1995). 강렬한 동성애 혐오증은 19세기 후반부 특히 1890년대에 일어난 오스카 와일드의 추문 이후에 나타난 현상이었다.

원주민들

일반적으로 영국적(그리고 특히 '잉글랜드') 남성성은 다른 '민족들'에 비해 우월하며 문명화시키는 힘은 제국주의적 임무의 핵심으로 간주되었다. 반면 예속된 원주민 남성성은 게으르고 호색적이고 성적으로 타락한 것으로 묘사되었다. 그렇다고 제국주의적 남성성의 우상들이 때때로 '원주민 타자'의 면면을 통합하지 않았다는 말은 아니다. 그러나 그것은 언제나 영국적인 냉담함이 더해져 완화되었다. 예컨대 〈아라비아의 로렌스Lawrence of Arabia〉에서 아랍 남성의 이국적인 정서와 전투성은 용감하고 감화력 있고 우월한 영국인이 통제한다는 정형화된 요소들과 결합되어 재현되었다(Dawson, 1994). 물론 이러한 재현은 《지혜의 일곱 기둥*Seven Pillars of Wisdom*》에서 아랍전쟁을 설명할 때 로렌스 자신이 부분적으로 창조하고 유지했다.

새로운 신사

제국주의적 남성성의 또 다른 측면은 '신사'에 대한 정의가 새롭게 확장되어 출현한 점이다. 원래 계급적 정의였던 그 용어는 행동을 포함하는 것으로 확장되어 해외에서 제국에 복무하거나 국내에서 사업과 산업을 성장시키는 데 요구된 증가일로의 수많은 중간층을 포함할 수 있게 되었다. 19세기 내내 영국이 귀족사회에서 점점 더 자본주의 사회로 이동함에 따라 부르주아들은 자신의 직업들을 고급화하는 과정에 매진했다(예를 들어 1825년 영국법조협회의 발족과 1856년 영국의사협회의 발족을 통해). 기로워드(Girouard, 1981)는 새로운 신사를 이렇게 묘사한다.

> 그는 용감하고 솔직하고 고결하며 자신의 왕조와 나라와 친구들에게 충직하고 자신의 말은 무슨 일이 있어도 지키며, 누군가 여자나 아이 또는 동물을 부당하게 취급하면 그가 누구든 이의를 제기할 준비가 되어 있는 사람이다. 그는 천부적인 지도자로 다른 이들은 주저 없이 그의 선도를 따른다. 그는 전쟁과 사냥터에서 두려움이 없는 자이고 모든 남성적 스포츠에서 탁월하다. 거친 자에게는 거칠지만 약자에게는 언제나 부드럽다. 무엇보다도 그는 여성에게 그녀의 신분을 막론하고 다정하고 정중하고 예의 바르다(Girouard, 1981: 260).

스코브맨드(Skovmand, 1987)가 분명히 했듯 신사는 "귀족계층('타고난 신사들')의 가치들과 새롭게 떠오르는 자수성가한 빅토리아 중간계급('만들어진 신사들')의 가치들을 매개하는 사회적 이상, 즉 문화적 편성물이다." 그는 '장교 신사', '학자 신사', '기독교인 신사' 그리고 '스포츠맨 신사'의 네 변이를 식별한다. 이 구성물의 중심에는 시골 지주와 부락민들에 기반을 둔 '영국인다움Englishness', 즉 외부의 침략과 오염에 맞서 어떤 희생을 치르고라도 보호되어야 할 그것이 있었다. 새무얼 버틀러Samuel Butler의 소설《만인의 길*The Way of All Flesh*》(1903)은 코난 도일의 셜록 홈스와 왓슨 박사 같은 독신 신사 영웅을 찬양한다. 그의 찬양은 존 버컨John Buchan이 쓴《서른아홉 계단*The Thirty Nine Steps*》(1915)의 리차드 핸네이라는 인물, 용렬한 '외국인'의 잔인무도한 위협을 선수를 쳐 물리친 인물에서 극치를 이루었다. 다른 예로는 사퍼Sapper의 불독 드러먼드나 소이어Sawyer의 피터 윔지경을 들 수 있는데, 그런 영국 신사-영웅은 (적어도 문학에서는) 1939년 제프리 하우스홀드Jeffrey Household의《악당*Rogue Male*》까지 그 명맥을 유지했다. 실제 삶에서는 그의 종말이 1914년부터 1918년까지 프랑스와 벌인 진흙탕 전쟁에서 이미 나타났다. 그는 19세기 후반의 대부분을 지배했으나 "세계대전이 독신 신사를 죽여 없앴고 … 1918년 이후 신사라는 이상형은 더 이상 주요한 사회적 세력으로 존재하지 못했다"(Scovmand, 1987: 57).

빅토리아 신사와 그것의 문학적 재현에 대한 추가적인 관점은 브라운(Brown, 1987)이 디킨스Dickens의《위대한 유산*Great Expectations*》(1861)을 분석한 데서 찾을 수 있다. 죄수이며 핍의 숨겨진 후원자인 맥위치는 오스트레일리아 유형지에서 돌아와 스스로에게 그리고 핍에게 이렇게 말한다. "비록 나는 신사도 아니고 어떤 교육도 받지 못했지만 그런 … 만들어진 런던 신사를 소유한 자이다!"(Dickens, 1999: 302).

핍의 발전해 가는 경력 자체는 빅토리아기 소자본가의 거침없는 성공과, 외국에 나가 한밑천 잡는 '신사' 서기들과 관리자들의 공급을 어쩌면 끝없이 요구했던 확장일로 경제의 거침없는 발흥을 반영한다. 브라운(Brown, 1987)은 다음과 같이 논평한다.

이런 정체성은 전 세계에 영국이 패권을 행사하던 시대에 자리 잡고 있다. 그것은 확장일로의 법체계와 팽창일로의 자본주의 운동의 연결망 안에서 구성된다(Brown, 1987: 71).

'남성의 상상물들'

빅토리아기와 에드워드기의 영국은 공학, 과학, 탐험과 제국주의 확장, 건설, 과학기술의 진보와 의학에서 유례없는 남성적 업적을 낸 시기이다. 남성은 강하고 권위적이고 결단력 있고 훈육되어 있고 슬기로울 것으로 기대되었다. 그것이 아직도 남성들의 머리에 메아리치고 있는 남성성의 이상이다. 1차 세계대전까지의 후기 빅토리아기는 도슨(Dawson, 1994)이 대중적 제국주의라 부른 시기이다. 그 핵심에는 끝없는 식민지 분규 속에 있던 제국에 헌신하는 용감한 영국 군인-영웅의 이미지가 있었고, 그것은 남성성의 민족주의적 인종차별주의적 군사적 측면을 대단히 강조했다. 도슨의 용어를 써서 그것은 한 세대의 영국 소년들의 '마음의 풍경'을 색칠한 이미지였다. 인도 러크나우Lucknow의 헨리 해브록 경Sir Henry Havelock과 수단 하르툼Khartoum의 순교자 고든Gordon 장군 같은 군인-영웅들은 '도덕적 남성다움'과 애국심과 죽음을 불사한 용감함으로 거의 예수 같은 위상을 얻었다.

그 시대의 많은 작가들에게 제국은 '남성우월주의 상상물'의 지점으로서, 거기서 남성들은 '여성적인 것'의 악영향이라고 간주되던 것들로부터 멀리 떨어진, 육체적으로 도전적이고 험난한 환경에서 동성 간 교제와 동지애를 즐길 수 있었다. 토시(1991)가 지적했듯이 제국주의적 남성성의 옹호자들 중 가장 유명한 이들은 결혼을 아예 안 했거나(Gordon, Kitchener,

Rhodes) 매우 늦게 했다는(Baden-Powell) 점이 어쩌면 놀라운 일은 아니다. 이 소설가들은 독특하게 영국적인 형태의 남성성을 '영웅(주인공)-화' 했다(Kestner, 1995) 그들은 주로 중간계급 독자들을 염두에 두고 이러한 '남성우월주의 서사들'(Green, 1991)을 썼지만 다른 한편으로는 점점 글을 깨치고 있는 노동계급 분파도 그것들을 읽게 되리라는 점을 알고 있었다. 1880년부터 1914년까지(그리고 상당히 먼 후에 심지어 우리 시대까지) 남자아이들의 독서를 지배한 그 모험문학은 영국제국의 필요와 강하게 제휴했다. 그렇기 때문에 그것은 공공연하게 남성우월주의적이고 교훈적이며 (우리 눈에는) 인종차별적이고, 제국의 남성들이 자기 후계자들을 위해 쓴 것이다. 제국에 헌신하는 데 필요한 전사 남성성은 작가들에 의해 '모험의 지리학'(R. Philips, 1997) 속에 '그려졌으니' 그들은 (몇 명만 거명하자면) 헨리G. A. Henry, 스티븐슨R. L. Stevenson, 발렌타인R. M. Ballantyne, 매리어트Marryat 선장과 그 후 버컨J. Buchan 등으로 그들 각각은 자신의 청소년 독자들에게 '남자다운 남자들'로 자라라고 기원했다. 실제로 '진짜 남성성'은 식민지 모험 안에서만, 그리고 그것을 통해서만 만들어질 수 있었다. 제국주의 문학에서 '영국인다움'은〔예를 들어 부르커와 위더슨(Brooker and Widdowson, 1986)과 콜리스와 도드(Collis and Dodd, 1986)에서 잘 입증된 것처럼〕 압도적으로 '영국-남성'의 용맹스러운 자질들이란 측면에서 주조되었고, 영국 여성들은 아주 드물게 그랬다.

제국의 소설가 두 명(발렌타인과 해거드)에 대해 이야기하기 전에 나는 '남권주의자들의 상상물'에 대해 뭔가 얘기하고 싶다. 데이비드 잭슨(David Jackson, 1990)이 도움이 될 만한 세 가지 점을 지적한다.

• 남성적 이야기들과 여성적 이야기들은 구분될 수 있다. 전자는 상투적으로 모험에 기반을 두고 있고 육체적이고 비개인적 측면을 강조하는 반면 후자는 보통 개인적 관계와 감정을 강조한다(Fiske, 1987). 19세기 말과 20세기 초의 소년용 이야기책은 어떤 희생을 치르고서라도 이겨야 할 필요성을 '자연화'했고, 잭슨(1990)이 주장하듯이 가부장제를 떠받치는 데 필요한 목표지향적이고 남성적인 태도를 격려했다. 용기와 끈기와 결단력을 지닌 정형화된 영국의 모험 영웅에 대해 논평하면서 잭슨은 "그는 내면세계를 가진 것처럼 보이지 않는다. 공적 영역에서의 공적 행동에만 온통 집중하고 있다"고 지적했다(Jackson, 1990: 234).

• 여성들의 잠재적으로 위협적인 목소리를 침묵시키는 것이 소년용 이야기들의 한 가지 특징이다. 잭슨은 다음과 같이 논평한다.

> 남성성의 이데올로기적 구성은 모든 이러한 경쟁적 충돌과 힘겨루기와 정신적 육체적 갈등을 통해 만들어졌다. 그것은 가장 두려워했던 … 저 억압된 '여성적' 요소들을 배제함으로써 달성되었다(Jackson, 1990: 235).

허용 가능한 남성적 행위규칙들이 확립되는 한편 허용될 수 없는 것들은 여성적인 것과 '계집애 같은 남자들'과 동일시되었다.

• 영국 소년들의 이야기들은 극단적으로 위험한 원정에 참여하고 일련의 시험을 겪음으로써 남성성과 명예를 획득하고 맹세하는 서사적인 전사영웅들을 담고 있다. 섬은 등장인물이 시련을 겪고 시험받고 증명되는 일종의 '실험실'이 된다. 이는 단지 남성다움을 달성하고 입증하는 문제만이 아니고 '영국인다움'의 문제이다. 이를 위해 소년들과 젊은 남성들은 육체적 힘과 용기뿐만 아니라 내면의 심리적 강인함과 자제력까지 보여 줘야 한다.

제국주의적 남성성을 형성하기 위한 주요 대행자는 의심할 여지없이 예비사립중등학교 제도였다. 빅토리아 시대 중상층 소년들은 아주 어린 나이에 가정과 여성적인 것의 인지된 위험들로부터 분리되어 학교 교사들의 수중에 놓였다. 영향력의 측면에서 그 다음으로 꼽을 만한 것은 학교, 군대, 대학, 민족 또는 제국 그 무엇에든 충성을 바쳐야 한다고 강조했던 소년문학이다. 캐닛카(Kanitkar, 1994)는 그의 연구에서 《소년용 제국연감 1909-1919*The Empire Annual for Boys, 1909-1919*》과 여타의 크리스마스 연보에 나타나는 '허풍 모험담들'에 주목한다. 그것들은 예비사립중등학교 소년들에게도 읽혔고, 그들보다 운이 좋지 않은 동년배들에게도 읽혀져 그들도 간접적으로나마 이런 학교 기풍의 일부를 알 수 있었다. 그 이야기들과 그것이 옹호하는 남성성은 특정 시기에 특정 목적에 공헌했다는 점, 즉 영국 소년들을 '제국의 사관생도'로 만드는 도덕적 주입을 했다는 측면에서 역사적이고 문화적인 위치를 차지할 수 있다. 그렇게 하기 위해 그들은 스포츠와 스포츠맨 정신, 공동체정신과 '연약한' 여성에 반대되어 규정되는 '강한' 남성다움을 강조했다.

캐닛카(1994)는 그런 이야기들에서 세 종류의 '영국 소년들'이 등장한다고 본다. '스포츠 소년', '순혈 백인 소년' 그리고 '기독교 소년'이 그것이다.

스포츠 소년

한편에는 남성들만의 게임과 스포츠가 다른 한편에는 애국심과 제국 건설이 있었고, 이 둘 사이에 직접적인 연결선이 그어져 있다. 지도력, 팀 작업, 동료에 대한 충성, 성취에 대한 자부심을 훈련시키는 데서 핵심적 역할은 스포츠(특히 럭비, 크리켓, 권투)에 주어졌다. 아서 미Arthur Mee는 "우리가 우리 팀과 우리 학교에 충성스럽다면 우리는 우리 마을과 우리 도시와 우리 나라에 충성스러울 것이다. 애국심의 시작, 그것은 학생들이 쓰는 모자에서 나온다"라고 쓴다(Kanitka, 1994: 187). 다른 무엇보다 깨끗하게 살고 깨끗하게 생각하고 운동하는 젊은이는 당시 '사랑 타령'이라고 부른 것과 다음과 같이 되는 것을 피해야만 한다.

> 결코 진정한 소년들이 아닌 미숙하고 변변치 못한 젊은이들, 다시 말해 그들은 창백하고 여드름투성이 얼굴을 하고 담배나 사탕을 빨면서 보다 남성다운 동료들과 운동하며 어울리는 대신에 소녀들 주위를 맴돌며 추파를 던지는 모습을 보이는 부류의 젊은이들이다(Williams, 1911; Kanitka, 1994: 186에서 재인용).

순혈 백인 소년

이 '제국의 사관생도'는 자신이 국내의 노동계급보다, 그리고 영국인에 비해 단순하고 열등하다고 생각된 식민지 원주민들보다 우월하다고 여기도록 훈련되었다. 실로 야생의 이국적인 먼 곳에 질서와 정정당당한 대결을 가져 오고 그곳을 문명화시키는 것이 백인 남성들의 의무였다. 영국 지배계급의 아들들은 캐닛카(1994: 195)가 썼듯이 자신들은 "스스로 그렇게 할 수 없는 자들을 지배하고 통제할, 신이 주신 의무이자 권리"를 가졌다고 믿도록 교육받았다. 지도력과 권위를 분별 있고 공정하게 사용하는 것은 남성다운 귀족성으로 나아가는 길인데 키플링(Kipling, 1910)은 자신의 시 〈만약*If*〉에서 이 점을 포착했다. 나중에 우리는 이 점을 검토한다.

기독교인 소년

허풍스런 모험담은 이미 언급한 근육적 기독교Muscular Christianity의 관념, 즉 야만인들에게 문명과 기독교 둘 다를 가져다준다는 관념을 기꺼이 받아들인다. 캐닛카가 표현했듯이 "지성적이고 이성적인 백인과 본능적인 흑인" 사이의 격차가 재삼재사 강조된다.

문학담론들

캐닛카(1994)는 빅토리아 문학에 공존하는 두 종류의 문학담론을 식별해낸다. 첫째, 백인은 동성교제의 세계에서 움직이는 순결한 '제국의 사관들'로 묘사된다. 그 세상에서 이성애적 욕망은 (스포츠와 제국의 진지한 일에 비해) 남성답지 않은 것으로 간주되었고 동성애 욕망은 그냥 인정되지 않았다. 원주민의 섹슈얼리티는 결코 언급되지 않았고 백인이든 원주민이든 여성은 서비스하는 역할이나 남성의 용감한 구출 행동의 대상이 아니면 등장하지 않았다. 여성들은 기숙학교나 옥스브리지대학에, 연대만찬이나 신사클럽에 들어오지 않는다. 그보다 그들은 "위대한 남성의 옆에 서 있는 더 부드러운 영혼"이라는 "자연적" 역할에 배정되었다(Arthur Mee; Kanitka, 1994: 185에서 재인용). 둘째, 흑인 남성들은 성적으로 광포하고 백인 여성들에게 상시적으로 강간 위협을 주는 존재로 재현되고, 그와 나란히 흑인 여성들은 백인 남성들이 쉽게 성적으로 접근할 수 있는 존재로 가정된다.

식민주의자들이 많은 원주민 남성들을 열등하고 남성답지 않다고 간주했다는 것은 놀라운 일이 아니다(예컨대 영국 통치하의 인도에서 벵갈 남성들은 기력이 쇠하고 여성화되었다고 여겨졌다). 권위구조의 종속적인 위치에 있던 원주민 남성들은 식민적 남성성의 지배적 유형 중 일부를 차용하였고, 그럼으로써 그들은 지배자와 피지배자 사이에서 신뢰받는 완충자들이 되었다(예를 들어 영국 식민지였던 인도에서 원주민 '서기 계급'이 등장하여 상당한 관료적 권력을 행사했다). 영국인들이 가장 칭찬한 원주민들은 충성과 명예, 봉사의 이상에 순종했던 사람들이다. (그들의 육체적 강함과 호전적인 성격 때문에 칭찬받았던) 시크족Sikhs, 북서 경계의 부족인 그리고 그 누구보다도 (명령에 빠르게 응답하고 용감하고 진실하다는 이유로 칭찬받았던) 구르카족Gurkhas이 있다.

캐닛카(1994)의 연구는 폭넓고 통찰력이 있다. 그녀의 도발적인 결론은, 이런 이야기들이 지금 우리 눈에 명백히 인종차별주의로 보이는 것을 담고 있음에도 불구하고 그 메시지들이 영국인의 정신에 깊이 뿌리박혀 있기 때문에 여전히 살아남아 있다는 것이다. 이제 소설가 발렌타인과 해거드에게로 방향을 바꾸려는데, 그들이 한 가지 형식의 남성성을 규정하면서 동시에 다른 가능성을 차단하고 있다는 점을 유념하면서 보는 게 좋겠다. 한 세기 전에 쓰인 이 소설들을 다시 읽을 때 그 이데올로기가 가장 즉각적으로 간파될 수 있는 곳은 텍스트의 '침묵'(즉 말하지 않은 것)이라는 점을 기억해야 한다(Macherey, 1978). 텍스트는 수동적 소비를 위한 것이 아니라 오히려 독자들에 의해 의미가 타협되고 생산되는 하나의 작업 대상인 것이다(Belsey, 1980).

발렌타인의 남성다움으로 행군하는 소년 영웅들

토시(1991)는 1880년대 상당수의 젊은 남성들이 제국에 헌신하기 위해 자신들을 가정으로부터 뿌리째 뽑아내 가정성의 질식시키는 영향으로부터 달아났다고 주장한다. 그런 여행들은 실제적일 뿐 아니라 은유적이기도

했다. (부드러운) 소년다움으로부터 (단단한) 남성다움으로의 여행은 여왕과 제국의 대의에 공헌하도록 예정된 백인 기독교 중간계급 소년들을 사회화시키는 중대한 통과의례였다. 제국 모험가의 남성다움은 문명화된 사회로부터 멀리 떨어진 특정한 모험적인 무대장치에서 구성되었다. 이런 환경에서 그는 '불편한 생활'을 해 몸과 정신을 강건하게 함으로써 자신의 남성성을 획득하고 증명하고 전시한다. 이는 그들이 희생하기로 선택한 암적인 '편안한' 삶과 반대되는 것이다. 그 장르에서 아마 가장 유명한 대표 소설인 발렌타인의 《산호섬*Coral Island*》(1858)에서 세 명의 소년 주인공들은 사실상 식민주의 임무를 수행한다. 즉 조난당한 태평양 섬에서 그들이 마주친 난관을 극복하는 것은 영국인 됨의 연습이자 제국주의적 남성성의 도제훈련이다. 그들은 중간계급이고 우수하고 자신만만하고 모험적이고 자민족중심적이고 종교적이고 인종차별주의자들이며 명백히 민족주의자들이다. 그들은 섬의 지도를 그리고 원주민을 기독교로 개종시키고 자연을 이긴다(예를 들어 식인 상어와의 조우로 유명한). 필립스(Phillips, 1997)는 발렌타인이 소년들의 행동을 일반화되고 포괄적인 풍경(하나의 장소가 아니라 하나의 영역), 즉 미지의 땅에 그것을 위치시킴으로써 독자들의 지리적 환상들을 어떻게 이용했는지 예시한다. 그곳에서 소년들은 (한 번도 야만인이 된 적이 없는데도) 제멋대로 날뛰었고 근육적 기독교(제국 복무에 필요조건으로 보이는)와 연관된 정신과 근육을 연마했다.

패권적 남성성(Donaldson, 1993)이 신체적, 정신적, 민족적, 인종적으로 구성되는 이 '섬 공간'은 몇 가지 요소들을 특징으로 보인다.

- 모두 다 남성이라는 동질적 남성성의 맥락에서 강한 남성다운 연대

가 찬양되고 있다. 그들이 한 지역을 정복하고 자연을 통제하는 이러한 이국적 무대장치(태평양 군도라든가 캐나다나 미국의 대자연) 안에서 소년들은 역경을 통해 남성답게 된다. '남자답지 못한 남자'를 공공연히 관용하지 않는다. 그리고 더 나이 많고 더 현명하고 세상사에 경험 많은 멘토로 활동하는 신뢰받는 탐험가의 화신이 있다.

• 여성과 여성성이 확연히 부재한다. 여성들이 등장한다면 남성들이 스스로를 정의하기 위한 수동적 수단들로 출현한다. 남성성은 활동성과 거칢과 모험성과 연결되고 여성성은 비운동성과 멀리 떨어져 있는 집의 부드러움과 연결된다.

• 용감한 백인 기독교 남성성은 그들을 둘러싼 비백인 야만인들의 야만적이고 원시적인 '타자성'의 위협과 관련지어 규정된다. 이런 상황에서 백인 기독교인 영국 소년들은 늘 이기고 정상에 오른다. 이런 모험담들에서 남성성과 인종은 필립스(1997)가 말했듯이 '상호 구성적'이다. 다른 대안들을 차단하는, 편협하게 정의되고 단순화된 남성성 지도 안에 소년들이 '그려 넣어지면서'(이제 우리는 '덫에 걸렸다'고 말할 수 있을까?) 제국주의적 남성성은 자연화된다. 반면 원주민의 흑인 남성성은 (문명에 오염되지 않은) '고결한 야만인'으로 찬미받는 한편 희화된다.

발렌타인의 《산호섬》이 제국주의 남성성을 지도에 그린 것이라면 윌리엄 골딩William Golding의 《파리대왕*The Lord of the Flies*》(1954)은 그것을 전복하고 '지도에서 제거한다'. 그럼으로써 제국주의적 남성성에 대한 믿음은 (제국의 존재 자체처럼) 두 차례 세계대전의 공포로 인해 침식된다. 골딩의 소년들은 어둠과 야만성을 그들의 외부(식인종의 형태로)가 아니라 자기 안에서 발견한다. 남성성에 대한 매우 다른 두 양식들이 70년의 간격을 두고 출현했으니 발렌타인의 제국주의적 남성에 이르는 영웅적 소년들과 그들의 20세기 상대자들인 골딩의 야만성에 이르는 영국 소년들이었다. 골딩의 1950년대 영국에서는 기독교 남성의 품위와 백인 유럽 남성성의 문명화 행위에 대한 발렌타인의 신념이 더 이상 유지될 수 없었고 제국주의적 남성성은 갈수록 시대적 적합성을 잃게 되었다.

라이더 해거드의 전투 중인 남성성

크랭(Crang, 1998: 73)의 주장에 따르면 또 다른 대중소설가인 라이더 해거드Rider Haggard는 세기 전환기 영국의 주도적인 우파 인물로서 제국을 "국내에서의 소외, 결정적으로 도시의 노동계급과 연관된 소외에 대한 처방책"으로 다룸으로써 쇠락의 공포에 대응했다. 반면 로우(Low, 1993)는 이렇게 논평한다.

> 해거드의 텍스트는 서사시와 여행 이야기와 탐험과 '소년의 모험' 등으로 그려지는 하나의 문화지도에 반영되었고 또 그것에 의해 유지되었다. 그 문화지도는 국외에서는 신제국주의의 현대사에 그리고 국내 사립중등학교들에서는 점증하는 군국주의 교수법 안에 설정되어 있었다(Low, 1993: 191).

로우는 해거드가 어떻게 (남성답지 못한 문학을 혹평했던) 앤드루 랭Andrew Lang과 ('건강한 우람함과 맥주에 취하기'의 문학적 등가물을 요구했던) 조지 세인츠버리George Saintsbury 같은 식자층에 합류해 영국 남성의 활력을 찬양하는 모험 이야기를 요구했는지 설명한다. 해거드는 자신이 영국 문학의 점증하는 여성화라 여긴 바(그리고 프랑스와 러시아 사실주의의 문란한 영향)를 격퇴시키려 나섰고 젊은 남성 독자들이 '영국 신사의 품위 있는 상태'에 이르도록 하는 데 자기 이야기들이 도움이 되기를 희망했다. 그의 목표는 감정이 아니라 이성에 뿌리박은, 그리고 여성의 (필수적) 부재 속에 연마되는 제국주의적 남성성의 표식으로서 용기와 인내와 애국심과 자제를 통한 성격 형성을 강조하는 근육적 기독교를 구체적으로 표현하는 것이었다. 정말로 해거드적 풍경에서 여성들은 끊임없이 불안정과 혼돈, 욕망과 두려움의 세력으로 그려진다(Crang, 1998).

로우(1993)는 해거드를 반대결로 읽는다면 '잉글랜드인다움Englishness'('영국인다움Britishness'에 대조되지만 그 시대 작가들은 마치 웨일스와 스코틀랜드와 아일랜드는 존재하지 않는 것처럼 영국인다움을 잉글랜드인다움과 동일시했다)에 관련한 근원적인 불안을 폭로하게 될 거라고 주장한다. 비슷하게, 식민지의 재현과 문화적 차이를 염색시키는 제국주의자들의 이데올로기와 더불어 제국과 남성성과 애국심에 대한 불안들도 존재하고 있다. 그녀는 해거드를 테벨라이트(Theweleit, 1987)의 남성성과 파시즘에 관한 연구에 비추어 다시 읽는다. 테벨라이트는 자유군단Freikorps에 주목했는데 그들은 제3제국 부흥의 도구였고 그들에게 1914년부터 1945년까지는 지속적인 전쟁이었다. 이 장교들의 남성다운 정체성은 모험에의 욕망, 여성적인 것에 대한 불신, 인종차별주의, 반공주의에 의해서 형성되었다고 테벨라이트는 주장한다. 남성성은 여성적인 것으로부터 분리되어 엄격한 훈련체제와 공공연한 군사주의를 통해서만 달성될 수 있었다. 이 '강철 남성들'에게는 전쟁이 유일한 출구였는데 그것만이 질서와 정밀성, 강함, 전투에서의 용맹함을 표현하도록 허락하기 때문이다. 에렌리치(Ehrenreich, 1987)는 전에 자유군단의 일원이었던 사람의 말을 다음과 같이 인용한다.

> 사람들은 우리에게 (1918년에) 전쟁이 끝났다고 말했다. 그 말에 우리는 웃었다. 그 전쟁은 우리 자신이다. 그 불꽃이 우리 안에서 활활 타오르고 있다. 그것은 우리의 전 존재를 둘러싸고 파괴하라고 유혹적으로 재촉하면서 우리를 매혹시킨다. 우리는 복종했다 … 그리고 예전에 서부전선의 전투로 돌격해 들어간 것과 똑같이 전후 세계의 전쟁터로 행진해 갔다. 전투에서 묵묵히 필사적으로 그리고 가차 없이 공격 행진을 했듯이, 노래하며 무모하게 모험의 기쁨에 가득차서 행진해 갔다(Ehrenreich, 1987: x).

로우(Low, 1993: 212)는 파시즘과 대영제국의 제국주의를 동일시하지 않으려 조심하면서도 제국의 핵심에서 유사한 남성의 환상들을 포착해 낸다. "해거드가 일깨운 남성 환상들은 테벨라이트의 자유군단 서사들과 함께 전쟁과 죽음의 유혹을 환기시키고 남성의 권력에 대한 꿈을 공유한다"는 사실을 그녀는 지적한다. 대영제국 제국주의는 전쟁을 찬양하고 여성성을 가둬 놓고서 전투하는 남성성에 빠져 있는 강한 준군사적인 측면을 가지고 있었다. 여성성을 군인의 완전성과 강인함에 대한 위협으로 보기 때문에 여성은 남성성에 대한 위협이자 혼돈과 불안정의 힘으로 주변화된다. 그녀는 다음과 같이 논평한다.

> 두 성을 극단적으로 양극화하고 여성을 의도적으로 주변화하는 남성의 군사주의 문화에 대한 집착은 해거드적인 모험 장르 안에서 형성되고 우익문화 안에서 메아리친다(Low, 1993: 189).

제국주의 상상물의 중심 교의는 여성들의 영향이 제거되고 대자연에 놓인 남성들이 결속하고 지도자가 된다는 것이다. 해거드의《앨런 쿼터메인 *Allan Quartermain*》(1887)은 19세기 영국과 그것의 퇴폐, '문화적 여성화'로부터 탈출해 대자연으로 돌아가기를 희구한다. 해거드는 자연을 통해 남성성을 신화적이고 목가적인 전원시로 색칠했다. 남성의 진정한 고향으로서 거대한 열린 공간의 낭만과 위용은 나탈Natal, 트란스발Transvaal 그리고 줄루란드Zululand의 사라진 부족들에 대한 제국주의적 향수와 나란히 찬미되었다. 로우(1993)는 '문명'의 도래로 인해 잃어버린 순수성에 대한 이러한 신화창조적 동경은 사실 잔인한 지리적 정치적 경제적 착취, 영국 식민주의자들의 탐욕, 원주민들과 그들의 생활방식의 체계적 파괴를 그럴듯하게 가리는 것이라고 주장한다. 그것들은 앞에서는 잃어버린 순수(풍경과 소년시절 두 가지 의미에서)에 대한 향수를 이야기하지만 실상 그 이면은 소유권과 권력과 남성성과 착취에 대한 담론들이다.

이렇게 (우리 눈에) 대단히 인종차별주의적인 텍스트에서 줄루족은 '검은 야수'와 '피에 굶주린 야만인'으로 묘사되지만 그 근육질 몸은 (무성적인 백인 관음증의 눈에) 그들의 용감함('사람을 학살하는 인간 군사기계'로 묘사된다) 만큼이나 찬양된다. 이에 반해 다른 '야만인'들은 '여성화'되었다고 격하된다. 줄루족의 용맹성은 기사도 방식으로 찬양되고, 영국군이 쏜 포화 속으로의 자멸적인 돌격은 장엄한 행위로 여겨진다. 잉글랜드인임은 명예로움과 등치되기 때문에 무차별적인 복수란 있을 수 없다. 전쟁에서 정의와 정정당당한 승부에 대한 관념들은 놀이와 스포츠에서만큼이나 대유행이다.

'안에서부터 썩다'—쇠락의 두려움

빅토리아 시대의 영국에서 대영제국에 대한 자부심이 대단했다는 점은 이해할 만하다. 중요한 근심거리는 로마제국처럼 그것이 안에서부터 썩을지도 모른다는 것이었다. 그래서 소위 제국의 황금기는 실상 제국의 안보와 행정과 미래에 대한 심각한 불안의 시대였을 정도이다. 이러한 불안전과 퇴화의 공포는 수많은 요인들에 의해 조장되었는데 그 가운데 다음을 꼽을 수 있다.

• 1859년 이후 일련의 침략 위협, 그리고 그것은 인도반란과 크림전쟁에서의 패주에서부터 1885년 하르툼Khartoum에서 고든 장군의 죽음에 이르는 일련의 치욕스런 식민지 패배에 의해 배가됨. 보어전쟁(1899-1902)은 영국 군인들이 적만큼 강건하지도 잘 통솔되지도 않았음을 증명하는 일련의 후퇴들로서 영국 국민들에게 특히 충격적이었다.

• 세계적으로 증대되는 경제력 경쟁과 미국, 독일, 러시아의 군사력 증가.

• 가속화된 도시화, 그에 수반된 너무나 가시적인 사회적 비참상과 현대적 삶은 정신적으로 쇠약해질 것이라는 믿음(1869년 시인 매튜 아놀드Matthew Arnold는 '현대적 삶의 질병'을 이야기함). 이는 영국 남성들이 뚜렷한 신체적 쇠퇴를 보인다는(예를 들어 신병들의 체중과 신장으로 측정된 바에 의하면) 주장을 동반했다. 또한 젊은 남성들(여성적인 '얼간이들')이 은행과 사무실의 책상물림 직업들에 의해 나긋나긋하고 여성화되고 있다는 두려움이 있었다. 그런 우려들은 빈번히 인종적 우월성의 용어로 표현되었다. 예컨대 브라바존Brabazon 경은 그가 영국 '품종'의 전반적 쇠락이라 예견한 바를 막기 위해 건강과 체격 증진을 요구했고 가넷 울슬리Garnet Wolseley 자작은

앵글로색슨족의 '남성적 에너지'를 유지하기 위한 시급한 방책을 다음과 같이 요구하고 나섰다.

> 격렬한 훈련을 수반하는 저 남성적 스포츠를 사랑하는 것은 앵글로색슨족의 본성이다 … 우리의 근육을 지속적으로 단련하고 사용하려는 이 열망이 우리 핏속에 있고, 그 결과 대부분의 나라에는 알려지지 않고 다른 남성 종자들이 능가하지 못할 육체적 강함이 발달한다(Low, 1993: 190).

비슷하게 벤자민 디즈레일리도 《탕크레드*Tancred*》(1847)에서 "색슨족은 … 금세기에 그 근면함과 꼼꼼한 성격을 각인시켜 왔다 … 일과 질서에 대해 탁월한 생각을 지닌 우월한 인종이라는 점도 … 인종이 모든 것이다. 다른 진리란 없다"고 주장한다〔Disraeli, 1971(1847): 18〕.

• 육체적 건강의 중요성에 대해 점증하는 각성. 예컨대 빅토리아기 내내 성병 확산, 특히 사병들 사이에서의 확산을 상당히 우려했고 그 결과 1864년과 1866년, 1867년에 전염병법이 만들어졌고, 이런 법들은 걸출한 조세핀 버틀러Josephine Butler가 조직했던 운동이 있고 나서야 폐지되었다. 1880년대에 코흐Koch와 파스퇴르Pasteur는 수많은 주요 질병들을 일으키는 인자들을 알아냈고 나중에 '세균이론'이라고 알려지게 된 것의 발달에 시동을 걸었다. 그 이후 국민들은 감염에 취약한 몸과, 결과적으로 제국이 번영하려면 건강한 신체가 필요하다는 이야기를 듣기 시작했다.

• 노동계급의 결집된 힘과 정치적 요구 증가에 대한 걱정. 19세기 말 수십 년 동안 상승이동을 지향했던 노동계급이 점차 노동력을 조직하고 노조 권력을 증대시키고 파업을 하고 우렁찬 목소리로 투표권을 요구(처음에 여성들에게까지 줄 수 없다면 적어도 남성들에게)하면서 나라의 안정을 위

협하고 있다고 간주되었다. 통제하고 마구를 씌워 끌고 가야 할 세력인 노동계급은 점점 문젯거리가 되고 있었다. 중간계급 사람들 사이에서는 급성장하고 있고 제어할 수 없는 사회주의가 나라를 뒤덮고 있다는 진짜 두려움이 있었다.

• 또한 20세기 초 수십 년 동안 전개된 참정권 운동으로 정점에 달한 여성들의 커지는 열망들에 대한 걱정.

1880년대까지 육체적 건강과 일의 적합성, 그리고 투표 능력이 연계되었다. 1884년에 설립된 페비언협회Fabian Society는 영국의 군사적 경제적 정력을 먹어치운다고 여긴 도덕적 신체적 바이러스를 물리칠 최고의 항생제로서 신체 건강한 시민이 요구된다며 결집했다. 국민 건강은 남성의 몸 상태, 특히 '몸이 탄탄한 군인-시민들'과 동일시되었다(Budd, 1997). 국내에서의 주기적인 불안정성의 위협과 국외에서 자주 일어나는 굴욕을 막으려면 그 어느 때보다도 더 노동자와 병사의 몸과 정신이 시급히 통제되고 합리화될 필요가 있다고 느꼈다. 강해지고 규율된 체격은 생산성과 부를 창출하는 원천이었다. 그러나 동전의 또 다른 면이 있었으니 대중이 봉기하여 나라가 무정부 상태, 반란과 혼돈에 빠질지도 모른다는 두려움이 동반되었다. 진정한 박애주의와 냉철한 자기 이익 보호가 뒤섞이는 가운데 중간계급은 그러한 두려움을 수많은 방법으로 다루었다. 그중 다음을 들 수 있다.

• 도서관, 미술관, 박물관, 수영장과 체육관의 건설, 대중오락용 공원 조성을 위한 땅의 기증.

• '위험한' 남성 노동자들을 기독교와 절제, 보다 건강한 생활양식으로

이끌겠다는 결연한 노력(예를 들어 1840년대 YMCA 설립과 1860년대 '노동자 클럽' 운동).

• 육체적 건강이 나라와 제국의 안녕과 밀접하게 연결된다는 담론의 증가와 제휴하여 노동계급의 주거, 영양, 위생을 개선시키려는 노력. 이는 20세기의 첫 십 년 동안 학교급식과 의료 제공으로 정점에 달한다.

중간계급의 대응은 노동계급의 몸과 마음을 통제하려는 것이었고 동시에 자기 아들들을 국민과 제국에 공헌하고 지도자에 적합하게 되도록 보장하는 것이었다. 필요했던 것은 몸과 마음에 모두 좋은 올바른 '약'이었다. 우리는 청소년 문학이 소년과 청년들에게 올바른 가치와 태도를 주입하는 역할을 볼 것이고 다음 장에서는 체격을 만들고 몸을 강인하게 만들기 위해 체조와 근력강화운동을 장려하는 것을 볼 것이다.

스포츠, 근육적 기독교 그리고 남성성

빅토리아 시대의 사립중등학교는 메이슨(Mason, 1982)이 적절하게 부른 것처럼 '신사 생산 공장'에 다름 아니었다. 그것은 겁주기와 폭력에 기반을 둔 통과의례들을 가지고 있었고—휴Hugh의 소설 《톰 브라운의 학창시절 *Tom Brown's Schooldays*》(1856)에 감탄할 정도로 잘 포착된—빅토리아기 소년들에게 남성성의 보증서인 정신적, 육체적 강인함의 발달을 촉진하기 위해 유지되었다. 한편 가정에서 아버지들은 정서적으로나 물리적으로 자녀들과 거리를 두고 있었다. 이는 수많은 상층 계급과 중상층 계급의 젊은이들이 동화되는 가치체계였고 그것의 특징은 "자조, 독립, 감정 통제, 그리고 친밀성에 대한 깊은 불신"이었다(Clare, 2000: 88). 한편 19세기 말 베이든-파웰의 보이스카우트와 소년단 같은 조직들은 건강한 몸과 정신과 섹슈얼리티의 억압이라는 사립학교 기풍을 잘 알고 있었고, 중하층 계급 소년들의 '구출'을 목표로 삼았으며 심지어 노동계급의 소년들에게까지 손을 뻗쳤다(Macdonald, 1993).

근육적 기독교를 선전하는 데 핵심적인 영향력을 행사했던 사람들 중 한 명은 1828년부터 1842년까지 럭비교의 카리스마 넘치는 교장이었던 토머스 아놀드 박사이다. 그는 스포츠를 통한 성격 강화 학습을 강조하면서 그 시대의 분위기를 포착하는 한편 그것의 형성에 일조했다. 1864년 사립학교에 대한 클래런던위원회 보고서는 크리켓과 축구에 중요성을 부여했을 뿐 아니라 그것을 '남성다운 덕성'과 직결시키기까지 했다.

> 크리켓과 축구 운동장들은 단순히 오락장소들이 아니고 가장 가치 있는 사회적 자질들과 남성다운 덕성들을 형성하도록 돕는다. 그래서 그것들은 교실과 기숙사처럼 사립학교 교육에서 분명하고 중요한 자리를 차지하고 있다(Money, 1997: 123).

스포츠를 영국의 군사적 위용에 필수적인 것으로 간주했던 ("워털루 전투의 승리는 이튼Eton 운동장에서 거둔 것이다") 웰링턴 공작은 1840년대에 모든 군대 막사들은 국내외를 막론하고 크리켓 운동장을 두라고 지시했던 바로 그 사람이다.

사립학교 교사들은 근육적 기독교의 주요 옹호자들이었다. 조지 코튼George Cotton은 럭비교에 있다가 새로 개교한 말버러교Marlborough School 교장으로 갔는데(1851-1858), 부임하자마자 단체운동을 도입하고 특히 럭비식 축구('신사를 위한 악당들의 게임')를 장려했다. 럭비와 크리켓(그 유명한 묘사에 따르면 '영국이 세상에 준 선물')은 제국의 경계를 표시했다. 스포츠는 점점 더 인성을 닦고 제국의 복무를 준비하는 데 필수적인 것으로 여겨졌다. 옥스브리지의 '블루blue'(특정 스포츠에서 옥스퍼드나 캠브리지 대학을 대표하는 자)는 커리어 문을 활짝 열어 주는 것이었다. 또한 머니가 지적했듯이 "앵글로-수단Anglo-Sudan은 '블루에 의해 통치되는 흑인들의 나라'로 알려졌다"(Money, 1997: 173). 크리켓은 제국 복무에 필요한 기술의 발달과 직결되었다. 1866년부터 1884년까지 윈체스터교Winchester 교장이었던 리딩Ridding 박사는 그것을 훈육과 공동작업에 필수적인 훈련이라고 옹호했고, 래들리교Radley School의 이사였던 로버트 싱글턴Robert Singleton은 음악수업이 중요할 수도 있지만 "크리켓이나 다른 남성적이고 근육을 쓰는 오락들을 방해하지 않는다"는 전제하에서만 그렇다고 주장했다(Money, 1997: 67).

19세기 중반에 오래된 대중경기들은 규칙들을 부여받았고 그 세기를 경과하면서 장관spectacle으로서의 스포츠가 점차 발달해 갔다. 이런 체계화와 규제는 대부분 사립학교 환경에서 중상층 계급에 의해서 수행되었다. 그 세기 후반부에 스포츠는 '전형적인' 영국적 가치로 여겨진 바, 즉 불굴의 경쟁과 정정당당한 경기 태도를 기르는 주요 영역이 되었다. 정말이지 젊은이들이 모든 사회 수준에서 건강한 스포츠 활동에 참여하는 것이 제국의 영원함과 안녕을 위해 필수적이라 여겨졌다(J. Mangan 1981; Mangan and Walvin, 1987; Holt, 1989). 그것은 국가와 남성성의 건강을 나타내는 표식이 되었다. 실제로 남성성은 집중적인 활동성, 강함, 속도, 건강, 건장한 근골을 통해 성취되고 또한 전시되었다. 남성들은 19세기 스포츠를 지배했고 여성 참여자는 너무 약해서 게임을 할 수 없다고 간주되어 조롱받은 반면, 남성들에게 스포츠는 '자연스러운' 것이었다.

20세기가 시작되면서 대중오락으로서 스포츠의 발달이 크게 촉진되었다. 시먼(Seaman, 1973: 423)은 노동시간의 단축, 교통과 통신의 개선, "사립학교와 대학 출신 젊은 근육질 기독교인들의 산업지역에서의 선교사 활동"을 그 이유로 든다. 운동하는 근육적 기독교(머니가 중세 기사도의 귀환으로 특징지었던)의 중심에는 경기가 운영되는 '정신'이 있었다. 사실상 이런 유형의 스포츠는 육체적 기량보다는 성격 훈련에 대한 것이었다. "어떤 우승컵이나 여하한 등급의 상을 위해서도 경쟁하지 않는다"를 좌우명으로 삼고 1882년 사립학교 출신들이 결성했던 코린트Corinthian 축구클럽이 그 상징이다. 경기는 경기 자체를 위한 것이었지 이기기 위해 하는 것이 아니었다. 달리 말하면, 경기는 육체적 기술과 과시 뒤에 있는 인격에 대한 것이었다. 경탄할 만한 행동윤리의 예로는 크리켓에서 상대 팀이 골을 넣을 수 있도록 문지기가 골대에서 멀찍이 떨어져 있는 것이나 타자가 '걸어가는'(즉 자기의 기둥 골문을 자발적으로 포기한다는 뜻) 것이다. "그것은 크리켓이 아니야"("그것은 공정하지 않아"라는 뜻)라는 말은 스포츠와 인생 둘 다에서 (영국) 신사다운 행동을 대표하기에 이르렀다. 가장 잔인한 스포츠인 권투도 동일한 윤리를 반영했다. 장갑을 끼지 않고 맨주먹으로 하는 경기를 금지하는 움직임은 1869년 퀸즈베리 후작령으로 비로소 결실을 맺었고 뒤이어 아마추어권투협회가 발족되기에 이른다. 많은 사립학교들이 그 '고상한 기예'를 채택했고 몇몇 학교들은 빈민가 지역에 선교단을 조직해(빅토리아식 구호운동의 일환으로) 권투를 통해 자기방어 기술뿐만 아니라 상대에 대한 존중, 내면적 통제, '신사처럼 행동하기'를 주입했다. 사립학교 선교단에 대한 보고서는 소년용 크리스마스 연보에 정규적으로 나타난다(예를 들어 "선배 소년들이 가난한 지역의 불운한 형제들을 위해 무엇을 했고, 지금도 여전히 하고 있는가", 쿠퍼A. B. Cooper의 《소년들의 연감*Boys Own Annual*》, 1915-16년판, 463-66쪽을 보라).

단체경기들은 빅토리아 시대의 사회개혁가들과 근육적 기독교인들에 의해서 고무되었다. 럭비는 압도적으로 중간계급의 운동(아마도 가장 큰 예외는 서쪽 레넬리에서부터 동쪽 뉴포트에 이르는 남부 웨일스 공업지대의 노동계급에 전파된 것이다)으로 남은 반면 축구는 남성 노동자 계급의 사회화에 중심적이었던 작업장과 술집, 취미들과 나란히 자기 자리를 잡았다(Holt, 1989). 지역 자본가들은 지역 자랑거리의 일환으로 클럽을 설립하고 그것에 투자했다. 클럽들은 코헨(Cohen, 1988)이 '지역 민족주의'라 부른 과정을 통해 번창했고 특히 확장하는 도시 중심지들에서 그랬다. '지역 민족주의'는 청소년의 거리놀이들과 갱단과, 주중에는 중노동을 하고 주말에는 여가를 즐기는 성인 세계 사이에서 일종의 통과의례를 제공했다. 공격적이고 거친 선수들이 '기교파 권투선수들'(Holt, 1989), 즉 공장과 철공소, 부두 등의 산업시설에서 떠받들어지던 남성적 기질 같은 것들을 토요일 오후에 야심만만하게 전시했던 선수들보다 더 추앙받았다는 점은 놀랍지가 않다.

체육과 '재남성화'

산업시대 이전에는 육체적 강함과 물질적 보상이 긴밀히 연계되었다. 산업혁명의 효과는 육체적 힘의 중요성을 감소시켰는데(우리 시대의 과학기술 혁명으로 가속화된 과정) 이는 남성들이 부드럽고 약해지고 있다는 생각에 확실히 기여했다. 퇴보 신화에 대한 주요한 반응으로 신체단련이나 '체육'

과 같은 스포츠의 특정 측면의 인기가 엄청나게 증가했다는 점은 의심할 여지가 없다. 신체적 도덕적 쇠락으로 인식된 것에 맞서고 그렇게 해서 '종족을 개선'하려면 노동계급을 위한 대규모 운동이 필요하다는 요구들이 예전부터 있어 왔다. 놀라운 체격으로 유명인사의 반열에 올랐던 오이게네 잔도브Eugene Sandow는 19세기가 막바지로 치달을 때 체육이 누린 엄청난 인기의 배후에 있던 핵심 인물이었다. 동프러시아 이민자인 그는 신체단련에 관한 책들을 출판하기 시작했는데 그것들은 상당히 많은 독자를 끌어들였다(예컨대 1894년과 1904년에 나온 그의 책을 보라). 특히 그는 1898년에 어마어마한 인기를 누린 《체육 잡지*Magazine of Physical Culture*》를 출간하기 시작했는데 독자들은 그 잡지를 통해 신체단련 계획표와 장비를 구입할 수 있었고 상금을 받기 위해 자기 사진들을 그곳에 내기도 했다. 균형 잡히고 조각상 같은 몸, 맨 가슴에 근육을 한껏 긴장시킨 짧은 군인머리의 젊은 남성들이 전형적인 이미지들이었다. 그 잡지는 '제국과 근육' 경연의 지역예선들을 조직했는데, 그 경연은 국가의 신체적 자산으로 제시된 근육의 형태로 매주 제국을 바라보는 창이었다. 그 사진들은 "단순히 남성의 아름다움에 대한 탐닉이 아니라 가족과 민족과 제국을 보존하기 위한 필수적인 수단으로" 제시되었다(Budd, 1997: 61).

잔도브(Sandow, 1894; 1904)는 몸을 등한시하는 것은 자연에 대한 죄이며 모든 남성은 계급을 불문하고 조직적인 신체단련 계획을 통해 자신의 몸을 소유해야 한다고 주장했다. 그는 쇠퇴 공포를 십분 활용했고 '유전적 오점이 없는' 아이의 아버지가 될 수 있는 남성들을 생산한다는 사이비 과학적인 신체적 '자조'와 발달 문화를 제공했다. 그는 영국 사회를 개혁하는 데 목표를 둔 것이나 다름없었고, 근육적 신체 형태를 개인의 힘과 성공, 국가의 소생, 그리고 제국의 안녕과 동일시했다. 정말로 버드Budd는 국가와 국민에게 원기왕성하게 봉사할 때 전시되는 건강한 남성의 몸을 그 시대의 가장 강력하고 널리 퍼진 상징들 중의 하나로 간주한다. 잔도브의 남성성은 그와 동시대인인 오스카 와일드와 현저히 대조되었다. 잔도브가 '정상적' 남성성과 민족적, 인종적 '종족'의 개량을 대표했다면, 와일드는 '비정상'을 대표했고 타락과 '안으로부터의 부패'에 대한 공포의 살아 있는 화신이었다. 신고전주의의 행동하는 남성 미학을 가진 강한 남성은 여성화되고 문학적인 멋쟁이와 뚜렷이 대조되었다. 동성애 개념은 대부분 19세기에 고안되었고 와일드의 망신은 많은 부분에서 제국주의적 남성성, 그리고 함축적으로 국가와 제국의 건강의 승리로 간주되었다. "몸을 '통제 불능'이 아니라 '통제 가능'한 것으로 묘사함에 있어서, 체육의 성공은 많은 부분 남성의 몸을 에로틱하게 보다는 장중하게 주장하는 것이었다"고 버드는 결론짓는다(Budd, 1997: 77).

체육적 수사는 19세기의 수많은 자조담론들과 연결되었다. 나는 이제 특히 흥미로운 세 가지, 자조윤리와 '인종적' 우월성과 구경거리에 대한 요구 증대에 대해 논의한다.

자조윤리

자조윤리는 새무얼 스마일스Samuel Smiles의 영향력 있는 책 《자조*Self-Help*》(1859)로 대중화되었다. 그 책은 16세기의 기사도 텍스트, 특히 캐스티그리언Castiglion의 《조신朝臣의 서*The Book of the Courtier*》(1528)와 토머스 엘리엇Thomas Elyot 경의 《총독*The Governor*》(1531)에 기원을 두고 있다. 예컨대 스마일스는 다음과 같이 쓴다.

> 부와 지위는 진정한 신사적 자질들과 반드시 연결되지는 않는다. 가난한 남성도 정신과 일상의 삶에서 진정한 신사가 될 수 있다. 그는 정직하고 신뢰받고 올곧고 정중하며 절제하고 용기 있고 자존심 있고 자조자립할 수 있다. 즉 그는 진정한 신사가 될 수 있다. 부유한 정신을 가진 가난한 이는 가난한 정신을 가진 부유한 이보다 모든 점에서 우월하다(Smiles, 1996 [1859]: 245).

잔도브 역시 자신과 일, 가족, 공동체, 제국을 위해 저렴하게 몸을 스스로 개선하고 힘을 기를 수 있다고 모두에게 약속했다. 보통사람도 가난과 익명성으로부터의 탈출구인 장사의 힘과 체격을 적은 비용으로 얻을 수 있다. 수많은 유대인들과 흑인 권투 선수들, 레슬링 선수들, 장사들(잔도브 자신처럼)의 경우처럼 말이다. 이런 상황은 19세기 중반의 근육적 기독교와 연결되었고, 엘리트는 태어나는 것이 아니라 만들어진다는 토머스 아놀드의 그 시대에는 급진적이었던 견해와 결합되었다. 계급적 차이들조차 정정당당한 승부정신, 협동정신, 스포츠를 통해 공유하는 공동 목표에 의해 메워질 수 있었다.

'인종적' 우월성

이것은 영국 신사의 정신과 육체의 선천적 우월성, 과학적 인종차별주의, 그리고 유전자를 개선하라는 우생학자들의 요구에 대한 믿음을 재확인하는 형태를 띠었다. 우생학이란 1885년 프랜시스 골턴Francis Galton이 미래 세대의 인종적 특성을 신체적으로나 정신적으로 개선시킬 수 있는 연구를 지칭하기 위해 처음 사용했던 용어이다. 그것은 타고난 자질의 역할과, 예컨대 '결함 있는 유형'의 재생산을 막고 '건전한 종' 간의 결합을 격려함으로써 '인종의 품질' 향상을 꾀하는 것에 초점을 맞추었다. 골턴은 잔도브에게서 타당한 인체측정학 모델, 즉 완벽한 백인 유럽 남성의 체격을 보았다. 그러나 잔도브가 골턴의 이런 '이상적인' 남성 체격과 그 인종적 우월성이라는 생각에 동의했다는 증거는 전혀 없다. 오히려 그는 시간과 노력을 투자할 준비가 돼 있는 만인을 위한 역량 강화를 강조했다. 버드(1997)도 다음에 주목한다.

> 우생학의 유전적 엘리트주의는 모두를 위한 신체적 역량 강화라는 체육의 변함없는 유토피아적 약속과 절대 조화를 이룰 수 없었다(Budd, 1997: 82).

비슷하게 그 시대에 가장 큰 반향을 불러일으킨 인물들 중의 한 사람인 로버트 베이든-파웰은 소년들을 나약하게 만드는 가정적이고 도시적인 삶의 일상으로부터 구해 줄 것으로 믿은 공격적이고 굳센 성인 남성 모델을 찾아 제국으로 향했다(Macdonald, 1993). 그는 중간계급의 가치와 신교도의 노동윤리를 직접적으로 표현한 이데올로기인 스카우트운동의 설립자로서, 20세기에 이르기까지 '소년을 남성으로 전환시키는' 데 중요한 영향력을 행사했던 사람들 중 한 명이었다. 그는 우생학을 열광적으로 지지했으며 모든 민족들 가운데 엘리트이고 어떤 희생을 치르고라도 보존해야 한다고 스스로 믿었던 영국 '인종'의 우월성과 안녕을 확보하기 위해 야외활동과 신체단련을 옹호했다. 그는 성적인 것을 비난했고 여성적인 것을 위험으로 간주했으며 남성 동지애를 통해, 그리고 신과 여왕과 제국을 위해 죽음에 이를 때까지 헌신할 전형적인 스카우트('생각과 말과 행동이 청결한')를 창조함으로써 '오염된 시대의 깨끗한 남성다움'을 소집했다.

구경거리에 대한 요구 증가

투표권을 갖게 된 노동계급 남성들은 19세기 후반 정치와 여가 양면에서 선택권을 행사하기 시작했고 그 결과 오락과 외양과 공연에 대한 욕구가 증가하면서 초기 소비사회가 출현했다. 이는 대중적 신문과 잡지, 사진(엽서와 담배카드를 포함해) 등의 형식으로 1880년대부터 확장된 '대중'매체에 의해 가속화되었다. 권투와 레슬링은 인기리에 성장했고 일종의 서커스처럼 길어진 '장사의 연기'는 음악당으로 자리를 옮겼다. 잔도브와 뒤에 나온 레슬러 조지 하켄슈미트G. Hackenschmidt는 모두 힘 자랑, 도전, 경연으로 구성된 자신의 쇼를 가지고 영국 순회공연을 했다. 이는 헤라클레스 같은 힘을 과시하는 고대 전사들을 이상적인 남성의 신체 모델로 삼았던 올림피아제전의 움직임과 재현들(사진, 슬라이드, 나중에는 무성영화 같은 새로운 미디어를 사용해)에 대해 다시 일고 있던 향수에 부합했다. 이렇게 의도적으로 선정적이지 않게 취한 자세들(선정성은 값싼 금박을 입힌 '여배우들'의 것으로 남겨둠)은 백인 앵글로색슨 '종種'의 신체적 우월성을 보여 주는 '살아있는 증거'로 제시되곤 했다. 그에 따라,

> 스포츠, 훈련, 건강정책, 대중오락, 국가의 신체적 안녕에 대한 군사적 도덕적 우려가 '퇴화된' 영국 노동자들의 육체를 구원하기 위한 중구난방의 시도들로 수렴되기 시작했다(Budd, 1997: 119).

갈수록 체력은 국가와 제국의 안녕, 군사적 대응력, 상업적 성공과 직접적으로 관련되었다. 버크(Bourke, 1996)는 그 이후의 시기에 관한 것이긴 하지만 대중을 위한 신체단련 뒤에 항상 자리 잡고 있던 생각을 다음과 같이 포착한다.

> 신체단련은 애국적이고 기사도적이었다. 그것은 전쟁을 위한 남성의 몸을 준비했다 … 남성의 몸이 단지 군사적 경제적 붕괴의 위협을 받고 있는 나라를 위해서만 신체적 훈육을 필요로 했던 것은 아니다. 그것은 사회적 조화를 추구하기 위해서도 훈육을 필요로 했다(Bourke, 1996: 176, 179).

19세기 후반기에는 나라와 제국을 위한다는 명목으로 급속한 신체개량이 애국의 필수요건이 되었다. 노동계급뿐만 아니라 젊은 도시남성들을 위해 오락시설들을 개선해야 한다는 시급한 요구가 있었다. 정말이지,

> 신체개량의 사조는 엘리트 학교에서 더 넓은 사회로 스며들었다기보다는 서로 다른 계급들 안에서 동시에 발달했다(Budd, 1997: 17).

게다가 19세기 후반은 정형술, 즉 신체적 기술을 훈련하고 전시하는 전문가들에 대한 관심이 증가된 시대였다. 이런 모습은 1880년대 초 '전국체육레크레이션협회'가 설립되고 군대에 전문적인 체조 훈련가들이 임명되고, 힘과 협동정신과 경쟁의 축전의식으로서 '왕립 토너먼트'가 시작되는 데서 볼 수 있다.

제국주의적 남성의 손상된 남성성

우리 시대에는 제국주의적 남성성이 그 신봉자들을 망쳐 특히 감정의 억압을 낳았다는 견해가 널리 받아들여지고 있다. 예를 들어 토시(1991)는 19세기 후반에 성장했던 중간계급과 중상층 남성 세대의 '불안정한 남성성'을 언급한다. 그들은 애정이 없고 강박적으로 의무에 얽매인 아버지들을

겪었고, 부드러움을 유모나 엄마, 여자형제들과 연관지었다. 그들은 그런 감정들을 남자답지 않다고 생각하기에 이르렀고 그래서 그것을 억압했다. 토시는 '진정한 아놀드주의자'인 에드워드 화이트 벤슨Edward White Benson에 대한 연구에서 그의 공적인 얼굴에 가려진 배후의 모순을 폭로했다. 벤슨은 경이로울 정도의 중노동과 자기부정을 통해 지도적인 목사로 입신했다. 그는 공공 서비스, 경건함, 고상한 정신, 근엄함, '도덕적 남성다움'에 기반을 둔 신중산층과 중상류층 계급을 확립하라는 아놀드의 요구를 따른 그 시대 신남성의 화신이었다. 토시는 장기간 고통받은 벤슨의 아내와 아들들이 입은 피해를 증명했는데 그 아들들은 경력만을 쫓는 아버지로부터 거부당한 친밀성을 후에 젊은 남성들과의 관계에서 추구했다. 에드먼드 고스Edmond Gosse의 〈아버지와 아들Father and Son〉(1907)은 지나치게 엄격한 아버지와 사랑하는 어머니 사이의 간극과 같은 부정적인 압력들을 많이 포착하고 있다. 이런 압력들은 많은 남성들에게 재앙적인 영향을 끼쳐 그 후 그들은 경직된 윗입술과 감정적인 흐름을 막는 삶 뒤로 숨었다. 그 점은 1997년 BBC2가 방영한 〈명성Reputations〉 연작물의 키치너Kitchener 경과 베이든-파웰 편에서 생생하게 드러난 바 있다.

러더퍼드(Rutherford, 1997)는 제국주의적 남성이 성적 불확실성에 의해 손상을 입었다고 주장한다. 전형적인 제국주의적 남성이란 여성을 피하고 어머니에게 집착하는 이들로 강한 **동성사교적** 우정을 맺고 있는 젊은 남성 추종자들에 의해 둘러싸여 있다(Sedgwick, 1985). 러더퍼드(1997)는 제국주의적 남성성의 특히 해로운 단면 세 가지를 지적하는데 그것은 제국주의 임무에 대한 맹목적인 열정, 소년기와 '소년다움', 그리고 동성끼리의 성적 긴장이다.

제국주의 임무를 향한 맹목적인 열정

제국에 매우 적합한 남성성을 채택하는 것은 위대한 제국주의 임무를 위해 모험과 영웅주의와 심지어 불멸이 가능하다는 유혹에 선동되어 가정적이고 여성적인 세계로부터 남성 동지들의 세계로 탈출하는 것이었다. 만약 그것이 영국 민족에게 도움이 되는 영국인다운 죽음을 의미하는 것으로 운명 지어져 있다면 그렇게 해야 했다. 러더퍼드는 다음과 같이 평한다.

> 제국주의 임무, 영국적 남성다움의 '순결한 최고점' … 은 신성한 것이 되었다. 그것은 그 임무를 사랑의 대상으로 제공하는 자위적 쾌락이 되었다(Rutherford, 1997: 34).

소년기와 '소년다움'

러더퍼드는 소년다움에 대한 심취가 빅토리아기 남성다움의 핵심에 놓여 있었다고 본다.

> 제국의 이야기는 나약한 마마보이들 투성이다. 그들은 억압되고 감상적이었고 소년 일반을 사랑했는데 그 자체가 소년다움을 사랑하는 방식이었기 때문이었다(Rutherford, 1997: 26).

러더퍼드의 주장을 보면 제국주의적 남성들은 "정서적으로 억압되었고 성적으로 혼란스러웠으며 어머니에게 고착되고 여성을 두려워했으며, 이는 그들에게 '용감하고 영리했던 소년 시절'에 대한 병적인 향수를 조성했다"(Ruthurford, 1997: 26). 그 시대의 모험 이야기들에 등장하는 소년들은 이 남성들에게 "그들이 포기할 수밖에 없었던 모든 것, 엄마의 사랑과 그들 자신의 몸과 성적 욕망"에 대한 갈망을 대변하게 되었다(Ruthurford, 1997: 27). 배리J. M. Barrie의 《피터 팬*Peter Pan*》(1904)은 "그들에게 억압되고 부정되었던 것을 남성다운 인종적 우수성이라는 제국주의적 환상으로 드러냈다"고 러더퍼드는 쓰고 있다(Ruthurford, 1997: 25).

동성 성애적 긴장

성적으로 해방된 지금 시대에는 19세기 후반의 동성애 혐오, 1895년 오스카 와일드의 재판에서 극에 달했던 그것이 어느 정도였는지 가늠하기 어렵다. 그러므로 많은 남성 모험문학의 원주민 묘사에서 성적 모호성과 동성성애가 함축되어 있는 점을 보게 되는 것은 모순이다. 러더퍼드는 "잉글랜드 남성들의 동성애 혐오적 소년 시절은 자가성애적 욕망을 악화시켜 '원주민' 타자들의 몸을 훔쳐보게 했다"고 주장한다(Ruthurford, 1997: 32). 비슷하게 대부분의 빅토리아 문학은 "기사도 남성성에 대한 솔직담백한 묘사와는 거리가 멀고, 포위되고 방어적인 남성성 감각 … 젠더 정체성에 대해 만연했던 불편한 심기"를 드러낸다는 스코브맨드의 결론은 흥미롭다(Skovmand, 1987: 56, 58). 빅토리아 남성성에 대한 불안이 발가벗겨진 하나의 소설이 있다면 당연히 그것은 1886년에 출판된 스티븐슨R. L. Stevenson의 《지킬박사와 하이드*The Strange Case of Dr. Jekyll and Mr. Hyde*》일 것이다. 발렌타인이나 해거드의 제국주의적 상상물과는 거리가 멀게 그것은 빅토리아 도시의 불결함과 악의 맥락에서 남성성의 취약점인 야만성과 광포함을 탐색했다.

제국주의적 남성의 서거

제국주의적 남성의 인기가 정점에 달한 것은 1차 세계대전에 이르는 몇 년이었다. 키플링의 시 〈만약*If*〉은 1910년에 출판되어 제국주의 남성성과 그것의 신조인 신체적, 도덕적 용기와 자조를 찬양했다. 그것은 일련의 지시들, 만일 네가 이것을 하고 만일 저것을 하면 결국 너는 훌륭하고 올바른 남성이 될 것이라는 지시들로 읽힌다. 헨리 뉴볼트Henry Newbolt 경의 〈생명의 횃불*Vitae Lampada*〉은 1912년에 나왔는데 비슷하게 용기와 명예, 왕과 나라를 위해 죽음에 이르는 무욕의 헌신을 그리고 있다. 두 시에서 묘사된 남성성은 21세기에 보면 강박관념에 사로잡히고 정서적으로 억압되고 병적일 정도로 의무에 얽매인 것으로 보인다. 파스샹달Passchendale과 솜Somme에서의 대학살 이후 그러한 맹목적 영웅주의는 점점 더 공허한 메아리가 되었다. 전쟁은 신사가 벌이는 영광스런 게임이라는 생각은 이제 다시는 진지하게 받아들여질 수 없었다. 실상 '병사와 영웅'은 순식간에 '병사와 희생자'가 되었고(Fussell 1975; Burke 1996), 윌프레드 오언Wilfred Owen은 〈불구자*Disabled*〉(1917)라는 시에서 그런 정서를 훌륭하게 포착했다.

그러나 이 모든 것에도 불구하고 '제국주의적 상상물'들은 1, 2차 세계대전 사이의 시기에 기사도적인 잉글랜드(심지어 영국!) 신사의 덕성들을 격찬하는 분위기[《보석과 자석*The Gem and Magnet*》 같은 주간 '통속소설들'에 조지 오웰이 쓴 에세이([1939]1957)에서 지적된 점]와 더불어 청소년 문학에서 유지되었다. 그러나 보이드(Boyd, 1991)는 이야기책과 만화에서 강조점이 제국으로부터 국내 전선으로 이동했던 점에 주목한다. 그녀는 오웰보다 더 광범하게 두 세계대전 사이의 이야기책들과 만화책들을 검토한다. 그녀는 그런 책들이 계급 영역 전반에 걸쳐서 소년들을 '영국인답게' 만드는 기능을 했던 것으로 본다. 예를 들어 노동계급의 소년들은 거리의 자유를 멀리하고 "고분고분해질 것, 그들의 연장자와 공동체의 더 큰 지식에 복종할 것을 배우라는" 교사들과 고용주의 충고에 귀 기울이는 것으로 점차 묘사되고 있다(Boyd, 1991: 145). 더욱이 두 세계대전 사이에 모험은 제국의 이국적 부분들이 아니라 학교와 운동장이라는 보다 평범한 환경에 놓이는 경향이 있었다. 스포츠 참여가 대대적으로 장려되었다. 이 위험한 시절(1926년의 총파업과 1930년대의 대공황을 목도했던)에 소년용 만화책들은 지도guidance의 전통적인 근원지들(교사와 교육과 함께 특히 아버지와 가족)을 강화하고 공동체 가치를 강조하며, (영국인답게) 남성다운 소년들에게 기대된 것의 성격에 기초해 계급을 묘사함으로써 '하나의 국가-영국' 신화를 선전하는 데 중추적인 역할을 했다고 그녀는 주장한다.

제국주의적 남성성의 현대적 메아리

제국주의적 남성은 여전히 국가적 위기 시대(1982년의 포클랜드 전쟁 같은)에 맹목적 애국주의의 주먹을 날리는 능력이 있다. 그는 문화유산 활용 산업이나 〈줄루Zulu〉(1964) 같은 영화에 폭넓게 등장한다. 그러나 2차 세계대전 후 대영제국의 급속한 해체로 그는 역할을 박탈당했다. 1950년 후반에 이르면 그는 시대착오로 풍자되었고 이제 남은 게 별로 없다. 그는 더 이상 현대 남성성을 형성하는 감정 구조의 일부가 아니다. 그런데 제국주의 남성은 죽었을지 모르지만 그 남성성의 얼마간은 아직도 대중매체에 정규적으로 표면화되는 과거 식민주의 역사役事 이야기에 살아 있고(6장을 보라), 적어도 일부 제국의 위인들은 여전히 매력을 발휘하고 있다. 도슨(Dawson, 1994)은 이에 대해 흥미로운 점을 밝힌다. 그는 제국의 영웅

두 명을 드는데, 한 명은 19세기 인물로 거의 잊혀진 러크나우Lucknow의 헨리 해브록Henry Havelock 경이고, 다른 한 명은 20세기 초의 인물로 '아라비아의 로렌스'로 더 잘 알려진 쇼T. E. Shaw이다. 그는 왜 후자('금발머리 유목민 베두인')가 탈근대적인 우리 시대에도 여전히 호소력을 가지고 반면 전자는 트라팔가 광장 귀퉁이의 종종 무시받는 조각상으로 축소되었는지 묻는다. 그 답은 로렌스의 애매모호하고 수수께끼 같은 성격과 비밀로 가득한 삶과 죽음, 그 결과 "(그는) 어떤 한 위치에 고정시키기 불가능하고 … 다른 이들의 환상들의 중심지 … 각축하는 형태의 상상된 남성성들의 전쟁터가 되었다"는 데 있다고 도슨은 주장한다(Dawson, 1994: 210, 213, 218). 그러나 제국주의 남성성의 메아리가 가장 크게 살아 있던 곳은 스포츠다. 제국주의 남성성의 인종적 우월감과 운명은 다문화적이고 다민족적이고 탈식민주의적 영국에는 설 곳이 없다. 여하한 희생을 치르더라도 승리한다는 윤리를 가진 현대의 직업 스포츠는 경기 자체를 위해 경기를 한다는 고대 그리스의 코린토적 이상을 분명히 포기했다. 그렇지만 스포츠는 여전히 사회적으로 승인되는 바람직한 남성성을 얻고 표현하는 주요 경기장들 중의 하나이다(Holt, 1989; Lowerson, 1993; Coakley, 1998; Rowe, 1999; McKay 등, 2000). 그것은 남성성과 민족성을 연결하고 최악의 상태로는, 지독한 종류의 민족주의적 외국인 혐오증을 만들어 낸다. 이를 파커(Parker, 1996)는 다음과 같이 잘 포착했다.

> 원정 축구경기에서 … 조악한 티셔츠와 반바지 차림의 교육수준이 낮고 용감한 젊은 잉글랜드 남성들은 익명의 소도시와 교외로부터 모여드는데 그들은 지역문화와는 하등의 의미 있는 접촉도 할 수 없는 자들로 공격적으로 먹이

> 를 찾아 배회한다. 그들은 술을 마심으로써, 자신들이 잉글랜드인임을 앎으로써, 그리고 두 가지 모두에 의해 고무되어 유럽대륙의 잘 무장되고 가장 폭력적인 경찰력을 별 계책도 없이 공격한다. 또한 그들 대부분은 그런 대결에서 '승리'할 것으로 전적으로 기대한다(A. Parker, 1996: 231).

미간행 연구에서 메이거(Magor, 1999)와 거리쉬(Gerrish, 1999)는 신사적인 럭비와 보디빌딩을 둘러싼 떳떳한 승부 담론들에서 제국주의적 남성성의 메아리를 각각 추적한다. 제국주의 남성의 목소리가 가장 분명하게 들리는 곳은 후자로, 나는 지금부터 그것에 대해 다룰 것이다.

남성들은 오랫동안 근육, 특히 팔의 이두근과 목과 어깨의 근육을 '올바른 남성성'의 기표들로 여겨 왔다(Wacquant, 1995; Schacht, 1996). 근력과 근육 불패에 대한 이러한 찬미는 (실제와 영화의) '강한 남자들'—아놀드 슈왈츠제네거와 실베스터 스탤론, 데이브 프로우스, 스티브 리브스, 찰스 아틀라스, 조지 하켄슈미트, 그리고 오이게네 잔도브, 심지어 고대 헤라클레스까지 거슬러 올라가—을 통해 살아남아 있고(Johanson, 1998) 기지개를 켜고 있다. 비록 슈왈츠제네거〔M. Harris(1997) 참조〕와 잔도브는 한 세기나 떨어져 있지만 비슷한 신체 모양과 비슷한 역할을 공유하는데 둘 다 불후의 신화, 즉 그 무엇으로도 막을 수 없는 육체적 힘과 권위에 대한 남권주의자들의 환상을 대변한다. 제국주의 남성은 역사의 거대한 쓰레기통에 갇혀 있지만 그의 강한 '전사의 몸'에 대한 욕망은 살아남아 있다. 이제 남성들은 거대한 육체적 힘을 더 이상 요구하지 않는 상황에 자신들이 놓여 있음을 알게 되었지만 경제적 하층 남성들에게 몸의 전투성은 항상 남성성의 주요 기표였고 지금도 그렇다. 많은 남성들이 자기가 바라는 만큼 강한 근육을 얻기 위해 덤벨과 씨름하느라 막대한 시간과 에너지를 투자한다(Hargreaves, 1987; Wacquant, 1995; Johansson, 1998). 무어(Moore, 1996: 77)는 "경쟁적인 보디빌더들을 추동하는 것은 절대적인 신체적 완벽함, 거의 모든 수의근隨意筋의 완전한 발달과 목에서 발가락까지 신체적 완벽함에 대한 욕망이다"라고 논평한다. 예를 들어 클럽 문지기들은 거친 사내다움의 대단히 가시적인 현대적 상징들이지만(James, 2001) 막무가내로 '큰' 것(그래서 건강하고 강하고 섹시하다는 함의를 얻고 있는)을 신봉하는 그들 사이에서 스테로이드 남용이 미국이나 영국 모두에서 위험하리만큼 높은 수준에 이르고 있다. 인쇄매체와 영상매체는 둘 다 잔도브(1894, 1904)의 자조 메시지, 즉 자신의 몸을 단련하는 것은 그의 인생에 적극적으로 무언가를 하는 것이고 신체적으로나 정신적으로 자신을 세력화하는 것이라는 메시지를 재생하고 있다.

| 더 읽을 거리 |

Budd, M.A. (1997) *The Sculpture Machine: Physical Culture and Body Politics in the Age of Empire*. London: Macmillan.

Chandos, J. (1984) *Boys Together*. London: Yale University Press.

Dawson, G. (1994) *Soldier Heroes: British Adventure, Empire and the Imagining of Masculinities*. London: Routledge.

Mangan, J.A. and Walvin, J. (eds) (1987) *Manliness and Morality: Middle Class Masculinities in Britain and America, 1800-1940*. Manchester: Manchester University Press.

Marson, P. (1982) *The English Gentleman : The Rise and Fall of an Ideal*. New York: Morrow.

Phillips, R. (1997) *Mapping Men and Empire: Geographies of Adventure*. London: Routledge.

Roper, M. and Tosh, J. (eds) (1991) *Manful Assertions: Masculinities in Britain since 1800*. London: Routeledge.

Rutherford, J. (1997) *Forever England: Reflections on Masculinity and Empire*. London: Lawrence and Wishart.

3장

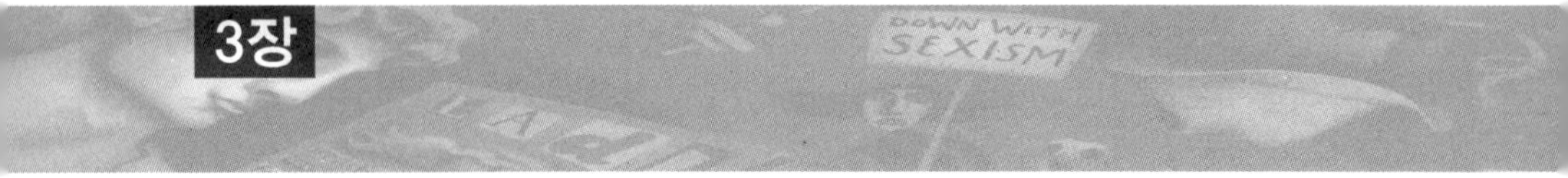

남성성 이해하기

깨어 믿음에 굳게 서서 남자답게 강건하여라(〈고린도전서〉 16장 13절).

막장 인부들은 강철로 만들진 것처럼 보이고 그렇게 일한다. 그들은 정말 강철처럼 보인다. 머리에서 발끝까지 들러붙어 있는 석탄재로 부드럽게 도금된 그들은 정말로 강철처럼—강철이 입혀진 조각상—보인다. 갱으로 내려가 광부들의 벌거벗은 모습을 봐야만 그들이 얼마나 눈부신지 당신은 깨달을 수 있다. 그들 대부분은 작다(큰 남자는 그 일에 불리하다). 그러나 거의 모든 광부들은 대체로 최적의 몸을 가졌다. 넓은 어깨와 점점 가늘어져 날씬하고 유연한 허리, 작고 튀어나온 엉덩이, 딴딴한 허벅지, 군살은 그 어디에도 단 일 그램도 없는 그런 몸이다(조지 오웰George Orwell의 《위건 부두로 가는 길*The Road to Wigan Pier*》, 1937).

남성성에 대한 비판적 작업

나는 남성성에 대한 비판적 작업을 간략히 살펴본 뒤, 다음 네 가지 주제들을 추적하기 위해서 사회학과 인류학, 사회심리학, 문화연구와 미디어연구, 영화와 문학연구에 의존한다.

• 남성다움으로의 사회화와 서구에서 남성되기에 공통되게 연관된 방식들

• 다른 시대의 남성성, 역사적 접근

• 다른 공간의 남성성, 인류학적 접근

• 남성성의 매개, 특히 영화에서 남성성의 재현과 영화적 남성성의 분석 방식

나는 1950년대 영국이라는 특정 시간과 특정 공간에서 남성성이 어떻게 살아지고 경험되었는지, 그리고 그 시대 문학과 영화에서 어떻게 재현되었는지를 보여 주는 하나의 사례연구와 함께 결론을 내린다. 이 장은 실제로 남성성을 조사연구하는 방법들을 검토한 7장으로 보완된다.

버크(Bourke, 1996)는 남성성에 대한 접근방식들을 다음과 같이 간단명료하게 요약해 준다.

• 생물학적 접근: 남자가 무엇인가는 생물학과 연결되어 있고 남성성은 생물학의 자연적 산물이다.

• 사회화 접근: 남성성은 사회화의 산물이고 '올바른 남성'이 아닌 자는 제대로 길러지지 않은 것이다.

• 정신분석학적 접근: 남성의 주관성들은 역사적이고 사회적이며 문화적인 맥락 속에서 형성되었다.

• 담론적 접근: 다양한 남성성은 모두 담론과 담론체제의 생산물이다.

• 여성주의적 접근: 가부장제는 여성을 그리고 남성 자신을 억압하고 해친다.

미국의 초기 남성성 연구들(예를 들어 다음에서 개관됨. Pleck and Sawyer, 1974; Brod, 1987; Kimmel, 1987; Clatterbaugh, 1990)은 영국 학자들에게 대단히 영향력이 있었던 것으로 입증되었다. 그것은 (오랫동안 계급연구 일색이던) 사회학에 새로운 연구분야를 열어 주었고, 부상하고 있던 문화연구와 미디어연구 분야에서 열광적으로 받아들여졌다. 사실 영국에서 남성성에 대한 비판적 연구는 1990년대 후반에 가속화되었지만 스너드그래스(Snodgrass, 1977)와 톨슨(Tolson, 1977)의 선구적인 연구들을 감안하면 이십 년을 거슬러 올라간다. 톨슨은 전후 영국의 남성성에 대해 경제적이며 계급 중심적인 분석을 개시했고 오래지 않아 폴 윌리스Paul Willis의 영향력 있는 책인《학교와 계급재생산*Learning to Labour*》(1977)이 등장해 영국 젊은 노동계급의 남성성 형성에 관한 가장 흥미진진한 책들 중의 하나로 남아 있다. 그는 그가 연구한 젊은 남성들을 노동하는 삶의 함정에 빠지게 만드는 주요한 수단은 반항적이고 불손하고 전복적인 남성성이라고 주장했다. 오늘날까지 남성성이 어떻게 연구되어 왔는지 정리하기란 많은 이유로 인해 쉽지 않다.

간접적으로 연구된 남성성의 역사

남성성은 오랫동안 사회과학에서 연구되었지만 간접적으로만 연구되었다. 예를 들어 남성성 자체에는 초점을 맞추지 않았지만 그것에 대해 이야기한 많은 청년 하위문화에 대한 사회학 연구의 역사가 있다. 사실상 사회학은 오랫동안 남성성의 중요성을 인정해 왔지만 최근에까지 그것을 체계적으로 질문하지 않았고 남성성을 동질적이고 정태적인 것으로 가정하는 경향이 있었다. 사회학이 남성성을 진지하게 다루기 시작했다는 사실은 많은 부분 여성주의 비판의 결과였다. 예컨대 청년문화에 대한 많은 초기 연구들은 높은 정도의 동질성을 암시했지만 사실상 젊은 남성성 안에는 언제나 상당한 다양성이 존재해 왔다.

다양한 이론들을 경유해 접근된 남성성

남성성 연구는 다음과 같은 서로 다른 학문들, 문화연구와 미디어연구, 사회학, 심리학, 사회심리학, 범죄학, 인류학, 문학연구, 영화연구, 여성학, 그리고 당연히 남성학에서 진행되고 있다. 남성성에 대한 이론적 입장은 여성주의와 게이 학문, 근래의 퀴어이론으로부터 심리분석, 마르크스주의, 구조주의, 기호학, 상징적 상호작용론에 이르는 것들로부터 취해졌다. 남성성 연구에 사용되는 모델들은 브로드와 코프먼(Brod and Kaufman, 1994)과 에들리와 위더렐(Edley and Wetherell, 1995)에 의해서 유용하게 조사되고 있다. 그런 작업의 중요성은 맥 언 게일(Mac an Ghaill, 1994, 1996)의 예처럼 서술적인 것으로부터 분석적인 것으로 옮겨갔다는 데 있다.

매우 큰 우산용어인 '남성성'

남성성 연구는 남성성이 '고정되어 있고', '자연적이며', '보편적'이라는 상식적 가정을 당연히 부정한다. 그것은 다양한 영역, 예를 들어 권력(Brittan, 1989), 폭력(Miedzian, 1992), 범죄(Messerschmidt, 1993), 법(Collier, 1995), 아동학대(Hearn, 1990) 등으로 확장되어 왔다. 웨스트우드(Westwood, 1990)는 인종차별주의와 종족성, 계급, 남성성 사이의 상호작용을 연구했고, 에드워즈(Edwards, 1994)는 그런 맥락에서 게이 남성과 섹슈얼리티와 에이즈의 도래에 대해 쓴다. 1990년대의 수많은 연구들이 남성성의 상품화에 초점을 맞추고 있다(예를 들어 Mort, 1996; Nixon, 1996; Edwards, 1997). 사회과학에서 증가일로에 있는 퀴어이론은 젠더에 관한 수많은 이론화 작업의 이성애적 가정에 대해서 귀중한 비판을 제공한다. 이렇게 접근하는 학자들은 이성애가 게이와 레즈비언과 성전환자의 삶과 경험을 계획할 뿐만 아니라, 그것이 폭넓은 범위의 제도들 안에서 지배하면서 나타나는 사회적 실천들을 분석한다. 이런 작업은 어떻게 남성성이 폭넓은 사회역사적 맥락 안에서 특정한 시대에 특정한 방식으로 구성되고 경험되고 실행되는지에 초점을 맞추고 있다. 결과적으로 역사, 문학, 영화, 대중문화와 민속지가 무수히 참조되고 있다. 남성성은 생물학에 매인 고정된 본질이 아니라 사회역사적이고 문화적인 투쟁과 변화의 산물로서 대단히 다양하고 파편화된 텍스트로 제시된다. 에들리와 위더렐(Edley and Wetherell, 1996: 106)이 재치 있게 말했듯이 "남성다움은 경합 지대이다. 그것은 이데올로기의 전쟁터이다."

나는 이제 이 장의 서두에 언급했던 네 가지 주제들, 남성다움으로의 사회화와 다른 시대의 남성성 그리고 다른 공간의 남성성 및 남성성의 매개에 대해서 이야기하겠다.

남성다움으로의 사회화

사회학은 남성성에 계급과 문화, 민족성 같은 요인들이 어떻게 영향을 미치는지 이해하는 데 특히 기여해 왔다. 그래서 남성성은 남성들과 여성들이 뿌리내리고 있는 제도들에 의해 형성되는 것으로 보인다. 남성의 공격성과 경쟁심과 감정표현의 미숙함은 경제제도에서의 위치를 반영하는 것으로 간주되고 있다. 자본주의는 남성들을 남성답다고 인정되는 일련의 행동들을 고무하는 사회적 관계망 안에 배치한다. 그래서 남성성은 개별 남성들이 가정교육, 가족, 지역, 일, 하위문화적 영향들에 따라 투입되는 일련의 실천들로 여겨진다. 사회경제적 위치지움은 남성적인 자아감에 대단히 심오한 영향을 미치고 있기 때문에 남성 정체성은 여하한 개인적 행위들보다도 상위에 존재하는 사회구조를 통해서 구성되고 있다(Edley and Wetherell, 1995). 또한 사회학은 여성들과 다른 남성들에 대한 남성 권력의 생산과 재생산에 대한 여성주의의 강조점을 통합해 왔다.

그러나 남성과 여성은 근본적으로 다르고, 구분되는 일련의 고정된 특성들이 남성성과 여성성의 원형적 특징이라는 견해가 일반 대중들에게 훨씬 광범위하게 받아들여진다. 이런 점은 가령 "정말 남자 같아!", "정말 여자 같아!"라는 대중적인 표현에 반영되어 있고, "당신의 남자는 얼마나 남자다운가?"라는 제목으로 어떤 속성들의 목록을 주고 점수를 매기거나 네모 칸에 표시하라는 식의 대중잡지 기사에 나타나고 있다. 남성성과 여성성은 보통 정반대로 취급되어 남성은 전형적으로 합리적이고 실천적이며 본성적으로 공격적이고, 반대로 여성은 감정표현과 양육을 잘 하며 감성적이라고 가정된다. 작은 차이들에 너무 큰 의미가 부여되고 부정확하게 언급될 때가 빈번하다. 그러한 특성들은 정확하게 측정될 수 있고 과학적으로 증명되어 젠더를 규정하는 특징들이 된 것인 양 다뤄진다. 남성과 여성의 차이는 인지, 존중, 사교성, 성취, 동기 부여, 지배, 공격, 순종, 양육, 언어능력, 공간감각과 지각력 등 실로 다양한 기질들에 입각해 표현되어 왔다. 맥마혼(McMahon, 1993)의 지적에 의하면 저자들이 남성성을 정의하기 어렵기 때문에 그런 일련의 가정된 기질들에 쉽게 의존하는데 그런 특성들 자체는 문화적 역사를 가지고 있다. 단단하고 육체적으로 힘 있고 정신적으로 강하고 경쟁적이고 공격적이고 지배적이고 합리적이고 비감성적이며 객관적임은 흔히 남성성의 전형적인 표식들로 제시된다(Ochs, 1992). 전통적으로 남성성에 귀속된 이러한 특성들은 여성성에 비해 우월한 것으로 제시되고, 부드러움과 감성 및 양육적임과 같은 여성성의 속성들은 상대적으로 부족한 것으로, 그리고 결과적으로 자주 힐난조로 사용되었다. 예를 들어 1차 세계대전에서 전쟁신경증에 걸린 남성들은 '여성스럽고' 남자답지 않게 히스테리를 부린다고 비난받았다(Bourke, 1996). 언제나 평정심을 잃지 않고 침착한 할리우드의 강한 남성(크린트 이스트우드, 찰스 브론슨, 실베스터 스탤론, 그리고 나중에 '갱단풍'의 비니 존스처럼) '이미지 만들기'에서 그렇듯이 많은 정형화된 남성적 특성들이 남성성을 매개하는 구성물들 안에 교묘하게 결합되어 있다. 그러나 실제 삶에서는 사정이 다르다. 맥이네스(MacInnes, 1998: 15)가 지적했듯이 "개인이 경험하는 어떤 정체성이든 그것은 언제나 복합적이고 모순적이다. 그것은 특정한 자질들의 목록에 의해서 정의될 수 있는 무언가가 아니다, 제아무리 포괄적이고 주의 깊게 정의된 목록이라 할지라도 그렇다."

한 남성으로의 젠더화에 대한 연구는 자연스럽게 어린 시절에 가정과 학교, 지역사회, 동년배, 미디어가 하는 역할에 초점을 맞추면서, 왜 남성성은 전형적으로 자기주장이나 공격과 연결되는 반면 여성성은 부드러움이나 감성과 연결되는지를 탐구한다. 사회화 이론은 젠더 차이에 대한 매우 정태적이고 단일한 개념을 장려했고 사회계급과 민족성 및 역사적 위치에 따른 남성성(그리고 여성성)의 변이들을 충분히 설명하지 못했다는 점에서 자주 공격받고 있는데 이는 놀라운 일이 아니다. 저자들은 남자 아이들에게서 어떻게 공격성과 경쟁심이 흔히 승인을 이끌어내고 강화되는지 지적한다. 예를 들어 아처(Archer, 1994)는 소년들이 남자로 사회화되는 방식을 검토하기 위해서 사회정체성 이론에 근거하여 젠더와 남성 공격성의 사회생물학적 토대를 탐구한다. 이 연구를 통해 남성성은 근거가 취약한 것, 그래서 남성들에게 끊임없이 전시하고 증명하도록 강요하는 것으로 드러났다. 그 결과 많은 남성들이 자기 안의 여성성을 억누르고 심지어 의존적인 감정을 부인하려고 여성으로부터 등을 돌린다(Frosh, 1987). 초기 아동기의 영향과 부모와의 관계는 다시 관심을 끌고 있는 분야이다. 소녀들은 어머니 역할과 동일시할 가능성이 훨씬 큰 반면, 소년들은 어머니와 단절될 가능성이 훨씬 높고 그 대신 떨어져 있는 아버지와 빈번히 동일시한다(Chodorow, 1978). 특히 재미있는 연구는 브라운과 로스(Browne and Ross, 1995)에 의해 진행되었다. 그들은 유아학교와 유치원[4] 수업 중인 아이들을 관찰하여 아이들이 세 살이란 어린 나이에 어떤 장난감들과 활동들이 '여자용'인지 아니면 '남자용'인지 그리고 젠더 중립적인지 구분해 온 것처럼 보인다는 점을 발견했다. 소녀들은 인형이나 인형의 집, 펠트펜을 갖고 놀 때 가장 행복해 보인 반면 소년들은 레고와 나무 장난감으로 몰려들었다. 책과 퍼즐, 모래장난은 중립적으로 보였다. 소년들은 활동적이고 구성적인 놀이를 했다. 그와 대조적으로 소녀들은 보다 창의적인 놀이를 했다. 이러한 이분법은 문화적 언어적 인종적 구분을 가로지르는 것 같았다. 같은 재료를 가지고 노는 경우에도 소년들과 소녀들의 놀이는 달랐다. 예를 들면 레고 놀이를 할 때 소년들은 집을 지으라고 소녀들에게 문과 창

4 영국의 유아학교는 5세부터 7세까지 아이들을 대상으로 의무교육을 시행하고, 유치원은 2세부터 5세까지 아이들을 교육한다.

문과 바닥재를 주는 반면 소녀들은 차를 조립하라고 소년들에게 바퀴와 회전 연결장치들을 건네준다. 또한 소년들이 구성놀이를 개인화된 활동으로 접근했던 반면 소녀들은 보다 협동적이고 사회적으로 놀이를 했다. 소년들은 물건을 만드는 데 더 몰두하는 반면 소녀들은 사회적 상호작용 과정 자체에 더 관심을 보였다.

역할모델은 남성과 여성을 자유로운 행위자들이 아니라 사전에 각본이 짜여진 역할들을 따르는 연기자들처럼 묘사한다. 그래서 '남성답다'는 것은 어떤 남성다운 역할을 연기하는 것이다. 연극적 은유를 좀 더 쓴다면 남성성은 일종의 연기이고 일련의 무대지침이고 남성들이 연기하기 위해 학습하는 '각본'이다. 가족, 학교 그리고 대중매체 같은 사회화 기관들이 젠더에 적합한 행위를 주입하고 승인한다. 또한 소년들은 관찰과 입문 (심지어 세뇌), 되돌아오는 반응을 통해서 남성 역할을 배운다(Bandura, 1977). 이 과정에서 정형화된 기대들(인형을 갖고 노는 소녀들, 장난감 차를 갖고 노는 소년들 같은)이 강화된다.

브래넌(Brannon, 1976), 플렉과 톰슨(Pleck and Thompson, 1987), 그리고 무어와 질레트(Moore and Gillette, 1990)는 전형적인 남성 역할들(예를 들어 '큰 바퀴와 같은 거물'이나 '견고한 동량' 되기, '계집애 같은 남자들이나 하는 하찮은 일들이 아닌' 것)을 식별해 냈다. 한편 역할 사회화 시각에 의거한 연구들 중 지금까지 가장 포괄적인 연구를 제공한 이는 이안 해리스(Ian Harris, 1995)로, 그 연구는 수년에 걸쳐 많은 미국 남성들을 집중 면접해 모은 자료를 토대로 한다. 해리스의 연구는 여러 가지 측면에서 문제가 있지만 그럼에도 불구하고 남성 자신의 언어로 된 현대 미국 남성성에 대한 매우 포괄적인 '지도map'이다. 사회화 '메시지들'이 부모, 선생님, 동년배,

미디어, 교회와 스카우트 같은 조직들에서 나오고 있고 그것들은 남성들의 인생살이에 일련의 '대본'이나 지도지침을 구성하고 있다. 그것들은 다음과 같이 분류될 수 있는데 그렇게 되기 위해 노력해야 한다고 남성들에게 말한다.

- 지도자: 최선을 다하고 할 수 있는 한 많이 성취함
- 노동자: 훌륭한 생계벌이자가 되고 강한 노동윤리를 설정함
- 애인: 충실한 남편이나 파트너 아니면 한량
- 상관: 모든 있을 수 있는 장애물을 극복하고 통제함
- 강인한 개인: 위험하고 모험적인 행동을 할 준비가 되어 있고 자신의 능력을 믿음

이러한 지침들은 모순된 메시지를 줄 수도 있다(예를 들어 현실의 남성이 쾌락주의적인 한량과 반항아가 되고 또 그 반대되는 순응주의적 성취가와 충직한 파트너가 될 필요). 그 연구는 그 목소리들의 성격을 묘사하는 데는 능숙하지만 그것들이 어떻게 다른 환경에 있는 남성들에 의해서 서로 다르게 인생 각본으로 받아들여지고 해석되고 실행되는지에 대해서는 별로 그렇지 않다.

다른 시대의 남성성

역사가들은 대부분 남성성을 당연시했고 그래서 남성성은 대체로 의문시되지 않고 통과되었다. 2장에서 보았듯이 상대적으로 최근에 들어서야 일부 역사가들이 남성성도 상상된 남성성과 실제의 남성성이 복잡하게 뒤섞

여 있음을 드러내는 역사를 가지고 있다는 사실을 받아들였다. 그 결과 남성성의 사회문화적 역사에 대한 관심, 특히 어떻게 각축하는 남성성의 형태들이 서로 다른 역사적 시기와 위치를 특징짓는가에 대한 관심이 증가되었다. 로퍼와 토시(Roper and Tosh, 1991: 12)가 지적한 것처럼 "1880년대의 장인이 생계벌이 임금에서 남자로서의 자부심을 얻었다면 2차 세계대전 이후 관리자는 … 남성성을 생산물 숭배의 방식으로 직접 표현했다." 그들은 남성성을 비역사적인 방식으로 다룰 수 없고 하나의 역사적 맥락 안에 위치시키고 사회적 경제적 정치적 문화적 환경에 비추어 검토해야 한다고 주장한다. 이 견해에 대해 공감하는 예로 세이들러(Seidler, 1989)를 들 수 있다. 세이들러는 18세기 계몽주의 운동의 이성과 합리성 존중이 서구 남성성의 역사를 설명하는 데 결정적인 요소임을 강조했다. 그 운동의 결과 이성과 감정이 분리되어 남성성은 객관적인 것, 현실적인 것, 과학적이고 기술적인 것과 관련되기에 이르렀다. 비슷하게 산업혁명 후 남성이 여성을 점점 더 통제하게 된 것은 도시의 증가와 그 결과 많은 공장들과 방직공장들이 갑자기 출현했던 19세기에 집과 작업장이 분리된 데 기인한다. 그러나 로퍼와 토시(1991)는 19세기의 가부장적 남성성이 여성들을 질식시켰지만 남성들의 진정한 욕구에 부응한 것도 아니라고 주장한다. 실제로 제국과 군대, 산업, 상업의 요구를 만족시키느라 남성의 인격적 성장과 완성의 잠재력도 학살되었다. 그 결과 19세기 후반부에 여성주의자와 그에 찬성하는 남성들에 의해 18, 19세기에 기원을 두고 있고, 남녀 모두에게 해를 끼친다고 인식된 가부장제의 이러한 기형적인 면면들을 타도하려는 단호한 움직임이 일어났다. 로퍼와 토시(1990)의 주목할 만한 논문집은 남성을 역사적으로 젠더화된 주체들로 가시화하기 위해 애쓰고, 시대

속에 놓인 남성성들에 대한 광범한 사례연구들을 예로 제시한다. 그것은 19세기 전문직 남성, 19세기 식자층, 제국주의 남성, '존경할 만한' 노동계급, 2차 세계대전 후의 사립학교 남성들, (위에 언급한) 노동 관련 생산물로 자신의 남성성을 표현하는 1950년대 '회사형 남성' 등이다.

도일(Doyle, 1989)은 미국 남성성의 역사를 연구하여 역사적 남성성의 여섯 가지 일반화된 '이념형'을 제시했다. 그것은 영웅적 남성, 정신적 남성, 기사도적 남성, 르네상스 남성, 쾌락주의자, 그리고 건장한 남성이다. 도일은 이 이념형들을 자기 시대의 정수를 집약한 것들로 제시하지만 이런 유형들과 실제 남성들의 삶의 관계는 확실치 않고 어떤 남성도 이런 원형들 중 어느 하나에 딱 맞아떨어지지 않을 수 있다는 점을 기억하는 편이 낫다. 그럼에도 불구하고 그 이념형들은 남성성의 문화적이고 사회경제적 토대를 강조한다. 물론 더 많은 회고적 이념형들이 가정될 수도 있지만 중요한 점은 이 이념형들이 현재 남성들의 삶에서 비록 뚜렷하고 분명하게 묘사된 형태들로는 아니지만 지속적으로 메아리치는 주제들을 묘사하고 있다는 점이다. 도일의 이념형을 보면 다음과 같다.

영웅적 남성

영웅적 남성의 전형은 고대 그리스의 서사적 무용담에서 찬양되는 남성성이다. 그는 용감한 활동가이고 전투에서 육체적 강함과 기술과 용기를 발휘하는 탁월한 전사이며 물론 지도자와 대의에 충성한다. 그의 남성성은 모든 형태의 '여성적인 것'에 대한 우월성과 거부에 기반을 두고 있다. 무용담에서 여성은 주변적인 인물로만 등장하고 남성의 필요에 봉사하는 데 그치는 실정이다(Gardner, 1986; Cantarella, 1987).

정신적 남성

정신적 남성은 예수 그리스도라는 인물과 관련된 비폭력적인 남성성으로 독신과 자기 포기와 다른 사람에 대한 봉사에 의거한다. 그는 정신적인 것을 위해 세속적인 것의 추구를 기꺼이 제쳐 놓는다. 이런 세상에서 여성은 유혹적이고 위험스러운 위협으로 제시된다.

기사도 남성

기사도 남성은 유럽 봉건제의 산물이며 무역과 도시의 확장에 기초해 떠오른 새로운 군사계급의 산물이다. 그의 남성성은 악마 같은 비신자와 이교도에 대항해 십자군 전쟁을 수행하고 그 과정에서 위대하게 용맹함을 발휘했던 중세 기사라는 인물에 아름답게 묘사되어 있다. 비록 그의 헌신적 사랑은 대부분 정신적이고 이루어지지 않지만 그의 모험은 그가 헌신하는 한 숙녀(성모 마리아의 무성적 변형)를 위한 것이다. 이 고상한 이상은 초서 Chaucer가 쓴 《캔터베리 이야기*The Canterbury Tales*》〈서문〉에서 "기사도와 진리와 명예와 너그러움과 예절"을 따르고 "귀족의 우아함"과 "군주의 가치"를 지닌 한 기사의 초상에 잘 묘사되어 있다.

> 그리고 그는 현명했다. 그렇게 명성이 뛰어났음에도 불구하고
> 그리고 그의 행동거지는 아가씨만큼이나 유순하였다.
> 그는 사는 동안 어느 누구에게도 나쁜 말을 해 본 적이 없으며
> 그는 진정 완벽한 신사 기사였다(Coghill, 1960: 19).

르네상스 남성

르네상스 남성은 17세기의 자유사상가로, 로마 가톨릭 교회의 민중에 대

한 권위가 줄어들고 유럽 확장과 무역이 부유한 중간계급의 출현을 추진한 시대에 지식을 추구했던 자들이다. 우리가 이미 주목했듯이 계몽주의는 '남성성'의 근대적 개념 안에 통합되는 과학적 탐구의 가치를 강조했다. 영웅적인 궁정 기사의 신체적 위용은 레오나르도와 미켈란젤로의 예술적이고 과학적인 업적들에 영향을 미쳤다.

쾌락주의자

쾌락주의자는 18세기 특권적 중간계급의 부상과, 과시적 부와 전시에 기초한 쾌락 추구적 남성성을 통해 스스로를 찬양하는 것과 가장 잘 연결된다. 이 유형은 서둘러 성공하려하고 모험이 따르는 사업에 모든 것을 걸 준비가 되어 있고 그 노력의 열매에서 쾌락을 느끼는 기업가형 남성성이다.

건장한 남성

도일(1989)은 이 남성성을, 그가 남북전쟁과 1920년대 사이 미국에서의 '분투하는 삶'이라 부른 것과 관련해 묘사했다. 남성들은 축 늘어진 남성성 감각을 보강하느라 남성만의 활동으로 향했다. 마침내 서부 개척이 끝나면서 남성들은 무리지어 토지를 떠나 도시의 산업적, 상업적 생활로 이주했다. 가부장제는 초기 여성주의자들로부터 공격당하는 중이었다. 증가하는 가정화domestication는 결국 남성성을 부드럽게 만들었다. 미국 보이스카우트 설립자들 중 한 명인 에른스트 톰슨Ernst Thompson은 이 문제에 대해 이렇게 말했다.

> 학위가 아니라 남성성이 교육의 첫 번째 목표임을 깨닫고 우리는 가장 훌륭한 인격과 체격을 발달시키고 실외에서 따라 할 수 있고 한마디로 남성다움을 만드는 그런 취미들을 추구해 왔다(Doyle, 1989: 41).

남성들만의 모임과 활동들(야구, 미식축구, 권투, 체조 같은)은 남성성을 되찾는 수단들이고 나라를 쇠약하게 하는 탈남성화 과정에 대한 공포를 재빨리 반격하는 것이었다. 남성의 신체와 정신을 단련하고, 특히 남성들끼리 (여성들을 배제한) 대자연 속에서 남성다운 취미들을 통해 남성적 인격을 형성하는 것은 테디 루즈벨트Teddy Roosevelt 대통령이라는 인물과 그의 선구자들, 일단의 그의 열혈 추종자들이 전형을 이루었다. 이처럼 '남성성 재발견하기'는 우리 시대에 특히 미국 작가 로버트 블라이(Robert Bly, 1991)에 의해서 부활되고 있는 주제이다.

다른 지역의 남성성

다른 지역의 남성성을 살펴보기란 좀 문제가 있는 것이 대부분의 남성성에 대한 저술이 영국과 미국의 남성들과 여성들이 영국과 미국의 남성들에 대해 쓴 것이기 때문이다. 다른 문화권의 남성성에 대한 연구는 그리 많지는 않아도 남성성을 하나의 문화현상으로 설명하기 때문에 대단히 가치 있다. 예를 들어 발레 드 알메이다(Vale de Almeida, 1996)는 포르투갈 도시인 파다이스에서의 남성성의 일상적 실행을 기록하며 카페와 나이트클럽, 심지어 투우에서의 남성들의 상호작용과 행위를 세세히 담고 있다. 인류학은 젠더 정체성에 자연적이거나 불가피한 것은 결코 존재하지 않고 다른 문화의 남성들은 남성성을 다르게 인지하고 경험한다는 전제들과 함께 시작한다. 현대 서구의 남성성은 보편적 규범으로 너무나 쉽게 가정되어 왔다. 실제로 이전에는 그것으로부터의 어떠한 이탈도 열등성의 표시로 간주되었다. 예를 들어 19세기 인도에서 영국인들은 원주민들을 '남성성이 부족한 남자들'로 봤다는 것이 잘 기록되어 있다.

길모어의 연구(Gilmore, 1990)는 지금까지 국제적 규모로 이루어진 주요한 남성성 연구들 중의 하나로 사회경제적 범주들을 포괄하는 표본으로부터 남성성에 대한 이데올로기를 검토한다. 어떤 지역의 남성들이나 걱정에 빠져 있는 것처럼 보였기 때문에 그는 예전의 인류학자로서의 경험에 의거하여 그 유사성을 좀 더 탐구할 만하다고 믿게 되었다. 그의 자료는 지중해로부터 남태평양, 중앙 뉴기니, 동아시아와 남아시아, 타이티와 티벳의 새마이, 브라질의 아마존, 그리고 동아프리카에 이르는 곳에서 수집되었다. 그는 자기 연구의 한계를 기꺼이 인정했다. 예를 들어 대부분의 (그렇다고 전부는 아니다) 자료들은 남성들이 모은 것이어서 그들의 관점에서 쓰였다는 점이다. 게다가 북아메리카 원주민, 북극, 오스트레일리아와 북유럽에까지 확대된 예들이 없다는 점도 한계이다. 그럼에도 불구하고 그 연구는 사냥하는 무리들, 원예와 목축하는 부족들, 농부, 후기 산업사회 남성성의 실행에 이르는 다양한 모습의 남성성을 포괄하고 있다. 그는 문화를 하나의 적응적 장치로 정의하면서 "문화의 탁월함은 개인을 집단의 목표에 맞게 조정하는 것이다"(Gilmore, 1990: 225)라고 주장한다. 젠더 이데올로기는 뒤르켐(1964)이 **사회적 사실**이라 부른 것, 사람들로 하여금 어떤 방식으로 행동하도록 압박하는 집합적 표상들이란 측면에서 분석된다. 그는 여성의 부드러움과 상냥함이 '문제 해결 행동들'로 기능하는 것처럼 남성의 공격성과 거칠음도 같은 기능을 한다고 주장한다. 결과적으로 남성성 이념은 사회체계의 지속성을 보장하고 개인 남성을 공동체에 통합시킨다. 이 패러다임에서 '남성 각본들'은 (노동의 분업에서처럼) 구조적 조건들에 대한 구체적인 반응들이다. 그것들은 개인적이고 심리적일 뿐 아니라 "그들 사회에 남성들을 통합시키는 방식들 … 소속됨의 규범들"이기도 하다(Gilmore, 1990: 224).

그래서 궁극적으로 분석하자면 세계의 서로 다른 문화권에서 남성답다는 것은 무슨 의미인가? 길모어는 어떤 결론적인 답에 이르지 않고 다만 대부분의 사회에서 남성다움은 남성들에게 세 가지 일, 즉 여자를 임신시키고 부양가족들을 보호하고 둘 다를 물질적으로 부양할 것을 요구한다는 점을 지적한다. 그 결과 소년들은 강해져야 하고 자조와 규율과 자발성에 기반을 둔 남성성으로 유도돼야 하고, 그러니 "많은 사회에서 강조점이나 형태상의 표면적 변형들의 기저에는 남성성의 개념과 상징화 및 권고들 상에 어떤 수렴 현상이 있다. 그러나 결코 모든 사회에서 그렇지는 않다는 점이 중요하다"(Gilmore, 1990: 5). 예를 들어 그는 타이티 남성과 새마이 남성이 소심하다는 점을 발견하고 남성의 공격성은 타고나는 것이 아니라 문화적으로 구성된다고 결론짓는다. 과거 대부분의 지역에서 (그리고 지금도 많은 곳에서) 삶이 어렵고 고됐다는 점을 고려할 때, 남성들은 그들의 몸 때문에 더 힘든 과업을 떠맡았던 것이다. 그 결과 그렇지 않으면 공통점이 별로 없었을 남성들이 거의 보편적으로 공격성과 극기와 섹슈얼리티에 대한 압박감을 공유한다. 어쩌면 길모어의 '발견들'보다 더 의미심장한 것은 그의 견해이다. 애초에 그는 전통적으로 남성성은 냉혹하고 무정하고 여성성은 양육적이고 수동적이라는 오랜 고정관념들을 확인하게 되길 기대했다. 그런데 그는 남성이 모든 면에서 여성들만큼이나 '양육자들'이라고 옹호하는데, 그것은 그 용어가 어떻게 정의되는가에 달렸다.

남성들은 자신들의 피와 땀과 자신을 바침으로써, 아이와 엄마가 먹을 음식을 집에 가져옴으로써, 아이를 생산함으로써, 그리고 자기 사람들에게 안전한 피신처를 제공하기 위해 필요하다면 멀리 가서 죽음으로써 사회를 양육한다. 이것도 양육하는 것이다(Gilmore, 1990: 230).

그는 이어서,

남성다움의 이데올로기는 항상 거의 희생에 가까운 비이기적인 도량의 기준을 포함한다. 거듭해서 우리는 '진정한' 남자들은 자신들이 받는 것보다 더 많이 주는 사람들임을 발견한다. 즉 그들은 타인들에게 봉사하고 있다. 진짜 남자는 너무 너그러워 그것이 결점이 될 지경이다(Gilmore, 1990: 230).

그의 결론은 남성들이 적절한 행위를 자발적으로 수용하도록 확인하기 위해 진정한 남성다움의 시스템이 필요하다는 것이다. 사실상 "남성다움의 이상은 … 단순히 개인적 심리의 반영물이 아니라 대중문화와 집합적 표상의 일부이다"(Gilmore, 1990: 415).

이 폭넓은 연구는 호의적 반응과 비판적 반응을 거의 비슷하게 받았다. 예를 들어 콘월과 린디스파르너(Cornwall and Lindisfarne, 1994)는 길모어(1990)를 극단적 실증주의자로 비판하고 남성다움이 타고난 심리적, 생물학적 요인들에 기초한 단일한 것으로 가정되었다고 비난한다. 그들은 어떠한 보편적 범주의 남성성에도 이의를 제기하면서 남성성이 형성되고 실행되는 사회적 맥락들로 초점을 이동시킨다. 그들은 길모어를 지나치게 단순하다고 보면서 "사람들이 남성성에 대해 얘기하는 일상의 용법과 맥락들을 자세히 살펴보면 그 복잡성이 금방 나타난다"(Cornwall and Lindisfarne, 1994: 2)고 논평한다.

남성성의 매개—'영화의 남성'

남성성은 텔레비전이나 영화, 광고, 문학, 잡지, 타블로이드판 신문과 일반 신문, 대중음악, 심지어 인터넷 등 대중매체를 통해 다양한 양태로 구성되고 재현되고 있다. 그러므로 대중매체의 재현(특히 영화, 텔레비전, 대중음악)이 대단히 교묘하게 소년들과 젊은 남성들에게 유혹적이고 가용한 역할모델을 제공하는 방식을 뜻하기 위해서 나는 '매개된 남성성'이란 용어를 사용한다. 여기서는 영화에 초점을 맞추고 다른 곳에서 남성성이 문학에서(이 장의 후반부와 7장에서), '스타일 잡지'에서(5장), 신문에서(6장), 텔레비전과 만화에서(7장) 어떻게 매개되고 있는지 살펴볼 것이다. 이제 구체적으로 영화를 보자면, 영화의 남성성은 시각적으로 제작되고 조심스럽게 포장되어 빈번히 이상화되고 있는 형태라는 점이 분명하다. 이러한 재현들은 젊은이들과 그들이 일상적으로 접촉하는 사람들, 주변의 피와 살을 가진 남성들보다 훨씬 강력한 영향력을 가진다. 스크린 이미지는 아버지와 선생님, 이웃, 형들보다 훨씬 더 흥미롭고 유혹적이기 쉽다. 실제로 실행되는 남성성은 상황과 과거 경험의 혼합물이며 언제나 상상적 요소를 가지는데 "남성들이 어떻게 되고 싶어 하는가는 그들의 일상생활의 행위 방식에 분명한 함의를 가지기 때문이다(Roper and Tosh, 1991: 14)." 두 가지 분석틀이 남성성의 영화적 구성을 이해하는 데 유용한 방식들을 제공한다. 크레이그(Craig, 1992)나 코헨과 하르크(Cohen and Hark, 1993)가 편집한 책은 영화 속의 남성에 대한 통찰력 있는 논문들을 많이 담고 있는데 그중 내 목적에 가장 유용한 것은 키르캠과 투민의 논문(Kirkham and Thumin, 1993)과 도널드의 논문(Donald, 1992)이다.

키르캠과 투민(1993)은 몸과 액션과 바깥 세계와 내면 세계, 이 네 영역에서 남성성의 영화적 구성과 재현을 바라본다.

몸

서사시와 모험과 스포츠를 다룬 영화에서 남성의 몸은 권력과 힘을 내포하고 여성의 부드러움이나 아름다움과 대조되는 남성다운 볼거리로 찬미된다. 극단적으로 몸은 공공연하게(타잔의 자니 웨이스뮬러처럼 근육질의 기름칠한 몸에 아랫도리만 대충 가린 몸통) 또는 점잖게(캐리 그랜트나 그레고리 펙처럼 스타일이 살아 있는 비즈니스 정장 차림) 성적이고 에로틱한 것이 될 수 있다. 남성의 몸은 여성들의 감탄하는 시선과 남성들의 승인을 얻기 위해 에로틱화되지만 그것이 동성성애적 용어로 전시되는 경우는 지금도 거의 없다.

액션

클린트 이스트우드나 실베스터 스탤론의 수많은 영화들처럼 폭력을 성적인 것으로 만드는 완전 액션영화에서 외모는 상대적으로 중요하지 않다. 기술과 강인함, 끈기의 가치가 인정되고 체격이 중요해서 록 허드슨 같은 스타가 '부드럽지만 남자다운' 이가 될 수 있다. 남성의 폭력은 '자연적'인 것처럼 보이고(예를 들어 1939년의 영화 〈바람과 함께 사라지다〉에서 클라크 케이블의 비비안 리에 대한 유명한 강간 장면, 그 장면은 당시에는 찬사를 받았으나 이제는 용납될 수 없다) 동시에 이국적인 것처럼 보인다(예를 들어 베트남전쟁 영화에서 장난조의 강간과 약탈 장면처럼).

외부 세계

'제대로 된' 남성들은 권위를 행사하고 역경과 스포츠에서 용기 있게 처신한다. 전쟁은 왕왕 명성과 부와 인기와 성공에 이르는 업적의 사다리로 작용한다. 또한 남성성은 기사도적이고 신사적인 행동으로든 싸움질과 음주, 성과 마약에 기초한 것이든 둘 다 여자 다루기를 통해 묘사되곤 한다. 서사영화의 지도자는 신분이 높든 낮든 본을 보임으로써 지휘하고 태생적 권리가 아니라 살아남기 위해 흔히 초인간적인 힘과 결단과 지략을 발휘하는 그의 행위들에 의해서 지도자로 규정된다. 카우보이 장르는 흔히 〈셰인Shane〉(1952)과 〈하이눈High Noon〉(1952)에서처럼 악을 응징하겠다고 결단한 고독한 영웅을 찬양한다.

내면 세계

남성성은 남성들이 지키길 열망하고 또 그럴 준비가 되어 있는 무엇이지만 남성들이 그것에 맞추어 살아가기란 불가능하고, 그 결과 남성들은 자주 끔찍한 패배감을 느낀다. 다이어(Dyer, 1993)는 기의로서의 남성성과 실제 남성 자신인 기표 사이에는 분리 상태가 있기 쉽다고 말한다. 무엇보다도 여성을 위해 만들어진 남성성은 대체로 불가능한 허구로 보인다. 전통적 남성성의 완벽한 외양으로 그려졌던 것들은 흔히 깊은 불안감을 숨기는 '인조 피부'이다. 다이어는 제임스 딘과 록 허드슨 같은 은막의 우상들을 꼽는데 그들의 실제 삶은 그 영화적 재현과 분명히 대조되었다. 1940년대의 사립탐정이란 인물은 처음에 타락해 가는 세상에서 변하지 않고 강직하고 용감한 인물로 등장했다(Letort, 2000). 그는 용감하고 부패하지 않으며 일련의 시험을 이겨내고 탐욕과 악, 사리사욕과 싸운다. 필립 말로와 마이크 햄머 같은 명예로운 '사립탐정'은 여자의 성적 접근을 자신의 강직함에 대한 위협으로 본다. 그 이후 영화 속의 남성성은 점점 더 자기 확신이 없어져 1970년대와 1980년대 로버트 레드포드와 잭 니콜슨은 불안한 패배자들의 계보를 그렸다(예를 들어 1974년 〈차이나타운 Chinatown〉에서의 잭 니콜슨). 심리적 혼란에 빠진 남성의 가장 좋은 예는 마틴 스코세이지의 영화들, 특히 〈택시 드라이버Taxi Driver〉(1976)의 트래비스 비클과 〈성난 황소Raging Bull〉(1980)의 제이크 라 모트인데 그들에게 통제와 통제력 상실, 통제 불능은 매우 희미하게 구분될 뿐이다. 트래비스는 보디빌딩으로 다진 몸에 무장을 한 채 자신이 만든 자신의 모습, 난공불락의 도시 전사의 모습을 거울에 비춰 보며 황홀해 한다. 내면적으로 그는 외롭고 혼돈에 빠져 있으며 자신이 운전하고 다니는 뉴욕 밑바닥의 비열한 세계와 자기 자신에 대한 내적 혼란과 증오를 전혀 이해할 수도 소통할 수도 없다(Taubin, 2000).

도널드(1992)는 영화의 남성성을 분석하는 다른 접근법을 제시한다. 그는 '전사'가 어떻게 묘사되는지, 특히 1970년대부터 1980년대까지 베트남전 영화들을 검토하고 다음 국면들(입문, 부재하는 여성, 동성애 공포증, 강인함과 감정 없음)을 발견한다.

입문

통과의례의 일환으로 젊은 남성들은 무자비한 군대생활 속으로 들여보내지게 된다(Van Gennep, 1960). 그들은 가족과 여성성으로부터 단절되어 옷이 벗기고 털이 깎이고 그리하여 취약해진다. 그런 다음 매타작을 받고 햇볕에 태워지고 물에 빠뜨려지고 전투 시험을 받는 등 일련의 의례들과 시험들을 거친다[〈메탈 자켓Full Metal Jacket〉(1987)에서처럼]. 변종들은 뿌리 뽑히고 비난받는다〔예를 들어 신병은 〈빌록시 블루스Biloxi Blues〉(1987)에서 동성애자로 취급된다〕. 적합한 전사의 행동을 교습받을 때 그들은 어떤 명령이든, 설혹 그것이 비열한 것이어도 질문하지 않고 따라야 한다. 그 모든 입문 시험을 성공적으로 통과했을 때만 마침내 완전한 사병으로 받아들여지고 제대로 된 군장 일습을 하사받는다. 그들은 탈인간화되고 효율적인 '살인 기계들'로 변화된다.

부재하는 여성들

전쟁영화에서 남성성은 여성들의 부재와 남성들 안의 여성적인 것의 억압을 통해서 정의되고 있다. 그리고 일반적으로 강한 여성혐오적 분위기가 존재한다. 여성들은 신체적으로나(남성의 몸을 성병으로 더럽힘) 감정적으로(욕망과 사랑이라는 자극적인 감정으로 머리를 어지럽힘) 위험한 것으로 간주된다. 여성들은 전투지대에서 멀리 떨어져 있는 것이 제일 좋고 만일 그들이 거기 나타난다면 확연히 다른 두 역할로 나뉜다. 첫째, 뒤에 남겨진 아내와 딸, 연인으로서 여성들은 가정을 돌보고 순결하게 정조를 지키고 정서적 지주로 행동하고 병사 영웅에게 편지를 써서 전쟁 경험으로부터의 일시적인 탈출구가 되라는 기대를 받는다. 둘째, 강간은 전리품으로 승리자에게 돌아가는 보상의 일부라고 전제하고 여성들은 인간 이하의 소지품처럼 함부로 취급받고 강간되고 살해당한다(〈플래툰Platoon〉, 1986). 1990년대 후반의 영화인 〈지 아이 제인G. I. Jane〉에서는 한 여성이 해군에 받아들여지는데 그것은 그녀가 상대 남성들과 똑같이 처신하고 남성다운 태도를 취함으로써 가능했다.

동성애 공포증

전쟁영화에서 남성성은 엄격하게 이성애적이다. 즉 동성애 공포증이 지배하고 그것이 성적 경계선을 설정하고 있다. 예를 들어 〈플래툰〉에서 베트남 소녀들을 강간하는 것에 항의하는 사람들은 누구든 동성애자라는 딱지가 붙는다. 남성이 감정—이스트호프(Easthope, 1986)가 '남성의 여성성'으로 명명한—을 보인다면 장난스럽게 그러거나 전사하거나 죽어 가는 동지들을 돌볼 때 뿐이다. 그러나 남성다운 행동규약은 철저히 지켜져야 하고 그것으로부터의 일탈은 여자, 푸프poof, 패깃faggot, 퀴어queer 또는 퀸queen[5]이 되는 모욕을 자초하는 것이다. 〈메탈 자켓〉(1987)에서 신병들은 '소녀들', '숙녀들'로 불리고 동성애자라는 비난을 받는다.

강인함

전쟁은 전적으로 남성의 경험으로 제시되고 남성성은 강인함과 비이기심, 용기와 대담함과 인내심, 까다롭지 않고 고통과 불편함을 잘 견딤, 감정 문제에 대한 높은 통제력이란 관점에서 정의되고 있다. '강한 남성들'은 신체적으로 강인하고 폭력을 사용할 수 있지만 기술과 인내와 불굴의 정신과 통제력 또한 가져야 한다. 남성성은 명령에 복종함으로써 그리고 용감한 일을 수행함으로써 획득해야 한다. 한 남성이 비겁하게 보이는 무언가를 한다면 그는 속죄하기 위해 영웅주의적 행동에 들어감으로써 남성다움의 공식을 따라야 한다. 그 과정에서 그는 죽임을 당하거나 아니면 명성을 되찾아야 한다. 이는 진정한 남성들이라면 결코 물러서지 않는 세계로, 이런

5 푸프는 여성 역할을 하는 남성 동성애자를 뜻하고 패것은 남성 동성애자에 대한 경멸적 용어이다. 퀴어는 동성애자에 대한 긍정적 호칭이며 퀸은 드랙 퀸, 즉 여장 남자를 일컫는다.

정서는 〈총잡이The Shootist〉(1976)에서 존 웨인에 의해 다음과 같이 강력히 표현되었다. "나는 부당한 취급을 받지 않겠다, 나는 모욕당하지 않겠다, 나는 상처받지도 않겠다 … 나는 이런 일들을 다른 사람들에게 하지 않는다. 그리고 그들도 똑같이 그럴 것을 요구한다"(Donald, 1992: 136).

감정 없음

전사는 대단히 금욕적이고 조용하며 기품 있고 자제력 있으며 말장난이나 하는 자가 아닌 과묵한 남성이다. 그는 멜렌(Mellen, 1978)이 난공불락의 '냉정한 남성성'이라고 부른 것, 가장 가냘픈 약자를 찍어 내 착취하는 무자비한 환경에서의 그 남성성을 신봉한다. 감정들(특히 두려움)은 전장에서 남성의 판단을 흐릴 수 있는 나약함의 표시이고 그러므로 감춰져야 한다. 전형적인 전사는 극단적인 압력하에서도 냉정함을 유지하는 '도박사'여야만 한다. 그런 남성이 보이리라 기대되는 (아니 허용되는) 유일한 감정은 애국심과 관련된 것과 여자에 대한 색정이다. 역경과 전쟁영화에서의 남성 연대는 결코 감정이 결핍된 상태가 아니다. 감정은 동료를 기꺼이 믿고 동료를 위해 자신의 목숨을 바칠 준비가 되어 있거나 부대원이나 소대원으로서 자기 일을 하는 것 같은 의무의 측면에서 표현되고 있다. 동지의 죽음을 개인적으로 애도하는 것은 나약하다. 맞는 해결책은 전사자에게 후속 살인을 바치면서 매장 의식을 거행하는 군대화된 애도이다. 복수가 전통적인 애도보다 더 효과적이라 여겨졌고, 애도는 남성답지 못하고 사기士氣에 나쁜 것으로 여겨졌다. 병사가 된다는 것은 친구의 죽음을 받아들일 뿐만 아니라 자기 목숨을 기꺼이 내놓는 것을 의미한다. 남성들은 자신의 감정들을 연대나 분대, 부대나 소대에 대한 사랑 안으로 방향을 틀게

한다. 그것의 가장 극단적인 형태는 죽은 자는 불멸한다는 생각과 그는 영광 속에 영원히 살고 〔〈메탈 자켓〉(1987)에서처럼〕 절대로 잊혀지지 않는다는 생각으로 집약된다. 이런 정서는 로렌스 비니언(Laurence Binyon, 1919)이 1차 세계대전 후 쓴 〈전사자를 위한 시*Poems For the Fallen*〉라는 유명한 시 구절에 인상적으로 표현되어 있다.

> 그들은 결코 늙지 않으리라, 우리가 속절없이 늙어 갈 때
> 나이는 그들을 지치게 하지 않고 세월은 비껴가리라
> 해가 스러질 때
> 그리고 아침에
> 우리는 그들을 기억하리라.

'병리적으로 여성 침묵시키기'—1950년대 남성성

영국이 자신의 제국주의 역할이 끝났다는 사실을 받아들이게 됨에 따라 1950년대는 많은 사람들에게 20세기의 과도기였다. 영국은 미국과 소련이 지배하는 세상에서 불확실한 미래에 직면했다. 국내에서는 많은 오랜 가부장적 남성 확신들이 여전히 굳건하게 자리잡고 있긴 했지만 여성주의의 공격을 받게 된다. 시걸(Segal, 1988)에게 그 시대의 특징은 그녀의 용어로 여성을 '병리적으로 침묵시키기'이다. 가정에서 새로운 동반자 관계가 요구됨에도 불구하고〔뉴슨과 뉴슨(Newson and Newson, 1963)의 예〕 남성과 여성은 가정에서 격리된 역할을 하고 한 지붕 아래서 대체로 분리된 삶을 살고 있는 불평등한 자들로서 함께 덫에 걸려 있었다. 여성들이 든든하

고 의지할 만한 생계벌이자를 원했다면 남성들은 가정주부와 가정부를 원했다. 양육은 오로지 여성의 관할이고 확실히 노동계급 여성들을 위한 일이었고, 유일하게 집안일로부터 벗어나 기분전환을 할 수 있는 일이란 매일 생활필수품 장보기와 이따금 영화관에 나들이하는 것이었다. 여성들이 집 안에서 외로웠고 억압되었다면 그들의 남편들은 가정 밖에서 억압되었다(Hoggart, 1957). 노동계급의 일은 지저분하고 위험하고 힘들었다. 주말이면 남성들은 술집에서 남자 동료들과 사교하고 운동을 했는데, 특히 전후에도 여전히 인기를 유지하고 있던 축구로 향했다. 해럴드 맥밀란Harold Macmillan이 "이보다 더 좋을 수 없는" 영국이라 불렀던 이면에는, 전역에서 대부분의 가족들이 긴장과 고립과 권태로움에 빠져 무언가 더 낫고 더 흥미롭고 더 의미 있는 것, 즉 생계벌이자로서의 남성과 어머니로서의 여성이라는 공동 함정으로부터의 탈출을 간절히 갈망했다는 진실이 있었다(Bott, 1957). 케네스 올솝(Kenneth Allsop, 1964) 기자가 1950년대를 슬프고 부정직하고 신경증적인 십 년으로 묘사한 것이 자주 인용되는데 이는 놀라운 일이 아니다.

시걸(1988)은 그 시대의 수많은 남성성의 흐름들을 발견한다. 그중 하나는 청년 시절을 강탈당한 전쟁 생존자라는 비극적 인물이다. 그는 자기가 겪은 일로 정신적 외상을 입어(그때는 심리상담이 유행하기 오래전이다) 전후 사회에 자신이 재적응할 수 없음을 깨닫고 폭음이라는 탈출 수단에 의존하곤 했다. 시간은 빠르게 갔고 그는 자기가 살고 있는 세상을 더 이상 인정하지 않았다. 노동계급 공동체에서는 전형적인 가부장이 집안을 지배했다. 그는 비열하고 애정이 없고 섹스에는 무감각하며 아내나 아이들에게 똑같이 거칠고 고집불통이기 일쑤였다(Young and Willmott, 1957). 남성들은 하루 종일 직장에 있으므로 가정에서 자기 가족과 감정적으로 거리가 있었다. 반면 병역에 징집된 젊은 남성들은 왕따와 동성애 혐오증의 폭력적이고 이전투구적인 세계에 노출되어 있음을 깨닫게 되었다(Johnson, 1973). 가족 중심적인 새로운 남성이 최근 얻은 텔레비전 세트(1953년 엘리자베스 2세의 즉위를 보기 위해 사들인)와 DIY에 대해 증가하는 관심과, 여유가 있다면 자가운전과 함께 느리지만 확실하게 출현했다. 그 다음 잭슨과 마스덴(Jackson and Marsden, 1962)이 기록한 상향이동하는 영리한 노동계급 출신의 중등학교 생도들이 있었다. 가족들 중 처음으로 대학 근처에 간 그들은 전문직에 들어갔지만 거기서 성공하려면 자신의 비천한 출신을 숨겨야 한다는 점을 알게 된다. 그들은 '상승 결혼'을 했지만 결과적으로 자신이 뿌리 없고 불행함을, 아내의 중간계급 세계에서도 자신의 어린 시절 노동계급 공동체에 돌아가서도 편안하지 않음을 깨달았다.

독창적이고 통찰력 있는 연구에서 로퍼(1991)는 2차 세계대전 후 제대하고 1940년대 말과 1950년대에 공장 경영자들이 된, 교육을 잘 받은 중간계급 남성들을 연구했다. 이들은 1980년대에 경영대 졸업생들로 대체되면서 직업경력의 종말을 맞게 된 세대였다. 그들은 생산물과 생산과정에 대한 실무적인 지식을 습득했으나 그들의 계승자들은 금융상의 전문지식을 선호하며 경험적 지식을 추방했다. 로퍼의 중심 명제는 1950년대 경영자들과 그들이 디자인하고 권리를 주장하고 생산한 생산물들 사이의 강한 연대이다. 육체노동자들과 경영자들을 구분하는 핵심에는 남성성에 대한 계급적 해석이 자리 잡고 있다. 윌리스(Willis, 1977)가 노동자 문화를 그렸다면 로퍼는 중간계급 경영인의 직업만족과 함께 실제 생산물에 투여된 남성 정체성이 기계에서 남성적인 기쁨을 느끼는 것과 진배없음을 보여 준다. 그러한 '생산물 물신주의'가 지금도 존재한다면 (오래전 대량학살된) 중공업에서가 아니라 기술혁신과 전자상거래 영역에서 발견될 것이다. 그러나 이 1950년대 남성들은 시간조절벨트, 용접장비, 착륙장치, 가공장비, 자신이 만들었고, 자신의 노동과 정서적 삶과 심지어 그들 젠더의 중심에 있었던 상품 같은 생산물에 대해 애정을 느끼며 추억에 잠긴다. 그러한 생산물들은 그들 경력의 기념비였다. 그들은 강한 남성적 분위기가 불어넣어진 중공업 공학 세계에 대해 향수 어린 기억을 가지고 있었다. 회계사와 광고 및 홍보 종사자들을 거의 '덜 떨어진 남자들'로 보던 시절(1940년대 후반부터 1960년대 중반까지의), 그 생산물들의 미학적 아름다움으로 해석될 만한 것에 투여된 창의성과 에너지는 남성성 자체의 증거로 간주되었다. 로퍼가 분명히 했듯이 생산물과 회사, 충성, 정체성, 그리고 결정적으로 남성성과 계급은 요철처럼 딱 들어맞았다. 전쟁 후 관리자들은 "생산과 기술적 능숙함과 생산물 물신주의의 드라마와 밀접한 연관성이 있는 정형화된 남성성을 선호하는 멸시받는 신사들이었기 때문이다"(Roper, 1991: 207). 1980년대에 이르러 기업문화는 마침내 가족자본주의를 파괴하고 주주의 이윤을 추구하는 기업문화가 주 무대를 차지하게 되었다. 그 과정에서 그 문화는 이러한 분명히 1950년대적인 남성성도 무너뜨렸다.

남성성이 그 시대의 문학과 영화에 어떻게 재현되었나로 돌아가기 전에 1950년대는 대중매체의 성장(특히 1953년 이래의 텔레비전 보급)과 십대 문화에 기반을 둔 대중음악의 출현이 이끄는 주목할 만한 문화변동이 이루어진 시기였음을 지적하는 게 중요하다. 레비(Levy, 1999)는 '랫팩Rat Pack'(그 주도적 구성원은 새미 데이비스 주니어, 프랭크 시나트라, 딘 마틴)과 1950년대의 전형인 라스베이거스에 근거지를 둔 '쿨cool'을 자세히 살펴보면서 그에 대한 재미있는 시각을 제공한다. 랫팩은 귀향한 사병들이 1940년대 말과 1950년대 초에 오랜 시간 일하면서 풍요롭고 안정된 삶을 달성하려 하면서 꿈꾸고 추구한 화려하고 불경스런 '상류 생활'이었다. 실로 랫팩은,

> 궁핍과 전쟁에서 살아남은 남성들에게 말을 걸고 그들 은행계좌의 규모와 직업의 안정성, 집의 현대성, 아내의 관능성, 그리고 그들이 발명한 기술의 눈부심을 축하했다(Levy, 1999: 352).

그러나 레비도 지적했듯이 엘비스 프레슬리가 랫팩을 무대 중앙에서 밀어낼 준비를 하고 옆에서 대기하고 있었다. 격렬하게 흔드는 그의 몸은 여성들뿐만 아니라 남성들도 보고 경탄하는 대상이 되었다. 영국에서는 빌 할리가 미국 '로큰롤' 시리즈들의 침투를 이끌었고 토미 스틸, 빌리 퓨리, 조 브라운, 아담 페이스, 클리프 리차드와 마티 와일드 같은 영국 아이돌의 출현을 예비했다. 1950년대가 1960년대에게 양보할 즈음 대중음악과 패션(머지않아 축구도 결합하게 되는데)에 기초한 아직은 통합적인 청년문화가 항해 중이었다.

그 시대의 문학은 1950년대 남성성에 대해 무엇을 말했는가? 데이비스(Davies, 2000)는 1956년 영국의 수에즈Suez 개입 후 영국 남성들이 자국의 국제적 위상 하락과 제국의 상실을 받아들여야 했다는 점에서 그 사건이 상징적 중요성을 갖는다고 지적했다. 뒤이어 쓰인 많은 소설에서 무능해진 남성은 자신의 쇠락한 위치를 반추한다(1998년에 나온 이언 매큐언Ian McEwan의 《변함없는 사랑*Enduring Love*》에서처럼). 많은 이들이 1950년대 영국의 남성 소설가들(예를 들어 앨런 실리토, 데이비드 스토리, 앵거스 윌슨, 킹즐리 에이미스, 콜린 매킨스, 빌 홉킨스 등)을 살펴보고 전통적인 남성 친족구조의 파

괴로부터 유발된 불확실성을 이유로 여성들을 비난하는 경향이 있었다는 점을 지적한다. 예를 들어 페레브(Ferrebe, 2000)는 '정적주의quietism'와 '급진적 개인주의'라는 두 문학적 반응을 개념화한다. 전자는 1950년대에 광신자나 심지어 파시즘의 냄새를 풍기는 '위대한 남자'가 되려는 열망은 더 이상 실현 가능한 야망이 아니었음을 의미한다. 그러나 후자는 전승된 '영국' 남성성의 신조를 재협상하는 데 관여했다. 결과적으로 그 후 남성소설들에 등장하는 모든 허구적인 영국 남성들은 이 두 유형의 남성성에 대한 반응이나 반작용이었다(Farrebe, 2000: 11). 현대 남성문학의 불안은 1950년대 남성 저자들의 소설까지 거슬러 올라갈 수 있다. 1950년대 또 하나의 문학 현상은 특히 노동계급 문학에 등장하는 인물인 '성난 젊은이'이다. 그 영원한 전형은 존 오스본John Osborne의 연극 〈성난 얼굴로 돌아보라Look Back in Anger〉(1956)의 지미 포터라는 인물이다. 브룩(Brook, 2000: 5)은 성난 남성성을 사회이동의 경험과 중간계층이 되는 것에 대한 두려움, 그리하여 탈남성화되는 것에 대한 두려움에 대한 반응으로 본다. 그것은 공격적으로 이성애적이고 "특정한 계급 정체성이나 정치적 소속을 주장하기보다는 반대파 정체성을 주장하는 한 방식이었다." 브룩은 거기에 반체제적이거나 공통의 정치적인 입장이 있었다는 근거를 전혀 발견하지 못한다. 실상 "성난 남성성은 정치적인 헌신을 대체하는 것이면서도 하나의 정치적 입장으로 읽혀졌던 남성성에 대한 공통된 재현이다"(Brook, 2000: 5).

영화로 가면 '은막'은 전쟁 기간 동안 여흥에 목말라 했던 1950년대 영국 대중들에게 일종의 자석이었다. 그 시대 영국 영화는 기성 스타들(예를 들어 제임스 스튜어트, 그레고리 펙, 게리 쿠퍼, 클라크 게이블 같은)부터 신참들(제임스 딘, 말런 브랜도, 몽고메리 클리프트와 록 허드슨 같은)까지 미국 남자 스타들이 대단한 인기를 누렸다는 점에서 바라봐야 한다. 잭슨(Jackson, 2000)은 1950년대 스타들 중 가장 인기 있던 브리스톨 태생의 아치발드 리치Archibald Leach에 대해 놀라운 이야기를 들려준다. 그는 할리우드로 진출한 뒤 자신을 캐리 그랜트Cary Grant로 재탄생시켰다. 잭슨은 그랜트의 말을 다음과 같이 인용한다.

> 나는 내가 되고 싶은 누군가인 척했고 마침내 그 사람이 되었다. 아니 그가 내가 되었다 … 모든 사람이 캐리 그랜트가 되고 싶어 한다. 심지어 나도 캐리 그랜트가 되고 싶다(Jackson, 2000: 19).

1950년대에 그랜트의 상냥하고 도시적이며 세련된 남성성 페르소나는 바람직하고 로맨틱한 남성성, 모든 남성들이 되고 싶어 하고 모든 여성들이 원하는 그런 남성의 화신이었다. 이 '남성다운 변장'은 자기 구성적이며 할리우드가 선전했던 페르소나에 기초하고 있었다. 그는 항상 자신이 영화에서 재현한 남성성을 보여야 했고 '진짜' 그랜트(혹은 리치)가 겉으로 드러나는 걸 결코 허용하지 않았다.

나는 1950년대 영화 속의 남성성에서 몇 가지 계열을 뽑아서 논평하겠다. 앞 절에서 살펴본 도널드(1992)의 도식을 따라 그 시기 영국의 전쟁영화들을 먼저 언급하고 싶다. 전쟁영화들은 위험과 폭력과 공포에 대한 우리의 욕망을 충족시키고 그 안의 전사들은 훌륭한 대의를 위해 싸워 세상을 더 나은 곳으로 만들면서 강력한 역할모델들이 된다. 영국에서 1950년대는 2차 세계대전이 영화에서 다시 치러지고 있던 시기였다. 특징적인 영국 영화들을 몇 가지만 든다면 〈목마The Wooden Horse〉(1950), 〈잔인한 바다The Cruel Sea〉(1952), 〈콜디츠 이야기The Colditz Story〉(1954), 〈바다는 그들을 삼키지 못하리The Sea Shall Not have Them〉(1954), 〈카누의 영웅들Cockleshell Heroes〉(1955), 〈댐 폭파자들The Dam Busters〉(1955), 〈우리 위에 파도가Above Us the Waves〉(1955), 〈하늘로 뻗어라Reach for the Sky〉(1956) 등이다. 이 나라의 영화 제작자들은 제3제국의 패배를 축하할 뿐 아니라 전쟁의 위대한 영웅주의와 희생을 대중이 더 많이 알아야 한다고 주장하는 것 같았다. 그런 흐름은 1960년대에도 〈노르망디상륙작전The Longest Day〉(1962), 〈대탈출The Great Escape〉(1962), 〈영국공습The Battle of Britain〉(1962) 같은 영화들로 이어지는데 이제는 국제적으로 캐스팅을 해서 영국과 할리우드의 수많은 기성 스타들에게 역할을 맡겼다. 정형화되고 기본적으로 영국적인 전쟁 영웅에 대한 하나의 시각은, 바다와 하늘과 육지에서 왕과 나라를 위해 믿을 수 없을 만큼 용감하고 비이기적인 행동을 하는 감정적으로 억압되고 과묵한 남성성이다. 그런데 이제 그런 영화들을 반대결로 바라볼 수 있다. 오히려 그런 영화들은 상황의 희생자들인 젊은 남성들에 대한 영화들, 즉 정상적인 삶을 박탈당하고 근근이 살아가는 보통 젊은이들이 비정상적 상황에 적응하려 애쓰며 신체적으로나 감정적으로 파괴되는 영화들로 볼 수 있다. 스티븐 스필버그의 〈라이언 일병 구하기Saving Sergeant Ryan〉(1998)는 처음으로 1944년 노르망디 해안의 진짜 공포를 보여 준 점과 그 사실주의 때문에 호평을 받았다. 그러나 그것은 이전 영화들의 성과를 다소 평가절하는 것이다. 예를 들어 데이비드 린의 〈콰이강의 다리The Bridge on the River Kwai〉(1957)와 〈알렉산드리아의 차가운 맥주Ice Cold in Alex〉(1958) 같은 영화들은 그리 액션이 많거나 웅장하지 않으면서 전쟁이 남성들에게 일으키는 끔찍하고 무기력한 심리적 피해를 인상적으로 포착했다.

1950년대 영국 영화의 또 다른 남성성 계열은 미국 대중문화에서는 오랫동안 중요한 남성적 인물이었던 기지와 주먹에 의존하는 강한 도시 남성의 출현이다. 스파이서(Spicer, 1999)는 전통적인 영국 신사다운 주인공인 불독 드러몬드 같은 인물을 대체하기 위해서 웨일스의 배우 스탠리 베이커를 미국형 '터프 가이'로 포장하는 것에 대한 에세이에서, 1950년대의 영국(그리고 계급에 대한 강박관념)을 흥미롭게 설명했다. 이런 점은 니콜라스 몬사라트N. Monsarrat의 베스트셀러 소설에 기초한 그의 첫 번째 영화 〈잔인한 바다〉에서도 분명히 나타나는데 거기서 그는 거친 노동계급 출신의 일등 항해사로서 중간계급 출신의 동료 장교들과 편하게 어울리지 못하는 역할을 했다. 4년 후 베이커는 〈지옥의 운전사Hell Driver〉(1957)에서 덤프트럭을 몰아가는 듯한 공격적인 남성문화 속에서 과거에 사로잡혀 있는 전과자로 그의 영화 중 가장 기억될 만한 '잔인한' 역할을 한다. 반反영웅적 영국 남성이라는 새로운 종을 개척하면서 베이커는 그린(Green, 1960)이 "마비되고 마비시키는 신사다움의 헤게모니(Spicer, 1999: 91에서 재인용)"라 부른 것을 파괴했다. 이것은 반항하는 인습타파주의자들을 그린 1950년대 영국의 '뉴 웨이브' 영화들에서도 분명히 나타난다. 앨버트 피니는 신사답지 않은 반항자들인 신세대의 전형이 되었고 흔히 '진정한', 거친 남성다움으로 묘사되는 북잉글랜드 산업도시에 위치했는데 그곳은 풍요롭고 나약하고 부드럽게 여성적인 남부와 대조되었다[〈토요일 밤과 일요일 아침Saturday Night and Sunday Morning〉(1960)에서처럼]. 이런 살풍경한 북부 환경에서 새로운 노동계급 주인공들은 "1950년대 영국문화의 지배적인 중간계급 패러다임에 도전했다"(Spicer, 1999: 91). 그런데 1950년대식 남성성 관념들이 공격받기 시작한 1960년대에는 모든 것이 변화하게 되었다. 샤일(Shail, 2000)은 상당히 흥미로운 사실들을 드러내는 연구에서 더크 보가드Dirk Bogarde의 이십 년에 걸친 길고 성공적인 경력을 검토한다. 보가드는 1940년대 말부터 1950년대 내내 〈그 집의 의사Doctor in the House〉(1954)와 〈두 도시 이야기A Tale of Two Cities〉(1958)에서처럼 전통적인 남성적 자질들을 재현하는 역할에서 〈희생자Victim〉(1961), 〈하인The Servant〉(1963), 〈겸손한 블레이즈Modesty Blaise〉(1966)와 〈사고Accident〉(1963)처럼 훨씬 더 야심적인 역할들로 이동했고, 1971년 그의 걸작 〈베니스에서의 죽음Death in Venice〉으로 끝을 맺었다. 보가드는 자신이 맡은 역할들에서 1950년대의 명백히 안정적이었고 든든했던 남성성을 포기함으로써, 배역들의 성적 정체성과 계급적 정체성을 의문시했을 뿐만 아니라 그 과정에서 자신의 정체성까지 의심했다.

다음 장은 남성과 남성성 둘 다 이제 '위기'에 처했다는 늘 반복되는 주장과 그 위기의 본질이 무엇인지에 대해서 비판적으로 검토한다.

| 더 읽을 거리 |

Berger, M., Wallis, B. and Watson, S. (eds) (1995) *Constructing Masculinity*. New York: Routledge.

Brod, H. (ed) (1987) *The Making of Masulinities: The New Men's Studies*. Boston, MA: Allen & Unwin.

Craig, S. (ed) (1992) *Men, Masculinity and the Media*. Newbury Park, CA: Sage.

Edley, N. and Wetherell, M.S. (1995) *Men in Perspective: Practice, Power and Identity*. Hemel Hempstead: Harvester Wheatsheaf.

Gilmore, D. (1990) *Manhood in the Making: Cultural Concept of Masculinity*. New Haven, CT: Yale University Press.

Harris, I.M. (1995) *Messages Men Hear: Constructing Masculinities*. London: Taylor & Francis.

Kimmel, M.S. (ed) (1987) *Changing Men: New Directions in Research on Men and Masculinity*. Newbury Park, CA: Sage.

Kirkham, P. and Thumin, J. (1993) *You Tarzan: Masculinity, Movies and Men*. London: Lawrence and Wishart.

4장

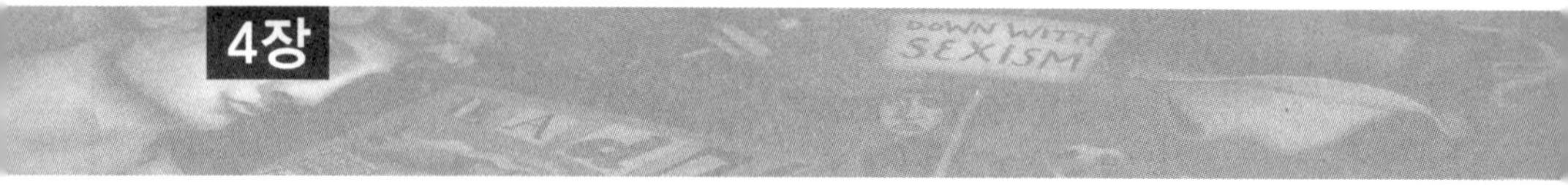

남성성과 '위기' 설

2000년 7월 찌는 듯이 더운 어느 날 나는 캔자스 시에 있는 반스 앤 노블Barnes and Noble 서점의 에어컨 켜진 안식처로 탈출했다. 미국에 화려하게 도착한《해리포터*Harry Potter*》의 판촉 전시대 가까이에 그에 못지않게 요란하게 '우리 소년들과 청년들의 위기'를 선언하는 판매대가 있었다. 거기에는 열서너 권의 신간 서적들이 진열되어 있었다. 그 책들은 저마다 이러저러하게 미국의 소년들과 청년들이 심각한 문제에 빠져 있다면서 그것이 부모 노릇이나 아버지 노릇을 잘못해서, 나쁜 학교 때문에, 이웃 간의 정이 사라져, 날로 심각해지는 범죄, 수많은 마약들, 부패한 대중매체, 대중문화의 천박성, 성적 학대, 십대의 자살, 인종적 편견, 왕따와 폭력 등의 이유 때문이라고 선언하고 있었다. 진열대에 기대어 반 시간 동안 그 책들을 들여다보다가 어느덧 나는 역사상 세계에서 가장 부유하고 힘 있는 나라가 젊은 남성들의 세대에 이르러 매우 심각한 정신적 외상 상태에 빠져 있다고 믿게 되었다(존 베이넌,《미주리저널*Missouri Journal*》).

'위기! 어떤 위기인가?'

이 장은 쓰기가 어려웠다. 남성들과 남성성이 지금 위기에 처해 있다는 주장은 끊임없이 떠들썩하게 제기되지만 남성성 위기의 정확한 본질(즉 그것이 어떻게 드러나고 실제로 어떻게 경험되는지)은 잘못 정의되거나 포착하기 어렵기 때문이다. 나는 다음과 같이 진행하면서 이 문제를 조명한다. 첫째, '위기'에 대한 질문으로 시작한다. 사실 현장에 기반한 증거들이 많지 않아서 대답할 수 있는 질문들보다 더 많은 질문들을 제기하게 되는 것이 불가피하다. 둘째, 위기의 증거로 흔히 인용되는 것들을 검토하면서 왜 세계적으로 대부분의 폭력 범죄는 남자가 남자에게 저지르는지에 대해 가능한 답을 찾아본다. 셋째, 가장 빈번하게 제기되는 위기의 원인, 즉 남성권리의 상실과 고용양식의 변화를 살펴본다. 마지막으로 그 위기가 새로운 것인지 아니면 더 광범위한 역사적 유형의 일부인지를 검토하는 동시에 위기가 어느 정도 실제이고 어느 정도 담론상의 것인지 질문한다.

남성성이 이러저러하게 깊은 위기에 빠져 있다는 생각은 하나의 '사실'로 널리 받아들여져 왔다. 그런데 그것은 계속 반복되어 급기야 '아니 땐 굴뚝에 연기 나랴' 식으로 무언가 있다고 가정된 것은 아닐까? 만약 위기가 있다면 세 가지 설명이 가능하다. 위기는 우리 시대에 독특한 새로운 것이라는 설명, 아니면 그것은 형식이 같을 수도 다를 수도 있지만 여하간 과거에도 있었다는 설명, 그도 아니면 위기는 남성성 자체를 구성하는 것이라는 설명이 있을 수 있다. 이 장에서는 이 세 가지 가능성과 내가 지금 제기하는 질문들을 염두에 두자.

- 소위 그 위기란 것은 남자들이 자초한 것이라기보다는 그들에게 짊

어지워진 것인가? 누가 남성성의 위기를 말하는가? 남성들은 위기를 인정하고 돌아다니며 그것을 퍼뜨리고 있는가? 남성성의 위기가 있다면 모든 남성들이 그것을 경험하는가, 그리고 같은 방식으로 경험하는가? 위기는 해석의 문제인가? 진짜 위기가 있는가 아니면 적어도 부분적으로는 대중매체가 생산한 **도덕적 공황**(Goode and Ben-Yehuda, 1994) 상태, 말하자면 늘 진행 중인 '남성 위기'설에 남성들에게 생긴 최신판 안 좋은 이야기들을 채워 넣는 편리한 만능상자와 같은 것인가?

• 우리가 이야기하고 있는 것이 위기의 남성들인가, 위기의 남성성인가 아니면 둘 다인가? 이것은 항상 분명하지 않고 그 둘은 종종 혼동되고 부풀려진다. 남성들은 개인적으로나 집단적으로나 위기에 빠질 수 있지만, 그럼에도 불구하고 남성성에 대한 그들의 감각은 상대적으로 공고하게 유지될 수 있다. 7장에서 다룰 '시티톤' 감옥의 젊은 남성들은 열악한 환경에서도 범죄에 기초한 강력하고 결속된 남성성 감각을 유지한다. 또 국외자에게 위기로 보인다 해서 주체 자신들에게도 반드시 그럴 거라고 볼 수는 없다. 그 문제에 대해서 그들은 무슨 말을 할까?

• '위기'란 무슨 뜻인가(아니 우리는 위기들에 대해 말하고 있는가)? 그것은 어떤 형태를 띠는가? 소위 위기의 원인들, 즉 증후들과 대립되는 것으로서의 원인들은 무엇인가? 위기는 어떻게 발현되고 어떻게 경험되는가? 모든 남성들이 똑같이 위기를 경험하는가 아니면 사회경제적 집단이나 문화적 집단에 따라서 위기는 다르게 경험되는가? 역사적으로 남성성의 위기는 그 시대를 반영하고 있는가? 마지막으로 소위 남성성 위기를 가장 잘 연구할 수 있는 방법은 무엇인가? 어떤 자료를 사용할 수 있는가, 예컨대 영화, 문화, 통계, 신문과 텔레비전을 어떻게 활용할 수 있을까?

'위기의 남성'에 대한 증거

1990년대에 남성들은 직업과 변화하는 가족 유형, 학교에서의 낙오, 폭력 범죄에 대한 사회적 우려의 선봉에 있는 것처럼 보였다. 카워드(Coward, 1999: 52)는 남성들이 "위기에 빠진 사회의 원인인 동시에 증후"라고 재치 있게 말했다. 그러나 무엇이 소위 남성성의 위기를 실증할 만한 근거인가? 다음 사항들이 남성 위기에 기여하고 있는 요인들로 자주 열거된다.

- 남성들은 지속적인 직업 역할의 변화, 실업의 위협, 그리고 직업 관련 스트레스에 늘 직면해 있다. 탈근대사회로의 진입은 잉여 노동력과 대규모 인원 감축을 낳았다. 영국의 55세 이상 남성들 중 직업을 가지고 있는 비율은 50% 이하이고 그중 많은 이들이 때 이른 죽음을 맞고 있다.
- 많은 남성들이 감정을 인지하고 표현하는 데 서툴고 구식의 마초적 남성성과 양육지향적인 '신남성주의new man-ism' 사이에 갇혀 있다(5장 참조).
- 게이운동의 성장과 나란히 이루어진 남성 외모의 상품화, 그리고 보다 양성적인 정체성이 폭넓게 수용되면서 전통적인 남성성으로 사회화된 남성들은 혼란에 빠졌다. 특히 대도시 거주자가 아닌 남성들과 더 나이 들고 더 가난한 이들이 더욱 그렇다.
- 남성들은 대체로 여성들보다 신체적 문제나 정신적 문제를 인정하고 대처하는 데 훨씬 더 주저한다. 그들은 생계부양자 역할과 그 지위를 잃게 되면 깊은 우울감으로 고통받는다.
- 남성들은 여성들에 비해서 자살 가능성이 4-5배나 높고(Men's Health Forum, 1999) 젊은 남성들 사이에 만연한 자살은 특히 우려할 만하다. 전체 자살의 약 80%가 남성들의 자살이고 스코틀랜드에서 청년 자살

은 1970년 이래 골칫거리가 되고 있다〔애딘버러 대학의 스티븐 플랫Stephen Platt 교수가 하딩(Harding, 2000)에 보고〕. 자살은 25세에서 35세의 연령층에 있는 남성들 사이에서 발생한 사망 통계 중 거의 30%를 차지하고 있고, 이런 상황은 대인관계 문제, 실업, 마약과 과음, 낮은 자존감과 정신질환 때문에 유발되는 것으로 나타난다. 이 무서운 수치는 전반적으로 남성의 자살률이 1971년 이래 76% 증가했고 또한 여성의 자살율도 같은 기간 동안 꾸준히 증가했다는 맥락에서 봐야 한다.

• 남성들은 (여성들보다) 더 일찍 죽고 심장병으로 고통받을 확률이 3.5배나 높다. 예를 들어 1999년 6월 남성 건강주간에 맞춰《웨스턴 메일 *Western Mail*》(웨일스의 최고 일간지)이 대대적으로 실시한 설문조사에서 웨일스 남성의 66%가 외모 때문에 스트레스를 받았고 86%는 자신의 건강 상태에 대해 걱정하는 것으로 나타났다. 남성들은 직업상의 스트레스가 그들의 건강과 대인관계에 영향을 미치고 있고 일이 그들의 삶을 지배하고 있다고 응답했다. 남성 응답자들 중 약 80%는 자신의 건강을 개선하기 위해서 애쓰고 규칙적으로 운동을 하고 있다고 말했다. 약 절반에 가까운 남성들이 우울증을 겪고 있지만 대다수가 조언을 구하거나 의사의 진찰을 받은 적이 없다. 웨일스 전역에서 남성들은 전반적인 건강상태, 몸무게, 심장마비, 암, 고혈압, 탈모, 생식능력 감소, 성적 욕구의 상실에 대한 걱정을 나타냈다.

• 점점 더 많은 수의 남성들이 가족생활로부터 떨어져 나가서 결국 많은 이들이 외롭고 공포스러운 지옥 상태에 빠진다. 남성들은 도움 청하는 것을 어렵게 생각하기 때문에 결국 점점 더 많은 남성들이 사회적으로나 심리적으로 고립 상태에 놓이게 된다. 영국에서는 현재 결혼의 약 50%가

이혼으로 끝나고 있고 결혼 파탄의 책임은 대부분 남성들에게 있다. 이혼의 약 75%는 여성들이 먼저 요구하고 있고 그들은 남자 없이도 아이들을 기를 수 있음을 입증해 왔다.

• 이혼한 아버지 열 명 중 아홉은 가족들이 사는 집을 떠나 비동거인이 된다. 클레어(Clare, 2000)가 표현했듯이 가족사진 속의 아버지들은 에어브러시로 착색되고 있다.

> 방문 아버지는 그림자 같고 대체되어 버린 인물이다. 그는 과거의 아버지가 되지 않기 위해 애써 집에 들르지만 머물지는 않는다. 그는 더 이상 한 가정의 남자가 아니라 왔다 가는 방문객에 불과하다(Clare, 2000: 150-1).

• 코헨(Cohen, 1996)은 경제적으로나 사회적으로 그리고 생물학적으로 불필요한 존재가 될 운명에 처한 남성들에 대해 이야기했고, 웰던(Weldon, 1998; Coward 1999: 60)은 이들을 불필요한 남성들로 불렀다. 클레어(2000)는 다음과 같이 기술한다.

> 싱글맘의 증가는 남성들이 단지 파트너와 아버지로서 부적합하다는 뜻이 아니라 그들이 그냥 필요 없다는 뜻이다. 여성들은 혼자서 아이를 임신하고 기를 수 있다고 주장하고 있다. 그들에겐 자기 아이들의 아버지 역할을 할 남성이 필요하지 않다 … 여성들은 직장에서 남성 없이도 해낼 수 있다. 훨씬 더 의미심장한 일은 그들이 침대에서조차 남성 없이 해낼 수 있다는 것이다(Clare, 2000: 100).

• 영국의 젊은 남성들은 그게 강도짓이든 자동차 절도든 폭력이든 대부분의 범죄를 저지른다. 점점 더 많은 수가 '부재중인 아빠들'이 되고 있

다. 정말로 일부 남성들은 자신이 더 이상 필요없다는 느낌만을 이유로 집에서 나오고 있는 것처럼 보인다.

• 힐(Hill, 1997)이 미래는 여성이다라고 말할 정도로 여성들은 꽤나 (남성들보다) 더 의미 있고 성공적이고 성취하는 삶을 누리는 것처럼 보인다. '남성다움'은 더 이상 '여성다움'과 대응관계로 규정될 수 없다. 그 둘은 1960년대 후반 이래 모든 측면의 인정에서 변화를 겪어 왔다. 특히 젊은 남성들은 남성성이 실제로 무엇인지 더 이상 확신을 가지고 말할 수 없게 되었다.

• 여성운동은 남성들보다 앞서 갔다. 남성들에게 자동적으로 주어졌던 가부장적 지배권이 상실되고 이성애 관계가 더욱 평등해지는 상황은 일부 남성들을 좌초시켰다. 게다가 여성주의자 언론인들이 '고백류 언론'을 독점하여 끊임없이 남성들을 부정적으로 조명했고 남성성을 문젯거리로 만드는 데 주도적인 역할을 했다는 주장이 있다.

• 젊은 남성들은 학업 성취도가 낮다. 이 점은 소년들의 중등과정 자격시험과 대학입학 자격시험의 결과가 소녀들에 비해서 유의미하게 낮았던 2000년 8월 영국 일간지에 분명히 나타났다. 이에 대해 사람들은 대중매체가 끊임없이 부추기는 '사나이 문화'에 젊은 남성들이 매혹되어 있기 때문이라고 말한다. 흑인 영국 학자인 토니 슈얼Tony Sewell은 특히 흑인 젊은이들의 실망스런 시험 결과는 흑인 '랩 문화'가 부정적인 영향을 미친 탓이라고 주장해서 일대 파란을 일으켰다(Lightfoot, 2000; Martin, 2000 참조). 《데일리 텔레그래프*Daily Telegraph*》의 자넷 데일리Janet Daley는 슈얼을 옹호하며 다음과 같이 주장했다.

미디어의 흑인 비행 숭배는 흑인 여성들과 점잖은 흑인 남성들의 업적을 보이지 않게 함으로써 아프리카 출신의 젊은 카리브 남성들이 범죄의 거리 이외의 다른 영역에서는 성공을 생각할 수 없게 만들어 버린다(Daley, 2000: 16).

• 남성들은 거리에서나 집에서 일어나는 폭력 범죄의 대부분을 저지르고 있고 그 비율은 계속 높아지고 있다. 영국에서 남성들이 유발한 인명 피해를 포함한 강력범죄 행위들(과실치사이든 살해이든)이 증가일로라는 현상은 각별한 관심을 끌고 있다. 이것은 앞으로 충분히 다루어져야 할 문제이다.

2000년 여름은 '남성성 위기의 여름'으로 불러도 무방할 것 같다. 미국 전역의 서점은 '소년의 위기 서적들'로 가득 찼고 앤서니 클레어의 책이 출간된 후 영국의 언론들은 그 주제에 대한 기사들을 끝없이 실었다. 클레어(2000)는 다음과 같이 쓰고 있다.

> 21세기 초입에 남성들이 심각한 어려움에 빠져 있다는 결론을 내리지 않을 수 없다 … 가부장제가 전복되지 않았다는 말은 맞지만 가부장제의 정당화 논리는 해체되고 있다 … 양성에게 기회의 평등이 주어진 세상에서 남성들은 자신과의 관계 및 여성들과의 관계를 재협상할 수 있을까?(Clare, 2000: 3, 4, 8).

클레어는 범죄, 가족 붕괴, 가정폭력, 건강 손상, 자살, 교육과 일, 남아도는 노동력과 조기퇴직 등 사회생활의 전체 지형에 걸쳐서 위기가 나타나고 있다고 본다. 그것을 다음과 같이 세 가지 주제로 묶을 수 있다.

남성성은 한물간 유행이다

남성성, 확실히 전통적으로 이해되는 그것은 인기가 없어졌다. '위기'는 '남성적' 속성들과 '여성적' 속성들의 가치가 전복되면서 만들어졌다. 논리적이고 훈육돼 있고 합리적이고 경쟁적이라 함은,

> 이제 일탈의 흔적들로 간주되고 있다 … (반면) 한때 여성들의 연약함과 열등함을 나타냈던 바로 그 속성들, 감성적이고 즉흥적이고 직감적이고 표현을 잘하고 인정 많고 잘 공감하는 속성들은 이제 갈수록 성숙함과 건강함을 나타내는 표시들로 간주되고 있다(Clare, 2000: 68).

남성들은 탐욕스런 경제체제의 희생자들이다

클레어(2000: 212)는 "공적인 것과 사적인 것, 친밀성과 냉담함, 감정과 합리성을 재조정하는 문제가 남성성 위기의 핵심에 있다"고 본다. 그 문제는 물론 여성들과 공유하는 어려움으로, 말하자면 탐욕스런 경제체제의 침투와 과도한 요구에 맞서서 개인적이고 내밀한 것들을 지키는 문제이다

> 이는 개인적 사랑과 친밀성과 공감과 관대함과 자기희생의 세계와, 성취하고 소유하고 전시하기 위한 과시적 소비의 끔찍한 압박 사이의 투쟁이다(Clare, 2000: 215).

'남성 젠더 각본'은 여전이 너무 협소하다

어떤 이들은 젊은 남성들에게 "오직 하나의 인생경로만" 허락되기 때문에 위기가 만들어지고 있다고 본다(A. Katz, 2000: 4). 소녀들의 인생경로는 확장되고 있는 반면 소년들에게 그것은 여전히 너무나 제한되어 있는 게 사

실이다. 젊은 남성들에게는 문제아라는 꼬리표가 붙여지고 그들은 결국 그런 기대를 충족시키는 방식으로 살아가게 된다. 유일하게 진취적인 방식은 남성이 된다는 것이 무엇인지 세세히 묘사하고 있는 협소한 구속틀을 파괴하는 것이다. 남성들은 가부장제의 약화가 만들어 준 기회들을 충분히 활용하길 두려워하기 때문에 위기에 빠져 있다.

이렇게 장황하게 설명된 결점들을 지닌 남성들은 남성성의 위기에 어떻게 대응해야 할까? 클레어(2000)는 놀랍게도 이 문제에 대해 별 이야기를 하지 않는다. 다만 권력과 업적을 추구하고 소유에 집착하는 일을 단념하고 친밀성의 가치를 회복함으로써 보다 충족된 삶을 살기 위해 애써야 한다고 말할 뿐이다. 예컨대 남성들은 부드러움을 표현하는 법을 배우고 아버지 노릇에 보다 진지하게 참여해야 한다는 것이다.

'남성의 명예' 방어하기

폭력은 압도적으로 남성적 현상이고, 이는 보커(Bowker, 1998)가 편집한 책의 저자들이 충분히 입증한 바이다. 남성 폭력의 연속적인 비율 상승은 남성 '위기'의 일부로 자주 인용되고 있다. 그런데 왜 (어떤) 남성들은 폭행을 하고 심지어 죽이는가? 남성은 여성의 여덟 배나 폭력을 쓴다는 추정치가 있고 영국에서는 여성 네 명 중 한 명이 가정폭력에 시달린다고 보고되었다. 많은 폭력은 의심의 여지없이 남성다움을 과시하는 마초문화, 특히 지중해 지역과 히스패닉계 아메리카와 연결된 남성명예 문화가 낳은 산물이다. '마초 남성'은 지배적이고 통제적이어야 한다고 강요받아서 자신의 명예에 대한 어떠한 불손이나 도전도 용납해서는 안 되고 협박으로든 실제 폭력으로

든 대응할 의무가 있다고 느낀다. 클레어(2000)는 이렇게 표현한다.

> 그런 남성들은 자신의 승부 근성, 자부심, 완력, 독립성, 홀대받는 것에 대한 거부 등을 높이 평가한다 … 남성으로서의 명예 자체가 모든 도전과 모든 불명예 행위 하나하나에 달려 있다. 그런 남성들은 남성답게 싸울 준비가 되어 있을 때만 진짜 남성이다(Clare, 2000: 36).

범죄학자들은 남성성의 렌즈를 통해 범죄를 보는 것에 굼떴다. 이는 실로 놀라운 일인데, 대부분의 살인이 남성에 의해 자행되며 세계적으로 도시의 폭력은 범인이나 피해자 모두 젊은 남성들이기 때문이다(Silverman and Kennedy, 1987; Falk, 1990; Johnson and Robinson, 1992). 스탠코(Stanko, 1994)는 폭력을 크게 두 가지 범주, 표현적 폭력과 도구적 폭력으로 유용하게 구분했다.

• 표현적 폭력: 사전에 계획되지 않고 눈이 뒤집혀 일어나는 폭력 사태. 질투 때문에, 체면이 깎여서, 성적 모욕을 받아서, 아니면 친밀한 관계가 끝났을 때 눈이 뒤집혀 일어나는 폭력이 그 예이다.

• 도구적 폭력: 특정한 목적을 위해서 계획되고 계산된 폭력. 강도질이나 복수에서 나타나는 폭력이 그 예이다.

남성들은 두 범주의 폭력 모두를 지배적으로 사용하고 있고, 특히 사회 주변부에 위치한 젊은 남성들은 갈등을 해소하기 위해서 또는 다른 범죄의 과정에서 폭력을 동원하고 있다. 많은 남성들에게 이런저런 형태의 폭력의 경험은 그들 삶의 중심을 이루고 있고, 끊임없이 과시해야 하고 전시할 준비가 되어 있어야 하는 중요한 것이다(Connell, 1987; Seidler, 1991; Morgan, 1992). 남성들은 대부분의 폭력 범죄를 저지르지만 다수의 피해자도 남성이다(Shepherd, 1990). 그러므로 왜 폭력이 '정상적인' 남성성의 일부로 널리 받아들여지고 있는지 쉽게 이해된다. 유감스럽게도 어떤 사람들은 테러 행위를 권력으로 과시하면서(Katz, 1988), 그리고 사람과 영역을 지배하는 행위로 과시하면서 상당한 남성적 자부심을 얻는다. 사실 일부 여성주의자들은 모든 남성들이 생물학적으로 폭력과 강간 능력을 가지고 있다고 본다(Brownmiller, 1975; Scully, 1990). 확실히 젊은 남성들은 자신의 공격성을 통제하기 어려워 보이고 특히 음주 후에 그런 것 같다. 주말에 발생하는 폭력은 대부분 사적인 가정 영역에서 뿐 아니라 술집이나 클럽 주변의 공공 거리에서 나타나고 있다.

싸움은 갈등을 해결하는, 문화적으로 용인된 남성들 특유의 방식으로 오랫동안 정착되어 왔다. 그런 면에서 폭력적인 남성들은 그런 문화에 지나치게 순응하는 사람들로 볼 수 있다(Brod, 1987). 사회경제적 층위의 바닥에 위치한 남성들에게 자원 결핍은 자신의 남성성에 문제가 있다고 여기게 만든다. 그래서 그들에게 폭력 사용은 자신이 느끼는 무력감에 대처하고 다른 남성들과 여성들에게 권위를 행사하는 방식 중의 하나이다. 가난한 노동계급의 남성들 사이에서 폭력에 기초한 권력 위계가 가장 일반적이라는 사실이 그리 놀랍지 않다. 그래서 데일리와 윌슨(Daly and Wilson, 1988: 287)은 별 전망이 없는 젊은 남성들이 "자신의 사회적 경쟁전략들을 강화시켜야 할 충분한 이유가 있고, 그래서 폭력적이 된다고 주장한다." 간단히 말해 경제적으로 주변화된 남성들과 육체노동을 하는 환경에 있는 남성들에게 폭력을 쓰겠다는 위협은 다른 남성들을 방어 위치에

둠으로써 자신의 남성성을 확립하고 유지하고 또 주장하는 중요한 수단이다. 그 문제에 대해 메서슈미트는 이렇게 말한다.

> 주변화된 남성은 집단적 강인함, 즉 자기 동료들이 준수하고 응원하는 남성다움을 실행함으로써 자신을 표현한다. 마초적인 거리문화의 구성원들은 강한 명예감을 유지해야만 한다(Messerschmidt, 1986: 186).

논평가들은 남성들이 다른 남성이나 여성들에게 저지른 살인과 심각한 신체적 상해 사건들의 상당 부분이 흔히 사소해 보이는 다툼에서 발단된다는 점에 주목했다. 그런 경우에 (분명히 모든 경우는 아니지만) 대한 한 가지 설명은 그런 사건들이 남성의 명예, 즉 남성의 지위를 방어하기 위해 가슴 깊이 새긴 문화적 명령을 지키기 위해 일어난다는 것이다(Daly and Wilson, 1988; Polk and Ranson, 1991). 폭력이 대부분 남성성의 문제라는 점을 전제하면 대결은 어떻게 시작되는가? 카츠(Katz, 1988)는 '대결로 인한 살해'를 수많은 우발적 요인들의 결과로 보는데 그중 하나는 모욕이고 또 다른 하나는 남성적 공격성이다. 데일리와 윌슨(1988)의 주장에 따르면 남성들은 남성적 입장이 쟁점이 되어 살인에 연루되며, 어떤 상황에서는 남성성이 폭력을 쓰겠다는 위협과 실행에 달려 있다. 간단히 말해 남성 대 남성의 폭력은 흔히 남성적 명예의 경연으로 귀결된다. 부유하고 교육받은 중간계급의 남성들이나 나이 든 남성들은 법원의 명령을 동원해 적수를 공격하는 경향이 있고 길거리 싸움보다는 더 세련된 방식으로 복수하려 든다. 폴크(Polk, 1994)는 호주의 빅토리아에서 1985년에서 1989년 사이에 발생했던 380건의 살인사건을 추적 조사했는데 그중 22%가 대결

살인이었다고 보고한다. 그녀는 두 가지 문제를 제기한다. "남성들 사이에 어떤 일이 일어나서 그들을 살인자로 만들었나?" 그리고 "무엇이 상황을 급전시켜 생명을 빼앗는 일이 벌어지게 되었나?" 그 자료를 통해 드러난 점은 흔히 사소한 사건이 유흥장이나 공공장소에서 우발적인 돌발사태의 방아쇠를 당긴다는 것이다. 살인자가 그 사건을 남성 명예에 대한 모욕으로 해석한다는 점과 함께 술이 공통 요인이었다. 따라서 치명적인 칵테일의 세 가지 재료는 낮은 사회경제적 지위, 남성성에 대한 모욕감, 사람들이 모인 공공장소인 것으로 보인다. 폴크(1994: 188)가 관찰한 바로는 "명예를 지키기 위한 극단적인 폭력은 명백히 남성적이다."

방아쇠를 당기는 사건은 남성다움이나 정력, 힘, 지성에 대한 도전 혹은 부인이나 여자친구에 대한 모욕이 당장 그곳에서 '해결'을 봐야 할 중요한 사안이 되는 하나의 '살인 드라마'이다. 때로는 폭력이 구경꾼에게로 확대되면서 원래 모욕행위에 가담하지 않았던 이가 최종 희생자가 될 수도 있다. 수많은 젊은이들이 한 장소에 모여 있을 때 분명 폭력의 기회가 높지만 폭력은 공원이나 역전, 기차나 버스 안 같은 주변의 공적 공간으로 퍼져나갈 수도 있다. 인종, 자기구역 방어, 외모, 생활방식의 문제로 폭력이 일어날 수도 있지만 일파만파의 싸움을 촉발하는 요인은 다름 아닌 남성의 명예에 대한 비방이다. 폴크의 결론은 시비로 인한 폭력이 '명백히 남성적'이라는 점이다(만약 여성이 그런 일을 저질렀다면 그녀는 남자처럼 처신한 것이다). 가끔 피해자나 가해자는 오직 무기를 가지고 되돌아오기 위해서 초기 현장을 떠나고, 이어지는 살인은 과음으로 자제력이 약해진 늦은 밤에 자주 일어난다. 그런 환경에서는 엉뚱한 말 한마디가 촉매가 되어 "가해자로부터 멀리 떨어져 있지 않으면 그 사람의 생명을 빼앗을 수 있는 정도까지 상황을 급변시킨다"(Polk, 1994: 167). 그래서 무엇이 위기의 근본적인 원인인가? 대체로 위기의 근원은 두 가지 주요 원천에 기인한다. 첫째는 오랫동안 남성적 '권리들'이라고 인정되었던 것의 상실이고 (이는 대체로 남성성에 대한 여성주의의 비판의 결과이다), 둘째는 남성 고용의 변화이다. 다음은 이 요인들에 대해 차례로 살펴본다.

남성의 '권리' 상실

얼마 전까지만 해도 남성들의 권위와 지배는 그냥 받아들여졌다. 현대사회의 남성들은 이전에는 단지 남성이라는 이유만으로 향유했던 권리들(특히 법과 금융, 정치, 사업 영역에서의)을 확실히 상실하고 있는 것처럼 보인다. 사실 많은 사람들은 남성의 권리들이 여성의 권리들에 의해 포섭되었다고 주장한다. 생계부양자 이데올로기는 더 이상 신뢰받지 못한다. 서구 경제에서 근력에 의존했던 일이 쇠락하고 시간제 노동과 여성 노동이 가파르게 증가해 왔기 때문이다. 게다가 사람들은 대체로 남성은 이제 여성을 동등한 사람으로 대우하고 육아를 포함한 가정사에 더 완벽하게 참여해야 한다고 말한다. 실제로 남성들이 어느 정도 그러한가에 대해서는 의견이 분분하지만 말이다. 불과 얼마 전과 비교하더라도 이제는 '남자가 되기엔 나쁜 때'라는 주장이 (그는 여전히 '이건 완전 좋은 일이야'라고 말하고 있지만) 정당하다고 맥이네스(1998: 55)가 느낄 정도로 현대 자본주의의 물적 발달은 가부장제를 손상시켜 왔다. 나아가 남성성이 공적으로 인식되는 방식이 극적으로 변화되어 왔다.

> 한때는 남성적 덕성들이라 주장되던 것들(영웅성, 독립성, 용기, 강인함, 합리성, 의지, 기골장대, 생식력)이 이제 그들의 악덕(학대, 파괴적 공격성, 냉정함, 정서적 불능, 초연, 고립, 유연함과 소통과 공감과 부드러움과 남을 지원하고 삶을 긍정하는 데서의 무능함)이 되었다(MacInnes, 1998: 47).

전형적인 여성적 자질들(예를 들어 공감과 부드러움)은 이제 전형적인 남성적 자질(감정의 자제와 공격성)보다 우월하다고 널리 인정되고 있다. 맥이네스는 자신이 "근대성의 핵심 원칙"이라 부르는 것(모든 인간 존재는 본질적으로 동등하다)과 "가부장제의 핵심 교리"(남자는 천성적으로 여자보다 우월하다) 사이의 불일치를 확인함으로써 현대 남성들의 불안감을 설명한다. 그는 근대성의 발흥이 가부장적 노동분업의 생존을 위협하는 데 대한 이데올로기적 대응으로서 남성성을 정의한다. 남성들은 예전에 자신의 성sex을 들먹이면서 자신의 권력과 자원 독점을 정당화할 수 있었다. 게다가 "어떤 확실하지 않은 자연적 차이를 표현한 사회적으로 구성된 젠더 정체성"을 언급하면서 그것을 정당화할 수 있었다(MacInnes, 1998: 45).

저메인 그리어(G. Greer, 1999)는 이 시대에 남자 되기는 물신숭배적 활동들과 공상적인 목표들을 향한 괴상한 집착으로 가득 찬 것이라고 강경하게 주장하며 남성성을 공격한다. 가부장제와 그것이 기초하고 있는 통제적 남성성 또는 그 비슷한 유형에 대한 여성주의 비판의 결과, 남성들은 '위기'에 던져졌고 결국 남성다움에는 실제로 정확히 무엇이 들어가는지 갈수록 혼란스러워진다는 주장이 자주 제기된다(Buchbinder, 1994). 소위 위기 시대의 원인들과 성격 그리고 영향이 언론에, 특히 타블로이드판이 아닌 정론지에 끝없이 유통되고 있다(6장 참조). 여성주의자들은 전통적 남성성 모델에 도전해 왔고 (어느 정도) 남성들로 하여금 (자신과 타인의) 남성성을 비판적으로 재검토하도록 압박하여, 남성성은 특히 문화연구와 미디어연구 및 사회학에서 주요 연구대상이 되었다. 이러한 움직임은 1970년대부터 시작되어 1980년대와 1990년대 사이에 가속도가 붙었다. 그러나 남성에 의한 여성의 종속에 대한 선구적인 여성주의의 초기 작업이 이런 변화를 추진했다는 점은 의심할 나위가 없다. 많은 여성주의 연구들은 전통적 남성성의 분명 역겨운 결과들(강간, 포르노, 아동학대, 가정폭력)에 주목했고 남성성을 여성뿐 아니라 남성 자신도 해치는 신경증으로 제시했다. 그들은 남성들이 '진짜 남자'가 되려 하면서 어떻게 자기 자신과 다른 사람들 모두에게 해를 끼치는지, 가부장적 남성성이 어떻게 변신하여 스스로를 재생산하는지 지적했다. 그러나 여성의 몸과 정신에 대한 남성 통제로 정의되는 가부장제는 공격 같은 조야한 행동으로 축소될 수 없을 것이다. 오히려 가부장제는 의례들과 판에 박힌 일상들, 그리고 사회적 실천들 속에 공고히 자리 잡고 있었다. 더욱이 남성들이 권력을 행사할 수 있는 자리를 계속 차지하고 있기 때문에(그렇다고들 주장한다) 그들이 남성성의 부정적인 측면을 성찰하기란 어려웠다. 그들은 잘못된 젠더 불평등을 가려 버리는 이데올로기를 고수했고, 진정한 감정 표현을 억누르는 것 등 가부장 사회에서 남녀 모두가 입은 피해를 직시하지 못했다(Morgan, 1992). 섹슈얼리티는 남성의 권위와 지배의 중심에 있고 성희롱과 마찬가지로 섹스라기보다는 남성 권력을 야만적으로 과시하는 것으로 이해되었다(Hearn, 1990; Hearn and Parkin, 1993). 여성들은 가정이라는 사적이고 저평가된 지대에서 착취받고 있다는 주장이 제기되었다. 직장에서 지배적인 남성성은 가정에서 불평등한 가사분업의 지원을 받았다. 대부분의 남성들은 여전히 많은 가사일의 책임을 회피하고 있었다. 집안일은 성별화되어 있었다. 남성들은 전형적으로 DIY, 자동차 관리, 잠자리에 든 아이들에게 책 읽어 주기를 했던 반면, 여성들은 청소와 세탁, 다림질, 요리, 설거지, 아이 돌보기 등 대부분 끝이 안 나는 일들을 수행했다.

영국 남성들의 반응은 가장 먼저 친여성주의 진영의 남성들로부터 나왔다〔그들 중 세이들러(Seidler, 1989)가 가장 두드러진다〕. 미국에서는 남성학이 선을 보였지만 중간계급의 자기연민이라는 혹평을 받았고 보통 미국사람들의 삶과 관심사에서 제외되었다. 그러나 남성들에게 대체로 당연시되는 것, 즉 자신의 남성성에 대한 의식을 고양하라고 요구했던 플렉과 소이어(Pleck and Sawyer, 1974)와 같은 주목할 만한 초기 텍스트들도 있었다. 다른 사람들은 남성성의 특권들이 위협받고 있다고 생각했기 때문에 여성주의 사상에 대해 부정적으로 반응했다. 또 다른 이들은 남성들은 그들이 이해하기엔 너무 빠른 속도로 변하고 있는 세상에서 자신의 잃어버린 남성적 본질(혹은 '깊숙한 중심')을 다시 회복할 필요가 있다고 주장했다(Bly, 1991). 다른 한편 가부장제는 너무나 환원론적이고 범주적인 개념이기 때문에 그것이 작동하는 지점들(개인사나 가정 혹은 공적 영역)을 조사할 필요가 있다고 지적하는 사람도 있었다(Walby, 1986; 1990). 오늘날 어떤 여성주의자들은 권력관계에서 남성 지배가 지속되고 있다고 계속 지적하고 있고, 어떤 이는 낡은 가부장적 질서의 변화는 현실이 아니라 가상에 불과하다는 의견을 내놓고 있다. 즉 남성들은 지금도 충분히 포기하지 않았고, 여성들은 팔루디(Faludi, 1991)가 남성의 반격으로 묘사한 상황에 대항해 항상 경계를 늦추지 않아야 한다는 것이다. 간단히 말해 모든 여성주의의 성과들에도 불구하고 가부장제는 여전히 굳건히 자리 잡고 있다는 것이다. 그러나 다른 이들〔예컨대 카워드(1999)와 그 후에 팔루디(1999) 자신)은 그 점을 의문시하면서 남성들이 사실 여성주의가 거둔 많은 성공의 희생자가 되었다는 견해에 얼마간 공감한다. 이제 더 이상 남성들은 유리하고 여성들은 불리하다는 식의 단순한 문제가 아니다. 사실상 지금 불리한 쪽이 항상 여성들인 것은 아니다. 예를 들어 카워드(1999)는 요즘 남성들에게 훨씬 동정적인 입장을 취하고 모든 사회문제를 그들 탓으로 돌리는 경향에 당혹스러워한다. 이는 남성들을 '희생자들'로 그린 웰던(1998)의 논쟁적인 묘사, 즉 토인비(Toynbee, 1998)의 신랄한 비판을 받았던 견해를 반복하는 것이다. 카워드(1999)는 전통적인 남성 직업들이 여성을 배제하고 있다는 증거들보다 전통적인 여성 직업들에서의 남성 배제를 보여주는 증거들이 더 많다고 주장하기에 이른다. 여성들은 더 이상 저임금 노동에 한정되지 않고 전문직과 사업에서 의미심장한 발전을 이루고 있다는 것이다. 그녀는 남성의 불평들은 "남성들의 저항의 비명소리" 그 이상이라고 추정한다(Coward, 1999: 63). 여전히 여성들을 희생자로 보고 매사에 남성성을 쉽게 비난하고 있는 것은 바로 우머니즘womanism('페미니즘'의 통속판이자 주류 여성주의의 복합성이 부족하다고 규정된)이다. 그녀는 "남성이 억압자라면 그들은 취약한 억압자이다 … 낡은 가부장제가 동반했던 권력과 정서적 확신들은 이동하고 있다"라고 결론을 내린다(Coward, 1999: 86). 어떠한 남성성의 '위기'이든 그 주요 원천은 노동세계의 변형이다. 나는 이제 거기로 가 보겠다.

남성들과 남성성 그리고 변화하는 노동시장

1970년대와 1980년대 그리고 1990년대는 경제, 산업, 사업, 문화적 측면에서 중요한 재구조화가 이루어졌다(Osgerby, 1998). 소위 남성성의 위기를 낳은 주요 원인들 중의 하나는 의심할 여지없이 서구 경제 전반의 노동시장에서 일어난 변형이다. 아래 요인들이 변화 중인 고용의 성격에서 선두에 있다고 밝혀지고 있다.

• 더 작은 기업들이 집어삼켜지면서 가족자본주의는 거의 모두 사라지고 대기업들과 익명의 고위 경영진들의 출현이 예고됨.

• 탈산업화와 신기술 도입과 오래된 거대 '굴뚝' 산업의 몰락으로 인한 일자리 상실.

• 산업경제에서 탈산업경제로, 포드주의에서 탈포드주의로의 이행.

• 중간과 상급 관리를 포함해 작업장의 모든 부문에 영향을 끼친 1980년대와 1990년대 초의 대규모 인원 감축과 직제 간소화.

• 1980년대 초부터 시장주도 경제정책의 채택과 날로 세계화된 경제의 영향들.

• 시간제 노동의 확대와 함께 여성의 고용기회 증대와 동등기회 정책의 실행.

노동이 기술과 전문지식과 권위를 발전시키고 행사할 수 있는 기회를 제공할 뿐만 아니라 돈, 권력, 일이나 경력을 제공함으로써 남성성의 중심을 차지하고 있는 점을 감안하면 이러한 변화들은 실로 거대한 충격을 낳고 있다. 그러므로 일하는 남성에 대한 초기 연구들이 남성성 자체에 초점을 맞추지 않았다는 점은 놀랍다(예를 들면 Walker and Guest, 1952; Whyte, 1956; Dalton, 1959). 많은 일하는 남성들이 자신의 일로부터 소외되어 있긴 하지만(Willis, 1977), 실업보다 더 남성 자신과 그들의 남성성 감각에 해로운 것은 없음이 입증되고 있으니 역설적이다. 실업은 그들의 독립성과 가족경제에 대한 통제권을 앗아 가기 때문이다. 실직한 남성들이 권력 상실감, 거세감과 자긍심 상실을 심하게 느끼며 고통받는다는 점은 전혀 놀랍지 않다. 예를 들어 매키와 벨(McKee and Bell, 1986)의 연구에 나오는 남성들은 자신을 국가의 희생물로, '식객'보다 나을 게 없이 쪼그라든 존재로 보았다. 비슷하게 고통스런 그림은 마스덴과 더프(Marsden and Duff, 1975)의 연구와 게일리 등(Gaillie et al., 1994)의 연구에 기록되어 있다. 남성 실업자들에게 일하는 아내의 부양을 받으며 집안일을 하는 것은 더할 나위 없는 굴욕이다(Bernard, 1981; Kelvin and Jarrett, 1985). 실업은 심리적으로 가슴 깊이 부정적 여파를 미칠 수 있다(Henwood and Miles, 1987). 윌럿과 그리핀(Willott and Griffin, 1996)이 영국의 웨스트 미드랜드에서 한 연구에서 장기실업 상태에 있는 남성들은 무능감과 거세된 기분을 경험하는 것으로 나타난다. 그들은 외출할 여력이 없거나 식구들에게 외식을 시켜 주고 선물을 주거나 명절을 즐기게 할 수 없기 때문이다. 그들은 소비사회로부터 배제되었음을 예민하게 느끼며 그 때문에 부인이나 파트너가 자신을 떠날까 봐 두려워한다. 한편 콕크번(Cockburn, 1983)은 1980년대 초 인쇄업자들과 라이노타이프 조판공들이 사용했던 육체적으로 고된 '주조鑄造활자' 기술(긴 견습기간이 필요하고 역사적으로 전적으로 남성들의 소유물이었던)이 쇠퇴하고 상대적으로 '여성적인' 컴퓨터 기반의 인쇄기술(여성들이 다룰 수 있는)로 대체됨으로써 남성들이 입은 정신적 외상을 기록한다. 신기술은 힘 있는 자본가들의 무기가 되어 힘을 잃은 남성들과 그 자리를 차지한 여성들에게 권력을 행사했다.

1990년대에 가장 인기 있던 영국 영화는 〈브래스트 오프Brassed Off〉(1996)와 〈풀 몬티The Full Monty〉(1997)였다. 이 영화들은 대처 정부 시대에 광산이 폐쇄되면서 일자리를 잃은 남성들이 직면한 위기를 다룬 것이다. 두 영화 모두 잉글랜드 북부에 있는 석탄 광산의 몰락이 노동계급 남성들에게 입힌 위기를 다루지만 전자가 향수와 비가에 빠져 있다면 후자는 일단의 정리해고 당한 남성들이 위기와의 전투에서 생존하는 방법과 창의적인 분발을 그리고 있다. 〈브래스트 오프〉의 결말 부분에 광산업과 결부된 남성성은 인내하는 영웅 이미지를 유지하지만 주인공들이 얻은 일종의 승리는 슬프고 공허하고 미래가 없는 것이었다(Lloyd and Thacker, 2000). 대조적으로 〈풀 몬티〉는 노동의 성격과 젠더 역할이 완전히 변화된 세상에서 의심과 두려움으로 가득 찬 일단의 노동계급 남성들이 어느 정도 자존감을 회복하는 것을 목도한다. 〈브래스트 오프〉가 계급 정치학의 성격을 띠고 있다면 〈풀 몬티〉는 성 정치학을 알고 있다(Lloyd and Thacker, 2000). 그리하여 탤몬(Talmon, 2000)은 다음과 같이 주장한다.

> 1990년대에 남성성의 장관은 더 이상 전쟁터나 자동차 경주에서 나타나지 않고 여장女裝 드래그쇼나 스트립쇼에서 표현되고 있다. 일자리를 잃은 '무능한 남성들'이 그런 쇼에서 여성들의 욕구를 만족시키기 위해서 연기하고 있다(Talmon, 2000: 12).

중공업계의 일자리를 잃은 많은 노동계급 남성들은 실업률이 높은 지역에서 발달한 새로운 일자리의 성격 때문에도 모욕감을 느낀다. 고용의 여성화는 19세기 후반기에 점점 더 많은 여성들이 노동시장에 진입한 현상을 가리키기 위해 수많은 논평자들이 사용하는 용어이다[특히 젠슨 등(Jensen et al., 1988)이 그렇고 엔들(Yeandle, 1995)이 반복해서 사용했다]. 그런데 고용의 여성화는 전에는 남성적인 노동력이 지배했던 역할들을 여성들이 차지할 수 있게 됨으로써(예를 들어 기술과 기계가 '근육'을 대체함으로써) 일의 성격 자체가 달라지는 현상을 지칭하는 것으로도 볼 수 있다. '힐탑' 병원 연구(7장에서 짧게 언급되는데)에서 내가 면접했던 남성은 자신의 경험에 비추어 중공업을 대체한 많은 일들을 흥미롭게도 '여성의 일들'로 묘사했다.

> 나는 탄광에서 소년 시절부터 삼십오 년 동안 일했지. 나는 감독기사였고 많은 책임을 맡았어. 탄광이 문을 닫았을 때 다시는 땅 밑에서 하는 일을 구할 수 없었지. 매우 절망했고 침울했어. 나는 쉰세 살이었고 죽을 날이 되지도 않았는데 쓰레기통에 버려졌다고 느꼈어. 어떤 일자리든 내 앞에는 열 명, 열다섯 명, 심지어 스무 명의 젊은 남자들이 줄을 서 있었지. 나는 경험도 있고 기술도 있었지만 내가 얻은 유일한 일거리는 닭고기 조각들을 일회용기에 넣고 셀로판지로 싸서 바코드를 찍어 내는 일이었네. 솔직히 훈련받은 원숭이라도 할 수 있는 일이었고 원숭이의 지능조차 모욕하는 일이었지! 그러나 그 일로 간신히 연명할 수 있었기에 난 예순 살이 될 때까지 오 년 동안 그 일을 했네. 그러나 나는 단 한 번도 그것을 적절한 일자리라고 여겨 본 적이 없네. 내게 그것은 여자의 일이었고, 어쨌든 나는 그걸 그렇게 봤어. 내가 땅 밑에서 경험했던 모든 것, 기술적 도전, 위험, 남자들의 동지애, 그 어떤 것도 없었지. 쏟아져 나오는 유행가와 하루 종일 나를 노려보는 피투성이 닭고기 조각 외엔 아무것도!(Beynon, 1987: 7장 참조).

지금까지는 모든 관심이 주로 노동계급의 실업에 집중되었지만 중견간부들과 고위 경영자들도 기업인수의 세계에서 의사결정으로부터 배제되면서 갈수록 그들 식의 소외를 경험해 왔다. 모든 실무 층위에서 나이 든 족장들은 회계학과 경영학으로 훈련된 젊은 왕위 요구자들로 대체되었다(McDowell and Court,1994; McDowell,1997). 피터 자차이미어크Peter Jachimiak는 최근 연구에서 남성성의 위기, 자신이 중간 관리자들의 위기라 보는 바를 나란히 그리고 있다. 로퍼(Roper, 1991)로부터 중간 관리자들의 소외가 증가하고 있다는 단서를 얻은 자차이미어크는 작업장의 과학기술화와 평생직장에 대한 보장이 사라진 상황이 육체노동자들과 중간 관리자들을 비슷하게 취약하게 만들어서, 결국 둘 다 이제 깊은 불확실성과 불안정성을 공유하게 되었다고 주장한다. 그는 남성적 형태의 관리와 보다 부드럽고 여성적인 스타일이 나란히 공존하는 새로운 유형의 중간 관리자들이 출현했다고 기록한다. 현장연구에 기반해서 그는 다음과 같은 결론을 추론한다. "'공공연하게 남성적이고 공공연하게 여성적인' 어쩌면 혼종적인 젊은 관리자 세대가 출현하고 있다. 거기서 여성적 외양은 정말로 냉혹한 남성의 내면을 가리고 있다"(2001년 피터와의 개인적 대화). 스트리프(Striff, 2000)도 사무직과 관리직에 대해 비슷하게 독창적인 접근을 했는데 이 부분에 대해서는 7장에서 다시 이야기하겠다. 그녀는 경영세계에 대한 대중적 이미지는 과잉 남성성과 목표 지향적인 행동에 대한 문화적 가정들과 깊이 연결되어 있다고 지적한다. 사실상 경영업계에서 실패는 '비남성적인 것'(종종 '여자'라고 격하되는)이다. 진정한 '회사형 인간'은 매우 구역질나는 권력게임에 들어감으로써 철두철미하게 남성성의 외투를 입고 있다. '딱딱한' 사업적 성공이 전부여서 친밀성은 제도화된 동성사교로 축소되고 진정한 ('부드러운') 인간관계들은 단호히 뒤로 밀린다.

'위기'가 새로운 것인가?

남성성의 위기라는 개념은 새로운 것인가 아니면 각 세대가 저마다 다른 방식으로 경험하는 그런 것인가? 나타나는 증거들은 후자 편을 드는 듯하다. 사실 혹자는 위기가 남성성 자체를 구성하고 있다고 본다. 망간(Mangan, 1997)의 견해가 확실히 그렇다.

> 위기는 … 남성성 자체의 한 상태이다. 남성적 젠더 정체성은 결코 안정적이지 않다. 그 용어는 계속해서 다시 규정되고 다시 협상되고 젠더 연기 역시 계속해서 재상연되어 왔다. 불가피하게 특정한 주제들과 비유들이 규칙적으로 다시 출현하지만 각 시대는 그것을 다른 방식으로 경험한다(Mangan, 1997: 4).

그런데 이런 주장의 근거는 무엇인가? 과거에 남성성 위기의 시대가 있었는가, 그리고 그것은 현재의 가정된 위기와 어떻게 비교되는가?

플레처(Fletcher, 1995)는 영국의 튜더왕조와 초기 스튜어트왕조 시대의 첨예한 남성 위기를 그리는데, 그것은 여성에 대한 두려움과 그들이 남성들에게 제기한다고 생각하는 위협에 대한 두려움과 궁극적으로 여성들을 가장 잘 통제할 수 있는 방식에 관한 것이다. 비슷하게 킴멜(Kimmel, 1987)도 두 세기에 걸친 여성적인 것에 대한 두려움을 둘러싼 남성의 근심에 대해 이야기한다. 그는 그 이전에도 남녀관계와 가정에서의 관계에 주요 변화가 일어난 시기가 두 차례 있었다고 지적한다. 왕정복고기의 영국(1688-1714)과 미국(1880-1914)에서 남성들이 친여성주의와 반여성주의, 그리고 친남성주의로 분열되는 것을 목도한 때가 그것이다. 20세기 초 미국에서 수십 년 동안 갈수록 많은 여성들이 노동시장에 쇄도하자 남성들의 걱정은 더욱 커졌다. 게다가 남성들은 그들에게 부과된 많고 다양한 요구들 때문에 오랫동안 고통받아 왔다. 로퍼와 토시(Roper and Tosh, 1991)는 빅토리아기에 급성장한 산업과 사업이 모든 계급의 남성들에게 부과한 요구들과 제국에 대한 헌신 때문에 이 시기의 남성성이 얼마나 뒤틀려졌는지를 증명한다. 호록스(Horrocks, 1994)는 산업사회가 남성들과 여성들에게 채택하도록 강요한 젠더 역할들이 모두에게 똑같이 해를 끼쳤다고 주장한다. 또한 젊은 남성들의 행동에 대한 사회적 공포가 정규적으로 터져 나오곤 했다. 예를 들면 이렇다.

• 에드워드기에 젊은 남성들의 도덕적, 신체적 조건에 대한 우려는 보이스카우트와 소년단의 창설을 유도함.

• 1930년대에 런던, 글래스고우, 맨체스터, 리버풀에서 십대 갱단들의 출현에 대한 공포.

• 1950년대에 테디보이의 상륙과 그 뒤를 이어 1960년대에 모드와 로커, 1970년대의 펑크족의 상륙.[6]

남성성과 위기에 대한 흥미로운 접근들 중의 하나는 정신적 외상을 남기는 '비남성화하는' 사건들이 일어난 후 국가가 의식적으로 '재남성화'에 관여하는 방식이다. 첫 번째 예로 1920년대 독일에서 1차 세계대전 후 베르사이유조약 때문에 겪은 국가적 모욕에 대한 대응으로 파시즘과 파시스

6 테디보이는 로큰롤을 좋아하고 딱 붙는 바지에 긴 재킷과 뾰족한 신발 같은 자유로운 복장을 선호하던 청년들, 모드는 깔끔하게 유행하는 복장을 하고 오토바이를 타고 다니던 1960년대 영국의 청년집단, 로커는 1960년대에 가죽옷을 입고 오토바이를 몰며 로큰롤을 듣던 영국 젊은이들, 펑크족은 1970년대 말에서 1980년대 초에 유행한, 과격하고 정열적인 사운드의 록 음악을 하는 이들과 같은 복장을 한 사람들이다.

트 남성성이 출현한 것을 들 수 있다. 모세(Mosse, 1996)는 파시즘을 정치경제적 격동기에 광적이고 군국주의적인 남성성을 재주장한 것으로 제시한다. 아리아족 남성들의 '우월성'과 '순수성'은 유대인과 흑인, 동성애자, 레즈비언, 그리고 집시들 같은 '열등한 사람들'과 대조를 이루면서 확립되었다. 파시스트 남성성은 영토 정복 외에도 기술과 스포츠, 예술, 그리고 예컨대 히틀러의 건축가 앨버트 스피어가 소위 '제3제국'의 위용에 어울릴 만한 수도로 새로운 베를린을 계획하는 '남성주의적' 건축에서 칭송되었다.

재남성화의 두 번째 예는 1980년대 미국에서 로널드 레이건이 대통령에 당선된 경우이다. 이는 '1960년대 히피'와 (아마도) 약해 빠지고 결단성 없는 지미 카터 대통령 그 둘의 산물로 본 부드럽고 허약한 '좌파 이념들'에 대한 공격이었다. 그동안 베트남전쟁의 굴욕은 영화에서 사이보그 인물인 람보가 베트콩을 '해치우고' 친여성주의적이고 감성적인 인물로 떠오른 '신남성'에게 결정타를 날리면서 역전되었다(Jeffords, 1989). 페레베(Ferrebe, 2000)는 1945-6년 영국에서 남성성의 위기는 2차 세계대전에서 민간인 생활로 돌아온 남성들이 자신들이 지키고자 애썼던 대영제국이 그들이 없는 사이 알아볼 수 없을 정도로 변화되었음을 알게 되면서 발생했다고 설명한다(Turner and Rennell, 1995 참조). 필요에 의해, 남성들 없이도 돌아갈 수 있도록 디자인되었던 것은 바로 나라 전체였다. 더욱이 영국은 이미 새롭게 우선순위를 둔 의제(비버리지보고서에 고이 새겨진)로 전환하여 복지국가를 건설하는 중이었고 아울러 지금 우리가 소비주의라고 보는 바의 시작을 경험하고 있었다. 그 결과는 이렇다.

나이 든 세대는 아무리 생각해 봐도, 그들이 기억했던 국가가 세계 권력과 중요성이란 면에서 갈수록 움츠러들고 있듯이 자신들도 공적 영역으로부터 상속권을 박탈당하고 있다고 느꼈다(Ferrebe, 2000: 11).

페레베는 이 위기가 전후 소설들 속에 이렇게 반영되었다고 본다.

(전후 소설들은) 명예라는 한물간 전통에 극구 매달리는 나이 든 역할모델인 실패한 아버지들, 그리고 남성적 동질성에 대한 궁극적인 저항을 분명히 보여주는 예인 남성 동성애자들로 어지럽다(Ferrebe, 2000: 11).

비슷하게 남성성의 위기를 드러내는 거울은 영화이다. 예를 들어 1940년대와 1950년대 영국과 미국의 영화들은 2차 세계대전에서 돌아온 한 세대 전체 남성들의 문제를 파헤쳤다. 종종 심한 정신적 외상을 입은 이 남성들은 상담이란 것이 없었으니 민간인 생활에 적응하기 위해 나름대로 최선을 다해야 했다(Cohen, 1997). 예를 들어 치브낼과 머피(Chibnall and Murphy, 1999)는 그 시대 영국의 범죄영화 연구에서 두 가지 주제를 발견했다. 첫째, 군인 지위의 상실과 이 전직 군인들이 직면한 재적응에 대한 (영화의) 민감성은 군복무를 회피하고 집에 남아 암거래로 부자가 된 비애국적이고 겁쟁이인 '협잡꾼'들과 전직 군인들을 뚜렷하게 대조시킴으로써 표현되었다. 보상받지 못한 채 동원해제된 이 남성들이 전시 영웅주의를 회복하는 유일한 길은 그들에게 대항하는 것이었다. 두 번째 주제는 전후 사회에서 여성들의 경력이 쌓이면서 남성들이 현재의 지위를 상실하고 있는 현상과 남성 특권이 보장되었던 전쟁 전 사회에 대한 향수를 그리는 것이었다. 요부에게 유혹 당해 범죄자의 삶에 빠지는 항시 존재해 왔던 위험을 그린 영화도 있었다. 위기에 빠진 남성성에 대한 영화의 묘사는 아래와 같았다.

> 남성다움의 위기를 다룬 통속적인 범죄 드라마 … (거기에서) 남성들은 매끄럽게 발을 내딛어 … 범죄와 춤을 추었고 … (그리하여) 그들을 수용하지 않는 전후 사회에서 탈주자들과 침입자들(이 되고 있다)(Chibnall and Murphy, 1999: 65).

한편 헌트(Hunt, 1998)는 "전후 영국 남성성이 언제 처음으로 위기에 처했는가?" 묻는다(남성 위기의 역사적 성격에 대한 풍부한 증거를 고려할 때 다소 순진한 질문이다). 그의 대답은 이렇다. 위기는 1970년대에 낡은 포디즘적 중공업의 몰락 가속화, 노동관계의 악화('불만의 겨울'에 첨예화된), 제2기 여성주의의 영향, 그리고 게이운동의 성장의 결과이다. 그는 "불확실한 남성다움"의 세기를 말하면서 스킨헤드족과 게이, '계집애 같은' 보위Bowie 소년들 그리고 글램 록glam rock의 애매모호성, 특히 게리 글리터Gary Glitter의 불확실하고 동성애자처럼 보이는 과잉 남성성의 출현을 꼽는다. 그는 더 나이 든 '사파리 복장의 남성들'과 젊은 남성들이 분리되기 시작하는 것에 주목했다. 당시는 여성주의와 미국에서의 초기 '남성운동'에 대한 대응으로 (얼마간의) 중간계급 남성들이 의식화 작업에 참여할 필요를 분명히 느낀 세기였기 때문이다. 이처럼 상대적으로 합의를 이뤘던 '남성다운 상'이 대중문화에 의해 처음 파편화되는 상황은 1980년대와 1990년대 전반에 걸쳐 남성성을 더 깊고 현대적인 위기에 밀어 넣는 계기가 되었다. 헌트(1998: 73)는 다음과 같이 결론을 내린다. "남성성의 '위기'가 실제로 언제 시작되었든 1970년대에는 확실히 있었던 것 같고 그 신호가 도처에 있었다." 비슷하게 그레고리(Gregory, 2000)는 기존의 남성성 이미지들을 전복시키는 극적 드라마와 책략을 강조했던 1970년대 초기의 '글램 록' 현상을 자세히 살핀다. 그는 글램 록의 정신을 다음과 같이 포착한다.

> 남자 연기자들은 반짝이는 부드럽고 눈부신 천의 옷을 입고 두꺼운 창을 댄 부츠를 신고 짙은 화장에 '여성적인' 것 비스무레한 머리 모양을 한 튀는 시각적 스타일을 신봉했다. 어떤 이는 요란한 가명과 또 다른 자아들을 채택했다. 글램 예술가들은 복장 전환과 여성스러운 몸짓을 활용하여 성적으로 모호한 정체성을 가장했는데 그것은 미디어 공론空論이 조장한 현상이었다(Gregory, 2000: 15).

이러한 전통적인 남성성 이미지의 전복은 1980년대에 남성복과 잡지에 널리 퍼졌다. 실제로,

> 동성애의 법제화와 여성해방운동의 성장을 둘러싼 불안은 대중음악 문화에서 남성성을 여성적으로 재현하는 모습으로 나타났다(Gregory, 2000: 15).

'위기'가 실제로 존재하는가?

남성과 남성성을 해치는 위기에 대한 주장이 도처에서 큰 소리로 외쳐지고 있으나 분명한 증거는 없다. 1990년대에 남성들은 취약한 성으로 끊임없이 다시 명명되었고 새로운 남성성의 중심에 감수성과 정서적 해독력을 둘 것을 요구하는 수많은 책들이 등장했다. 그런데 위기는 어느 정도 실제적인 것인가 아니면 그것은 기본적으로 담론적인 것으로 끊임없이 언론이 증폭시킴으로써(6장 참조) 그리고 1990년대 대중문학을 통해서 〔예를 들어 혼비(Hornby, 1992; 1995)와 파슨스(Parsons, 1999)〕 창조되고 유

지되는 것인가? 그렇게 쏟아져 나온 것들이 위기를 반영한다기보다는 위기를 만들어 내고 있는 것인가? 텔레비전 인사이면서 작가인 데이비드 바디엘(David Baddiel, 1999: 1)의 입장을 이렇게 볼 수 있는데 그는 위기에 빠진 남성성이란 개념 전체를 몇 가지 통계와 뉴스거리와 사진들을 연결해 만든 엉터리 미디어 생산물이라고 공격한다. 정형화된 감정을 잘 모르는 남성이란 존재하지 않으며 단지 논객들에게 쓸거리를 주기 위해 만들어진 '허수아비'라는 것이다. 바디엘은 남성들이 자신의 건강과 경제적 위치, 개인적 상황에 대해서 염려하지만 자신의 젠더에 대해서는 거의 그렇지 않다고 주장한다. 다른 이도 위기의 진정성을 의심한다. 예컨대 시걸(Segal, 2000a)은 이성애와 남성 그리고 권력은 여전히 단단히 연결되어 있고, 모든 남성들이 실패하고 일자리를 잃고 불행한 것은 아님을 분명히 할 필요가 있다고 주장한다. 어떤 척도로든 남성들은 지배적이고 위협적인 성으로 남아 있다. 그러니 위기를 이야기한다는 것은 빈곤과 인종차별주의와 구조적 불평등 같은 보다 중요한 사안들을 가리는 방법이다. 학계와 미디어 밖의 소위 실제 세상에서는 남성성도 위기도 사람들의 일상사에서 뜨거운 쟁점이 아니다. 게이 초상들이 도래하고 남녀의 권력관계가 변화하는 상황은 의심할 여지없이 위기설에 공헌해 왔다. 그러나 에드워즈(Edwards, 1997: 134)에게 "남성성은 정말로 위기에 처해 있는데 성 정치학의 측면에서 면밀히 검토해서 그렇다기보다는 시장에서 더 그렇다." 다른 시각은 플레인(Plain, 2000)이 제공했는데 그녀는 문학에서 남성의 "담론적 거세화"를 지적한다. 그녀는 더 이상 남성성 브랜드 가치를 인정하지 않는 세상에서 냉소적이고 냉담한 남자 탐정이 붕괴되는 현상을 예로 든다. 예컨대 현대 소설가인 이언 랜킨Ian Rankin의 탐정은 매력 없고 이혼하고 거의 알콜중독에 빠진 외로운 인물이다. 소위 남성위기에 대한 최근의 재미있는 관점 하나는 텔몬(Talmon, 2000)의 것으로 그녀의 작업은 이스라엘과 미국 양쪽에서 영화와 텔레비전을 대상으로 한다. 그녀는 새로운 남성성의 미디어 재현은 사회변화를 반영하는 데 그치지 않고 그것을 정당화하고 있다고 지적한다. 그 결과 이전의 남성성과 여성성의 분명한 구분은 영화에서 일상적으로 재협상되는 중이다. 오래된 주인 서사와 이데올로기는 그것을 떠받치던 남성적 패러다임과 나란히 무너졌다. 대중영화와 텔레비전 쇼, 비디오 광고와 잡지는 그들에게 가해지는 요구에 부응할 수 없는 약한 남성들의 이미지와 이야기로 가득 차 있다. 이런 남성들은 정말로 '위기에 처한 남성들'로서 "남성들만으로 이루어진, 그리고 임무지향적이며 국가에 매인 집합적 정체성"으로부터 풀려난 대신 "감성과 관계와 로맨스"로 퇴각하라는 재촉을 받고 있다(Talmon, 2000: 4). 이러한 남성성의 재현들은 남편과 생계벌이자라는 예전의 남성 패러다임들과 매우 다르다.

팔루디(Faludi, 1999)는 위기가 남성들이 과시를 위한 장식문화에 끌려들어가 보다 여자처럼 될 것을 강요당하고 있는 사실에 의해서 촉발되고 있다고 주장한다. 위기의 주된 이유는 미국 남성들이 '남성다운' 생산자들이 아니라 '여성화된' 소비자들이 되고 있기 때문이다. 로빈슨(Robinson, 2000)은 팔루디의 '장식의 덫에 갇힘' 테제에 대응하여 남성의 '장식화'가 그렇게 나쁠 까닭은 없다고 말하면서, 남성성의 위기가 좋은 건지 나쁜 건지 그리고 누구에게 그런 건지 묻는다. 만약 그것이 우리에게 남성성(그리고 여성성)의 본질을 재고하게 만든다면 그것은 전적으로 긍정적인 결과일 수 있다. 여성주의자들은 '희생자로서의 남성'에 대한 생각 전반에 대해 상당히 회의적인데 이는 놀라운 일이 아니다. 로버트슨(Robertson, 2000)은 남성들이 '권리들'을 주장하기 위해서 '잘못된 것들'을 장황하게 작성하느라 분주하다고 말한다. 그러므로 위기라는 개념은 남성들이 중앙무대를 다시 차지하고 가부장의 위치와 권력을 탈환하기 위한 전략 외에 아무것도 아니다. 맥이네스(MacInness, 1998)가 훌륭한 저서의 한 주요 절에서 지적했듯이 남성성의 현재 상태는 '비관'과 '낙관'의 연속선상의 다양한 지점에 놓여 있다.

비관

남성성은 급격한 전환 상태에 있고 많은 이들에게 변화는 고통스러운데 특히 더 나이 들고 덜 부유하고 덜 교육받은 남성들에게 더욱 그렇다. 남성들의 의심받지 않았던 권위(아울러 또 다른 이전의 '남성 확신들')는 깊은 상실감을 남기면서 증발하고 있고 그래서 "남성성은 이제 더 이상 자동적으로 우월성을 함축하지 않고 대체로 그 반대(곤경, 문제, 열등함)를 의미한다는 당대의 추론을 피하기 어렵다"(Coward, 1999: 88).

낙관

경제적 혜택을 받고 확신에 차 있으며 잘 교육받은 남성들은 아주 잘 지내고 있다. 그들은 더 다채로워진 남성 각본들을 탐험할 자원을 가지고 있으며 더 나이 들고 가난한 상대들보다 선택권을 행사하기에 훨씬 나은 입장에 있다. 그들에게는 낡은 가부장제의 장벽들이 해체되고 남성들이 새로 발견한 가능성들을 경험하고 있는 지금이야말로 정말로 남성이 되기에 아주 좋은 때이다. 19세기 산업화와 군국주의의 산물인 구속적 남성성은 신기한 가능성들로 가득 찬 상황에 자리를 내주고 있다. 변화된 세상에서 새로운 종류의 남성성과 여성성, 새로운 유형의 남성들과 여성들이 요구된다. 이 과정에서 패배자들이 있을 것이다. 젊은 남성들, 특히 경제적으로 혜택받은 남성들은 갈수록 다양한 남성성 양식들을 가로지르며 '텔레비전 채널 돌리듯 바꿀 수 있는' 삶을 살고 있고, (전에 지적했듯이) 심지어 덜 혜택받은 젊은 남성들도 그들의 아버지들보다는 훨씬 더 다양하게 짜깁기된 남성성 유형을 채택한다(Beynon, 1996).

조사가 필요한 '위기'

결론을 내릴 점들이 많다. 첫째, 소위 위기를 새롭고 우리 시대에만 있는 특유한 것으로 가정하는 잘못된 경향이 있다. 내가 앞에서 설명했듯이 이것은 진실이 아니다. 소위 위기의 성격과 규모가 오늘날 특이한 점이 있지만 말이다. 둘째, 이 위기의 성격 파악이 부정확하고 그래서 위기는 당대의 상투어, 즉 남성에 관한 부정적인 것은 무엇이나 간단히 집어넣는 만능용기가 되어 버렸다. 사실 '남성성'과 '위기'는 미디어의 몇몇 부문에서는 아주 긴밀히 연결되어 거의 동의어가 될 위험에 처해 있을 정도이다. 이런 상황은 위기 없이는 결코 자존심 있는 남성이 될 수 없음을 함축한다. 즉 위기는 거의 남성의 책무가 되었다! 의심할 여지없이 많은 남성들은 (확실히 모든 남성들은 아니지만) 감정적이고 개인적이고 직업적인 문제들을 겪는다. 그런데 남성성 자체가 이런 문제들의 원인이라고 부적절하게 서둘러 탓하고 있다. 셋째, 위기의 원인은 여전히 모호한데, 여성주의와 노동시장의 변화, 경제적 재구조화, 세계화, 국제경제, 기술혁신, 게이운동 그리고 소비주의 등 각양각색의 원인들이 들먹여지고 있다. 넷째, 위기는 모든 남성들을 집어삼키고 있다는 암묵적인 가정이 있다. 의심할 나위 없이 요즘 많은 남성들이 심각한 어려움들을 겪고 있다. 그러나 앞에서 분명히 했듯이 아주 많은 남성들에게 확장된 범위의 '남성 각본들'을 탐험하기에 이보다 더 좋은 때는 아마도 없었을 것이다. 다섯째, 우리는 남성의 위기를 말하고 있는가 아니면 남성성의 위기를 말하고 있는가? 하나가 다른 하나를 반드시 지칭하는 것이 아니라면 말이다. 나아가 위기라는 개념이 남성에 대한 혹은 남성성에 대한 우리의 이해를 증진시켜 주는가? 사실 그 용어는 남성들과 여성들 사이의 (그리고 남성들 사이의) 변화된 관계들을 기술하기 위해 너무 쉽게 도입되고 있지 않은가, 그리고 그 과정에서 교육적 성취와 지위, 지역적 위치, 문화적 차이, 무엇보다도 계급 같은 훨씬 더 안정된 개념들을 제쳐놓고 있지 않은가? 시걸(2000b: 4)이 논평했듯이 "거기에 계급을 다시 가져온다면 이 많은 문제들이 오랫동안 거기 있었고 단지 다르게 이해되었다는 점을 알게 될 것이다." 우리는 하나의 일반화된 위기를 다루고 있는가, 아니면 서로 다른 장소에서 서로 다른 방법으로 남성들에게 영향을 미치는 매우 다른 일련의 위기들을 다루고 있는가? 현 단계에서 아마도 유일하게 내릴 수 있는 결론은 한 덩어리의 남성성 위기를 이야기하는 것보다 한 범주의 남성들에게 서로 다르게 영향을 미치는 서로 다른 위기들(실제와 담론 모두에서)에 대한 개념을 기술하기가 더 용이할 것 같다는 점이다. 확실한 것은 다양한 인생길에서 남성들에게 진짜 일어나고 있는 것이 무엇인지, 그리고 그들이 남성성을 혹은 남성으로서의 자신을 위기에 처해 있다고 인지하는지 (그렇다면 어떻게?) 여부에 대한 조사연구가 절실히 요구된다는 점이다. 코넬(2000)은 그의 중요한 책 《남성과 소년들*The Men and the Boys*》에서 이 작업에 착수한다.

결론적으로, 2000년 7월 반스 앤 노블스 서점의 미국 소년들의 위기 가판대에서 이 장을 시작했으니 그 주제로 돌아가서 끝내는 것이 적절하다. 같은 달 《뉴요커*The New Yorker*》에서 니콜라스 레만(Nicholas Lemann, 2000)이 지적하기를, 〈블랙보드 정글Blackboard Jungle〉(1955)에서 〈아메리칸 뷰티American Beauty〉(1999)에 이르기까지 적어도 영화상에서는 오랫동안 젊은 미국 남성들은 위기에 처한 것으로 간주되어 왔다. 그런 다음 그는 요즘의 '소년 위기 책들'을 면밀히 살펴보고 논쟁을 두 쪽으로 나누어 '홍팀'과 '청팀'으로 부른다.

• 홍팀은 소년들이 남성성에 대한 전통적 기대에 의해서 억압되고 있다고 본다.
• 청팀은 진짜 위험은 여성주의 세대의 공격이 가한 위해로부터 온다고 믿는다.

레만은 각각의 예로 《진짜 소년의 목소리*Real Boys' Voices*》(Pollack with Shuster, 2000)와 《소년들과의 전쟁*The War Against Boys*》(Sommers, 2000)을 인용한다. 폴락과 슈스터는 소년들이 그들에게 성공하라고 막대한 압박을 가하고 그들의 근심 표현을 막는 엄격한 소년규범의 수인들이라고 믿는다. 강해지고 자신을 통제하라는 끝없는 요구들은 그들에게 심각한 해를 끼친다. 반면 소머스는 미국의 '십대 시절'은 '반反소년 여성주의자들' 때문에 소년들에게 대단히 불공정하다고 본다. 그녀는 '자연적인' 남성적 기질들이 병리적인 것이 되고 있다고 주장하며, 친여성주의 교육이 학교에서 역逆성차별을 낳고 있다고 보면서 그것을 공격한다. 소년들은 남성들이 본성적으로 야만적이고 정서적인 손상을 받았다는 생각들과 계속 맞닥뜨린다. 더욱이 여성적 의사소통 방식들의 승리와 상담치료적인 '토크쇼 문화'의 발달이 전통적인 남성적 의사소통의 신중함을 역기능적으로 보도록 공모한다. 레만(2000: 83)은 소머스에 대해서, "소년들이 자기 존중과 감정적 개방성을 훈련받기보다는 남성답고 제국주의적인 '인성교육'을 받는 세상을 꿈꾸고 있다"고 논평한다. 거기에서만 그녀가 여성주의의 습격이라 보는 바에 소년들이 저항할 수 있을 거라는 것이다.

1980년대 이래 남성성(들)에 미친 가장 큰 영향은 상업적인 것이었다. 다음 장에서 나는 이 점으로 방향을 맞춘다.

| 더 읽을 거리 |

Bowker, L.H. (1998) *Masculinities and Violence*. London: Sage.

Clare, A. (2000) *On Men: Masculinity in Crisis*. London: Chatto and Windus.

Connell, R.W. (2000) *The Men and the Boys*. Cambridge: Polity.

Faludi, S. (1999) *Stiffed: The Betrayal of the Modern Man*. London: Chatto and Windus.

Jeffords, S. (1989) *The Remasculinization of America: Gender and the Vietnam War*. Bloomington, IN: Indiana University Press.

Mosse, G.I. (1996) *The Image of Man: The Creation of Modern Masculinity*. Oxford: Oxford University Press.

Newburn, T. and Stanko, E.A. (eds) (1994) *Just Boys Doing Business? Men, Masculinities and Crime*. London: Routeledge.

Sommers, C.H. (2000) *The War Against Boys*. New York: Simon & Schuster.

5장

남성성의 상업화

'새로운 남성'에서 '새로운 사나이'로

젊은 남성들은 남성성의 전통적인 우상들을 파열시키는 이미지들로 팔리고 있다. 그들은 자기 자신들과 다른 남성들을 소비적 욕망의 대상들로 보도록 자극받는다. 그들은 전에는 금기로 낙인찍혔던 것이나 여성적인 것에서 즐거움을 얻는 중이다. 새롭게 짜깁기된 남성성은 고급 옷가게와 시장, 거리로부터 들려오는 소음이다(프랭크 모트Frank Mort의 《소년 자신*Boy's Own*》, 1988).

《로디드*Loaded*》 잡지의 고위 제작진은 이동하고 있다… 그러나 그들은 어떤 세대를 뒤에 남겨 두었는가? 머지않아 마마보이의 풍족함과 무간섭의 꿈을 가진 녀석들이… 깨어나야만 할 것이다. 그리고 그들은 그들의 유토피아가 존 메이저John Major의 삐걱거리는 오래된 푸른 마을 목가와 다르지 않다는 사실, 단지 그들이 특별하게 가진 장식물은 스포츠카와 백치미인과 자꾸 터지는 코피라는 사실에 직면해야 할 것이다(이안 펜만Ian Penman의 《과잉 적재*Over-Loaded*》, 2000).

1980년대부터의 남성성

1990년대가 세계적으로 학계에 의해서 남성성이 대대적으로 해체된 시기라면 1980년대는 그것이 대대적으로 재구조화된 가장 확실한 시기였다. 무슨 말인가 하면 1980년대에 남성성은 경제적, 상업적 힘들에 의해서 그 어느 때보다도 더 광범위하게 변형되었다는 것이다. 이러한 남성성의 탈근대적 변형은 특히 세 작가, 프랭크 모트(Frank Mort, 1996), 숀 닉슨(Sean Nixon, 1996) 그리고 팀 에드워즈(Tim Edwards, 1997)에 의해 대대적으로 기록되었다. 나는 이 장에서 각 인물들을 반복적으로 참조하고 처음부터 그들에게 내가 진 빚을 밝힌다. 이 장은 결과적으로 내 것이 아니라 그들의 것임을 강조하겠다. 다만 나는 그들의 작업을 공평하게 다루고 싶다. 첫째, '양육자'와 '자아도취자' 계열을 검토하기 전에 '새로운 남성'을 대략적인 역사적 맥락 안에 놓는다. 둘째, 나는 1980년대 남성성의 상업화를 분석할 때 닉슨이 사용했던 삼중모델〔남성복, 시각적 재현(광고 포함)과 남성의 스타일 잡지를 참조하는〕에 의존하여 새로운 자아도취자 계열의 남성성을 탐색한다. 셋째, 나는 1980년대를 "안녕과 잘 가"의 연대로 명명하는데, 구체적으로 여피에게 '안녕'이고 '구식 산업노동자 남성'에게 잘 가이다. 넷째, 1990년대와 현 시점으로 이동해서 더욱 진행된 남성성의 상업화를 검토한다. 이 시기에 상업화는 '새로운 사나이'와 사나이주의laddism의 형식을 띠는데 그것은 잡지 《로디드》와 '사나이 텔레비전'의 도래와 특별하게 연결되어 있는 기획이었다. 다섯째, 새로운 사나이의 선조와 그에게 집중적으로 쏟아졌던 상당한 비판을 추적한다. 마지막으로, 한 가지 질문 "누가 '새로운 남성'이었는가(인가)?"가 제기된다. 나는 영향력 있는 논평가 세 사람, 채프먼(Chapman, 1988)과 모트(1996) 그리고 에드워즈(1997)의 견해에 의존한다. 보편화된 '새로운 남성-주의'는 양육자와 자아도취자 양 계열에서 나온 요소들이 함께 뒤얽킨 것에서 출현하고 있다고 주장하면서 나는 결론을 내린다.

적절하게 질문해야 할 것은 "'새로운 남성'이 얼마나 '새로운가?'"이다. 그는 상당한 시간 동안 다양하게 변장하며 주변에 있어 왔다. 예를 들어 조지 버나드 쇼G. B. Shaw는 1903년이라는 이른 시기에 새로운 남성이 20세기에 어떤 형식을 취할 수 있는지 사색한 바 있다. 또한 그 용어는 과거 남성성에서의 전환들을 가리키기 위해 역사가들에 의해 종종 사용되어 왔다. 르네상스기의 신남성(레오나르도와 미켈란젤로가 완벽하게 보여 주는)이나 더 최근으로 와서 존 토시(J. Tosh, 1991)의 훌륭한 자전적 카메오의 주인공인 성직자 에드워드 화이트 벤슨E. W. Benson 같은 이가 그 예들이다. 상대적으로 미천한 출신임에도 불구하고 벤슨은 강철 같은 훈육과 고된 일을 통해 그 시대의 가장 존경받는 공인들 중의 한 명으로 입신했다. 그는 사회적 지위가 가족배경과 상속에 의존하기보다는 노력을 통해 얻어지고 자수성가형 실력자층이 서서히 나타나기 시작한 19세기 후반부에 신남성의 완벽한 보기가 되었다. 그러나 '새로운 남성'이라는 용어는 1980년대의 산물이고 맹비난의 말(전통적이고 가부장적인 남성성의 덜 매력적인 속성들을 전부는 아니더라도 다소 씻어낸 새롭고 개량된 남성성 유형임을 의미하는)일 수도 있고 익살스런 격하와 유머의 말일 수도 있다(내적 자아와 관계맺기 등과 같은 신남성의 특성으로 가정된 것이 인정사정없이 풍자된다). 혹자는 신남성에서 '새로운' 것은 별로 없고 겉치장을 벗기면 그도 매우 똑같은 '낡은 남성'일 뿐이라고 주장한다. 혹자는 심지어 그는 결코 존재한 적이 없었다고 주장하기까지 할 것이다. 그런 견해는 모어와 모어(Moir and Moir, 1998)에 의해 신랄하게 표현되는데, 그들은 새로운 남성이란 지식인의 창작 이상의 아무것도 아니며 학문적 사고와 구찌 향수 광고 밖에서는 존재하지 않는다고 주장한다! 나는 새로운 남성의 기원을 두 계열, 양육자와 자아도취자의 관점에서 접근하도록 하겠다.

첫 계열—'양육자로서의 새로운 남성'

새로운 남성의 첫 번째 계열은 1970년대와 1980년대의 사회변화와 남성들의 역할 변화에 대한 남성들의 반응, 특히 제2기 여성주의에 대한 남성들의 반응들과 제휴한다. 영국과 미국에서 친여성주의 남성들은 여성주의 운동에서 정의를 감지하고 사회변화를 열망하면서 자신들과 자기 동료 남성들의 의식 고양을 위해 노력하고 더 배려하고 공유하고 양육하는 남성들을 양성하려고 애썼다. 그들은 여성운동을 기꺼이 지지하고 가정 영역에서 완전한 역할을 떠맡았다(특히 아이 기르기의 면에서). 이러한 남성들은 보통 중간계급의 교육 수준이 높은 지식인들이었다. 영국에서 예를 들면 세이들러(Seidler, 1989)의 초기 저작과 잡지 《스페어 립*Spare Rib*》의 기고자들 같은 이 말이다. 여성주의는 가부장제를 공격하고 가부장적 남성성을 발달지체병으로 만들었고 채프먼(Chapman, 1988)이 명백히 그랬듯이 그것을 강간, 전쟁, 근친강간, 오염, 여타의 많은 것과 동일시했다. 남성이 나중에 결혼할 의향이 있든 전혀 없든 간에 파트너의 직업경력을 지원하는 역할을 기꺼이 떠맡는 것과 함께 가족생활의 유형 변화는 신남성을 하나의 이상으로 출현하게 만들었다. 그는 '옛날 남성' 즉 그의 아버지를 비방하는 날카로운 일격이었고 마비된 감정의 편집증적 마초 남성으로 요약되는 강경노선의 남성성으로부터의 피신처였다. 그들은 영화에서 웨인, 보가트, 브론슨, 스탤론에 의해 연기되었는데 스탤론의 람보 캐릭터는 "벌레 퇴치관도 귀찮다고 휴대하지 않은 채 베트남의 늪지로 맨 가슴으로 혼자 전진해 들어가는" 모습으로 인상 깊게 그려졌다(Chapman, 1988: 227). 다른 이들은 일어나는 사회변화에 다르게 반응했다. 가장 풍자적인 이미지 하나는 그의 진짜 '남성적 자아'를 절망적으로 찾아 헤매며 나무를 껴안고 자연으로 돌아가라는 인물로서의 새로운 남성이다. 그는 항상 로버트 블라이R. Bly라는 미국 시인과 연계되는데 그의 〈강인한 존Iron John〉(1981)은 여전히 상당히 토론되고 논쟁되는 주제이다. 거기서 그는 남성을 등장시켜 자연, 즉 거대한 야외로 여행을 시키고 오랫동안 억눌렸던 감정을 발산시키기 위해 남성들만의 집단에서 의식을 수행한다. 그럼으로써 남성들은 자신의 영혼을 회복할 수 있고 진정한 남성다움을 되찾을 수 있다고 블라이는 느낀다. 그는 아들에게 세상으로 나아가는 방법을 가르치는 아버지의 영향력이 쇠락한 점을 안타까워하면서 젊은이들에겐 그들 내면의 야생적인 본연의 남성성과 연결되도록 도와주는 나이 든 남자 멘토가 필요하다고 주장한다. 이 남성성은 현대 남성과 인연이 없는 무언가이고 고대 신화에만 보존되어 있다. 많은 이들은 반反여성주의적 반격의 일환으로 그 책을 읽었고 남성들의 감정적 좌절과 불만족을 야기한 혐의가 있다고 여성들을 비난하는 블라이를 비난했으며, 젠더 억압에 투쟁하고 있는 반反성차별적 남성들을 혼란시킬까 두려워하며 블라이가 젠더와 섹슈얼리티의 구분에 실패했다고 주장했다.

크리스티안(Christian, 1994)의 연구는 규모는 작지만 이 분야에 경험적 증거들이 부족하다는 점을 고려할 때 그 연구결과가 주목할 만하다. 그는 양성평등의 증가를 정의라고 믿기 때문에 성차별적이지 않는 생활방식으로 살려고 애쓰는 서른 명의 남성들(마초가 아니고 대부분 게이도 아닌 21세에서 54세에 걸쳐 있는)을 면접했다. 그들 중 많은 이들이 세심하고 연약한 감정들을 알고 있었고 그런 감정들이 여성들과 어린아이들 나아가 남성들과 더 좋은 관계를 맺는 데 도움이 된다고 믿고 있었다. 이런 남성들의 인생 초기에는 다음과 같은 핵심적인 영향들이 있었다.

• 전통적 아버지와 동일시하지 않고 전통적인 가내 역할에 순응하지 않는 양육적 아버지나 부모와의 강한 동일시
• 학교에서 마초처럼 행동하기를 거부하고 소녀들과 다니기를 더 좋아함
• 여성주의의 일반적 영향, 그러나 종종 특정 여성주의자와의 관계

크리스티안(1994)은 남성의 생계부양자 역할에 관해 분명한 몇 가지 모순들을 밝힌다. 1960년대 이래 여성들은 (남성들에 대한) 의존을 받아들일 준비를 덜 하게 되었고, 남성 부양자 역할에 대대적인 침식이 있어 왔다. 그러나 그 연구에 참여한 많은 남성들은 그 역할에 헌신하는 것이 성차별적이지 않는 생활방식과 조화를 이룰 수 있다고 믿었고, 자기 배우자들과 함께 혼합된 생계부양자-주부 역할을 한다는 목표를 세우고 있었다. 크리스티안은 친親여성주의 남성들을 반反성차별주의자 집단의 적극적이지는 않은 소수파로 묘사한다. 그들이 중요한 이유는 그들이 여성들과 억압적이지 않은 방식으로 관계 맺으려 노력하고 젠더 억압에 대항한 투쟁에서 여성들의 동맹자가 되기 때문이다. 비슷하게 킴멜과 메스너(Kimmel and Messner, 1992)는 반성차별주의 남성들을 기회의 평등, 교육, 정치 참여, 성

적 자율성, 가족개혁에 대한 여성들의 요구를 적극적으로 지원하는 자들로 묘사한다. 분명히 그런 남성들은 전통적 남성성을 점점 더 유지할 수 없는 것으로 만들어 버린 최근의 경제적, 문화적, 인구학적 변동의 산물이다. 크리스티안(1994: 3)이 표현한 것처럼, "많은 남성들의 삶의 경험과 기대와 전통적인 남성성 이념들은 20세기 후반에 심각하게 의문시 되고 있다."

반성차별적이고 보살피고 공유하는 남성으로 정형화된 이미지는 중간계급과 엘리트와 서구 중심적이며 대부분 남성들의 실제 경험과 동떨어져 있다는 비판을 대대적으로 받으면서도 1980년대 전반에 걸쳐 신뢰와 힘을 얻었다. 그러나 그런 변화가 얼마나 깊고 넓었나? 그것은 미디어가 주도한 변화의 환상에 불과했는가 아니면 실제로 남성들의 의식과 행동에 진정한 변화가 있었나? 어떤 증거든 '양육자로서의 신남성'이 새로운 세기까지 살아남긴 했지만 남성의 가사노동 참여는 유의미한 변화를 보이지 않고 있다고 말한다. 크리스티안은 오랫동안 뿌리내려 온 남성들의 일상과 기대를 변화시키기 훨씬 더 어렵게 만들고 있는 고용주의 점증하는 노동 요구 때문에 이런 상황이 복잡해지고 있다고 주장한다.

두 번째 계열—'자아도취자로서의 새로운 남성'

이 주제에 들어가기 전에 나는 모트(1996)와 닉슨(1996), 에드워즈(1997)에게 빚을 지고 있다는 점을 다시 밝힌다. 이 두 번째 계열의 새로운 남성은 상업적 남성성과 2차 세계대전이 끝난 이후 소비주의의 놀라운 확장과 연결된다(Shields, 1992). '자아도취자로서의 새로운 남성'은 분명 1950년대와 1960년대의 록과 히피 세대인 아버지의 아들로 옷과 팝음악에 관심이 있고 예비군복이나 석탄산 비누, 오래된 양념 냄새 풍기는 구세대와 멀찌감치 떨어져 있다. 남성성의 상업화는 1980년대에 가속화됐지만 그 추세의 기원은 1950년대의 팝문화, 특히 미국에서 동경하게끔 옷을 입었던 엘비스 프레슬리와 그 밖의 스타들의 출현에서 찾을 수 있다. 모트(1996)는 1953년에서 1954년 사이를 계급 기반의 남성성이 스타일 기반의 그것으로 대체되기 시작한 때라고 짚어 내는데, 일련의 인수합병들이 일으킨 움직임이 대중적 남성복 (리차드 버튼R. Burton식의) 패션 현상現狀을 점차 잠식해 들어가기 시작한 것이다. 또 한편으로 에렌리취(Ehrenreich, 1983)는 1950년대의 《플레이보이*Playboy*》 잡지를 1980년대 여피의 선조로 본다. 1950년대에는 일찍 결혼해 아내와 아이를 부양하는 것이 '정상적 남성성'을 보여 주는 증거였고, 그로부터의 어떠한 일탈도 동성애자라는 비난을 받게 되는 길로 운명 지워져 있었다. 휴 헤프너H. Hefner의 《플레이보이》는 이성애적 쾌락주의를 구가해 1950년대의 지배적인 규범에 반항하면서도 그 운명을 피할 수 있었다. 1950년대의 주류 남성성은 소비주의의 여성적 측면에 반대했던 반면 '플레이보이'는 멋진 옷과 빠른 차 그리고 아름다운 여인을 얻는 것에 탐닉했다. 1980년대 소비주의가 집어내 선전했던 것은 바로 이런 유토피아적 환상이었다.

1960년대가 이제까지 상대적으로 획일적이었던 남성 텍스트를 파편화시킬 준비를 했다면 헌트(Hunt, 1998)가 "취향을 잊은 10년"이라 부른 1970년대는 그 상황을 한 단계 더 진전시켰다. 1970년대는 1950-60년대의 상대적으로 통일된 청년문화가 해체되는 것을 목격했다. 그 결과 **독창적 광고**에 의해 추진된 남성 패션은 모트가 "히드라hydra"라 부른 것이 되었고(Hunt, 996: 25), "남성성을 가지고 놀고 전통적인 남성 우상들을 재배열하려는 '욕망'"을 자극했다(Mort, 1996: 203). 요크(York, 1982)는 런던 서부 거리에 젊은 남성성들의 표현들이 확산되는 것을 관찰하면서 이 점을 포착했다. 헌트(1998)는 그 시대의 젊은 남성들의 우상(축구선수 찰리 조지와 가수 로드 스튜어트 같은 이)이 쉽게 따라할 수 있는 '딱딱하고-부드러운' 남성성을 전시하는 점에 주목한다. 예를 들어 '로드스러움Rodness'은 젊은 남성이 해야 할 일이란 술 마시고 노래하고 여자 끌어들이고 축구를 좋아하는 것이라 하니 금방이라도 따라 할 수 있는 것이었다. 헌트가 보기에 영국에서는 모양 내는 1960년대보다는 파업으로 점철된 1970년대가 보다 다양하고 유동적인 남성성이 출현한 때이다. 그 뒤에 따르게 된 만연한 남성성의 상업화는 1970년대의 수많은 정형화된 유형들, 전통적인 브랜드들('Old Spice Man', 'Tabacco Man', 'Bitter Beer Man')로부터 새 브랜드의 얼굴들(허용적이고 경쾌한 'Safari Man', 'Hair Spray Man', 'Lad Fop', 'The Gay')에 이르기까지 그런 유형들에서 발견된다. 1980년대가 진행되면서 남성을 성적 대상으로 상업적으로 최대한 활용하는 것이 큰 사업이 되었다. 여성의 몸을 관음증적으로 성애화하고 시각적 에로티카로 포장하는 일은 이제 남성의 몸으로 이전되었는데 그 궁극적 목적이 팔아요, 팔아요, 팔아요인 것은 동일했다. 어깨가 딱 벌어진 '갑옷'류와 요란한 넥타이와 야한 셔츠로 가득 찬 남성복 상점들이 확산되었다. 남성의 몸은 전대미문의 방식으로 새로운 패션 코드를 거는 옷걸이가 되었다. 로스(Ross, 1999)는 축구와 패션이 적어도 대중시장에서 어떻게 서로 접근하기 시작했는지, 그리고 1960년대와 1970년대에 '제5의 비틀즈 멤버'였던 축구선수 조지 베스트G. Best의 다채로운 이력에서 이미 드러난 그 둘 사이의 연관성을 보다 구체화했는지 서술한다. 그는 축구장이 어떻게 패션쇼장이 되었는지 기술한다.

> 1980년대 초의 축구팬은 더 이상 딸랑이나 흔들고 스카프 두른 얼간이나 이 빠진 스킨헤드족 투덜이가 아니다. 그들은 상표 붙은 스타일 좋은 캐주얼복의 광팬 무리들이다(Ross, 1999: 29).

1980년대는 바라봄의 정치학에서의 변화를 목도했다. '남성을 향한 남성'의 응시가 '여성을 향한 남성'의 응시에 합류해 (남성을 향한 여성의 응시, 심지어 여성을 향한 여성의 응시와 더불어) 사회적으로 용납될 만한 것이 되었다. 특히 쓸 수 있는 돈을 많이 버는 대도시 멋쟁이 젊은이들 사이에서 그렇게 허용되었다. 닉슨(1996)은 어떻게 이런 상황이 일어났는지 분석하기 위해서 삼중모델을 적용한다.

- 남성을 위한 의류 할인점: 남성복 할인 소매점은 1980년대에 번창해 독점적인 디자이너 할인점에서부터 가격인하 상품 판촉 할인점까지 다양했다. 중간 크기의 넥스트Next 체인은 그 세기에 대규모 판매에 성공한 것 중의 하나인데 거기 옷은 계급보다는 열망하는 생활양식을 '말하고 있다'. 넥스트의 손에서 유행 지난 양복은 "부드러움에 초점을 맞춘 모든 여자 같은 것들에 대한 복수"를 감행하면서 보무도 당당히 귀환한다(Edwards, 1997: 21).
- 남성에 대한 새로운 시각적 재현: 1980년대에 남성성에 대한 새로운 시각적 재현이 광고와 텔레비전에 나타났다. 남성의 몸매는 예전에 여성의 몸이 그랬던 것처럼 에로틱한 것이 되고 대상화되기 시작했다. 사진작가들(예를 들어 레이 페트리와 케빈 브로디)과 광고회사(바틀 보일 헤가티 같은)의 손에서 그리고 카드와 포스터에서(예를 들어 아테나Athena의 것들) 자신감 있고 잘 차려입고 근육질이지만 섬세하기도 한 자아도취형 신남

성들이 출현했다.

• 남성을 위한 스타일 잡지: 남성용 스타일 잡지의 탄생은 틀림없이 1980년대 대중문화의 가장 주목할 만한 특성들 중 하나였다. 그런 잡지들의 지면에서 다양하고 유동적인 남성성들이 창조되었다. 에드워즈(1997)가 표현했듯 그런 잡지들은 설계와 내용의 측면에서 새로운 종류의 남성을 위한 새로운 종류의 잡지였다. 그것들은 새로운 상업적 기획이 되었고 에드워즈(1997)의 책에서 빌린 용어를 쓰자면 거울 속의 남자를 내놓는 과정에서 "도시를 경험하는 새로운 방법을 제공하는 … 라이프스타일 안내서"였다(Nixson, 1996: 155). 에드워즈는 스타일 잡지들이 컬러텔레비전 앞에서 자란 첫 세대, 이전 세대보다 훨씬 더 시각적 해독력이 있는 세대를 위해 일련의 시각적으로 세련된 남성성들을 영리하게 만들어 내고 그런 잡지들의 출판이 늘어난 점을 기록한다. 모트(1996)와 에드워즈(1997)는 1980년대의 남성은 성 정치학 때문이 아니라 상업적 압력을 통해서 변화했다는 의견을 피력한다. 사실 스타일 잡지는 "소비를 통해 남성성을 끊임없이 재구조화하기 위해 새로운 시장과 훨씬 더 긴밀한 관계"를 가지고 있었다(Edwards, 1997: 82).

영상산업과 패션산업에서 눈에 띄었던 게이 남성들이 이런 변화들의 선봉에 있었고 그들은 남성패션이 '여성화'되고 있다는 점 때문에 비난받았다. 그 비판가들은 마초 남성성을 과잉 남성성으로 조롱하는 것을 포함해서 그들이 보기에 패션에서 '게이 룩'을 우선시하는 것이라면 강력히 반대했다. 반대로 일부 게이 남성들은 패션산업이 자신들의 차별적인 시각적 스타일을 싸구려로 만들었다고 여기는 것들에 대해 분개했다. 이러한 자잘한 논쟁들이 영국 남성 전반에게 갖는 의미는 쉽게 과장되고 있다. 그들 대부분은 런던 바깥에 살고 대도시 생활양식이란 그들의 일상 경험에서 몇 광년 떨어져 있는데도 말이다. 닉슨(1996)은 다음과 같이 결론을 내린다.

> 미디어 재현, 고급패션 마케팅 그리고 일부 부유한 전문직 집단들의 소비 유형의 측면에서 볼 때 게이와 스트레이트의 경계나 남성과 여성 사이의 경계들까지 더 흐릿해지고 있다고 말하는 것이 옳다. 그러나 남성과 여성, 스트레이트와 게이, 흑인과 백인의 범주들이 여전히 놀랄 만큼 안정되어 있는 전체 인구에서는 그것이 상전벽해와 같은 큰 변화를 나타내지는 못한다(Nixon, 1996: 117).

1980년대의 특징은 두 가지 남성주의적 원형들로 나타난다.

• 영국 금융가와 미국 금융가의 과시적인 여피, 그들의 최고봉은 도널드 트럼프D. Trump와 같은 인물로 영화 〈월 스트리트Wall Street〉(1985)에서 마이클 더글러스에 의해 그려진 것이 유명하다.

• 중공업이 쇠락하면서 쓸모없게 된 옛적 산업노동자 남성, 그 영원한 상징은 1980년대 중반 광산 폐쇄가 이루어지는 동안 경찰 저지선과 맞닥뜨린 광부들의 성난 얼굴들이다.

1980년대를 "안녕과 잘 가"의 시대로 그리기 위해서 이제 나는 바로 이 유형들로 방향을 돌린다.

'여피'여 '안녕'

'여피'라는 말은 여성들에게도 쓰이긴 했지만 그것이 함축하는 바는 본질적으로 남성적이었다(지금도 그렇다). 그의 심장부엔 과시적 소비와 성공한 이로 보이겠다는 거침없고 치열한 결단이 있고, 이 모두는 "돈을 쓰려는 과도한 욕망에 의해 추동되고" 있다. "그것이 부동산이든 차든 옷이든 개인적 작품이든 소비는 여피 생활양식의 지배적인 특징이다"(Mort, 1996: 172). 금융 탈규제화 이후 런던 금융가는 경제 중심지이자 스타일 중심지가 되었고 그곳의 남성성은 공공연하게 상업적이었다. 이를 에드워즈는 다음과 같이 생생하게 포착한다.

> 여피는 금융 부문의 경제적 확장이 낳은 산물이었을 뿐만 아니라 2차 세계대전 이후 가장 현저한 과시적 소비의 옹호자였다. 그들은 가느다란 줄무늬의 파워룩power-look 양복과 타이, 액세서리를 걸치고 금융가를 배회하며 포즈를 취하고 행진을 하고 허풍을 떨고 자신의 작은 서류가방을 흔들며 핸드폰에 대고 활달하게 말하고, 자기 파일로팩스Filofax 수첩의 페이지들을 끝없이 넘기면서 머리를 매만지고, 자기 양복과 타이, 줄무늬 셔츠, 그리고 당연히 자기 포르쉐를 입고 벗고 타고 내리기 위해 온갖 구실을 댄다(Edwards, 1997: vii).

만일 그가 금융가에서 일했다면 여피는 (적어도 주중에는) 재개발된 환상의 나라 런던 도크랜드Docklands(P. Hall, 1998)에 살고 미디어와 광고회사의 젊은 중역들의 물결이 새롭게 쇄도하여 새로 꾸민(특성이 없어졌다고 이야기하는 사람도 있을 것이다) 소호Soho의 최신 레스토랑과 카페 술집의 단골손님이었다. 모트(1996: 163)는 여피들이 샤프츠베리 거리에 있는 오래된 웨일스 비국교 교회당을 자신들이 새로 발견한 부를 과시할 수 있는 고급

나이트클럽으로 변형시킨 점을 언급할 때, 이 논란 많은 '재건'을 《위대한 개츠비*The Great Gatsby*》적 분위기로 재현한다.

> 벽화로 장식하고 예술과 건축에 중점을 두어 장식한 라임라이트Limelight 나이트클럽은 그 공간에 카스트 같은 위계를 새겼다. VIP룸은 유명인사들이나 유명인사 지위를 살 수 있는 사람들에게만 접근이 제한되었다. 높은 갤러리에서 상류인사들은 런던 전체를 내려다볼 수 있고 아래의 춤추는 무대를 우월한 위치에서 내려다볼 수도 있다(Mort, 1996: 162).

런던의 소호는 1980년대의 '남성상'을 구성하는 두 개의 다른 요소인 여피와 게이를 위한 장소가 되었다. 이 '이성애적 유토피아 세계'에서 젊은 남성들은 모트(1996)의 용어로 '남성성의 실험들'에 들어갔다.

> 이 실험들은 대부분 이성애를 동성애적 행위에서 분리시키는 중심축을 따라 조직되었다. 그러나 순간적으로 존재방식과 행동방식이 한 집단에서 다른 집단으로 돌연변이를 일으키면서 보다 혼종적인 형태의 정체성이 생성되었다(Mort, 1996: 182).

런던 외곽에서는 '여피 생활양식'의 저변이 상대적으로 얇다. 그런데 여피들은 운동복과 값싼 상표와 가짜를 입은, 에드워즈(1997)가 여피의 '하위계급 상대들'로 부른 이들과 별 관계가 없었다. 에드워즈(1997)는 1980년대 여피 남성성의 주요한 두 가지 라이프스타일 이미지를 기억해 내는데 그것은 정력과 남성적 관능성, 즉 남성적인 힘과 공명한다.

• 기업인 파워룩: 어깨 넓은 더블 양복, 줄무늬 셔츠, 멜빵, 휴대전화, BMW, 도크랜드 스튜디오 아파트를 배경으로 찍은 사진의 출세지향적인 여피 이미지.

• 야외 평상복 차림: 흰색 셔츠를 벗어 버린, 혹은 도시생활의 걱정에서 멀찌감치 벗어나 전원을 배경으로 영국 신사의 주말 복장을 한 사진 속의 근육질 토르소 이미지.

닉슨(1996)도 비슷하게 위의 두 가지 변종인 '에드워드 시대의 영국인다움'과 '진짜 이탈리아인다움Italianicity'을 확인한다.

• 에드워드 시대의 영국인다움: 제국, 계급, 식민지배, 위세와 권력의 도시적이고 귀족적인 영국성과 결합된 남성성 이미지이다. 식민지 과거와 에드워드기의 영국인다움에 대한 향수는 1980년대에 특별히 강해 〈인도로 가는 길A Passage to India〉(1985), 〈전망 좋은 방Room with a View〉(1986), 〈모리스Maurice〉(1987) 같은 일련의 향수 영화들과 수많은 텔레비전 연속극, 특히 〈다시 가 본 브라이즈헤드Brideshead Revisited〉(1981), 〈왕관의 보석Jewel in the Crown〉(1982)이 등장했다.

• 진짜 이탈리아인다움: 마초적인 이탈리아 남성성의 으스대는 허세를 압축적으로 보여 주고 수많은 조폭 영화들과 패션 사진들에서 찬양받았다.

'구식 산업노동자 남성'이여 '잘 가'

경제 선진국들에서 수백만의 남성들이 1980년대와 1990년대 초에 걸친 불경기에 직업과 경제적 권위를 잃었다. 그 메시지는 분명했다. 고용주에 대한 충성, 충직함, 헌신은 자본 자체가 작동하기 시작하면 더 이상 아무것도 아니라는 것이다. 영국의 전환점은 1980년대 대처 수상의 탈규제 경제 시대로 그녀는 시장주도적인 정책을 채택하고 너무나 확연한 중공업의 쇠퇴를 막기 위한 국가 보조금 지급을 거부했다. 이러한 정책은 재무장관 나이젤 로슨N. Lawson의 1988년 예산에서 정점에 달하는데, 그는 소득세의 최고 세율을 대폭 줄이고 기준금리도 낮췄다. 이것은 소비를 부양했고 소도시 외곽의 쇼핑몰이 우후죽순처럼 생겨나게 하고 쇼핑을 일차적인 '여가와 재미' 활동으로 선전하게 했다. 자아도취적 신남성은 꽃피고 있던 광고, 미디어, 판촉과 홍보 같은 '이미지 산업'과 이런 탈산업주의의 등에 올라탔다. 모트(1996: 113)가 표현했듯이, 그는 "상업적인 젠더 서사"의 필연적 소산으로서 "광고의 성 정치학"을 통해 확립되었다. 중공업 지대(잉글랜드 북동부와 남웨일스 같은)의 평범한 노동계급 남성들에게 회사에 대한 상호 충성에 기반한 고용주와 피고용인의 계약은 점차 세계화되는 시장에서 결국 파기되었다. 전통적인 남성 직업들이 모든 수준에서 공격받았지만, 적어도 직제가 축소된 조직의 중역들은 정리해고의 대가를 크게 누렸다. 제조업에서 서비스업으로의 전환, 산업화에서 전자기술로의 전환은 노동계급의 남성들에게 막대한 해를 끼쳤다. 나이 든 산업노동자들은 숙련 노동자이든 반숙련 노동자이든 그들이 일조했던 기술의 발전에 의해 폐물로 간주되었다. 근력에 의존하는 직업들은 백만 단위로 사라졌고 그 대신 기껏해야 단기계약과 시간제 노동만이 찾아왔다.

왕왕 비인간적이었고 착취적이었던 일들(석탄 채굴 같은)이 없어지는 것을 왜 그토록 안타까워하는가? 첫째, 그것은 단순히 일이 아니라 노동계급 남성성의 역량을 평가하는 기준이었다. 사회경제적 변화가 이런 고용 유형을 파괴했고 그 과정에서 "남성들이 단지 남자라는 이유만으로 누려 왔던 지위와 자존감, 오래된 도덕적 권위"를 파괴했다(Coward, 1999: 86). 둘째, 그것은 단순히 과거 산업분쟁들에서처럼 일시적인 '해고'가 아니었다. 오히려 그것은 중공업(조선업 같은)의 중심지였던 영국의 종말이었다. 외주와 대규모 인원 감축, 직제 간소화는 노동계급의 안정적인 고용 유형들이 끝장났음을 의미했다(Coward, 1999: 51). 1980년대 중반이 되자 자살율의 증가와 남성 노숙자의 증가가 명백해졌다. 카워드는 그 사람들에 대해 이렇게 말한다.

> 여성주의는 여성들에게 남성 영역으로 들어갈 자신감을 주어 그들은 일과 모성을 결합하고 새 작업 유형에서 새로운 기회를 찾았다. 대조적으로 남성들은 일터의 변화, 소위 이러한 노동의 여성화를 퇴짜 맞는 것처럼 경험했다(Coward, 1999: 51).

유행의 거리 소호에서 일어나는 일들은 이렇게 사회경제적으로 주변화된 남성들의 삶과 경험에서 백만 마일 떨어진 것이었다. 남성 각본의 변화가 모든 남성들에게 영향을 주었지만 그 정도는 고르지 않다. 갈수록 스타일이 젊은이를 나이 든 이로부터, 부자를 가난한 이로부터, 힘 있는 사람을 힘없는 사람들로부터, 게이를 이성애자로부터 구분해 냈다. 겉모습에 기반한 남성성의 위계가 출현했고 노동 역할과 소유권과 성적 지향에 기반했던 전통적인 남성 구분들이 폐기되었다. 모든 남성들이 소비사회에 평등하게 참여하고 있지 않음이 명백해졌다. 1980년대 이래 정말로,

부유하고 잘생기고 잘사는 지역의 남성들은 상대적으로 나이 들고 못생기고 가난한 남성들보다 점점 더 사회적으로 가치를 인정받았다 … 외모와 수입과 시간이 그들 편인 이들에게 남성의 스타일과 패션 확장이 제공하는 기회들을 누리기에 그보다 더 좋은 때는 없었다 … 그러나 운과 외모, 시간이 따라 주지 않는 이들에게는 그보다 더 나쁠 수 없었고, 그들은 바라보며 열망하는 신세가 되거나 심지어 그 게임을 하지 않는다고 배제되거나 혹평을 받는 신세가 되었다 (Edwards, 1997: 133-4).

1990년대에 오신 것을 환영합니다 - "사나이들 도시에 돌아오다"

우리는 여성의 몸이 오랫동안 그랬던 것만큼 1980년대에 남성의 몸이 어떻게 '대상화된 상품'으로 취급되었는지 살펴보고 있다(Healey, 1994). 외모와 소유물들은 의미들을 발산하는 매체들이 되었다. 그런 상황은 새로워진 소비주의와, 젊고 부유한 남성성의 감각적 형상들을 파는 틈새시장의 성장점이었다. 새롭고 번쩍거리는 남성 스타일 잡지는 남성의 자아도취증에 기반한 상업적 기획의 주요 수단들이었다. 지금부터 살펴보겠지만 1990년대는 1980년대 잡지들의 자의식적인 고상함을 공격하고 훨씬 더 딱딱하고 명확하게 '사나이스러운' 남성성을 분출하는 일종의 반전 같은 것을 표시했다(Alexander, 1997). 그들의 공통점은 둘 다 공공연하게 상업적인 모험으로서 시장을 새로 열어 이윤을 창출하고자 신중히 계산했다는 것이다. 비록 《애티튜드*Attitude*》가 1980년대에 열린 성적 모호성 같은 것을 유지하려 애써 왔지만 1990년대의 남성잡지들은 1980년대의 남성적 관능성을 누그러뜨렸다. 《아레나*Areana*》와 《지큐*GQ*》 모두 강한 이성애 각본과 스타일, 덜 노골적인(soft) 포르노 여자 사진들을 재도입함으로써 1980년대를 벗어던진다. 그러나 1990년대 남성잡지의 위대한 승자는 의심할 여지없이 《로디드*Loaded*》인데, 그것은 1993년 제임스 브라운J. Brown과 팀 사우스웰T. Southwell이 스타일 중심의 맥빠진 남성잡지들이라 여긴 것에 대한 해독제로 불러낸 하나의 출판 현상이었다.

사우스웰(1998)은 《로디드》에 대한 생생하고 재미있는 설명에서 그 기원에 대해 말한다. 사우스웰은 유럽컵 축구경기를 보기 위해 브라운과 함께 바르셀로나에 있을 때에 대해서 쓴다.

> 우리는 매우 매력적이고 모든 걸 다 들어주는 스페인 간호사들로 가득 찬 나이트클럽에서 막 나온 참이었다. 우리는 삶의 즐거움으로 미치광이 상태였다. 우리는 또 고주망태로 취해 있었다. 나는 비틀거리며 램블라스로 내려가 그 놀라운 밤의 사건에 대해 원기왕성하게 말하기 시작했다 … 갑자기 제임스가 정말 별나게 내 팔을 움켜쥐고서 이상하고 차가운 시선으로 내 눈을 뚫어져라 바라보는 것이었다. "잠깐만", 그는 말했다, "뭐라 그랬지. 이런 것 같은, 이 순간 같은 잡지가 있어야 해 … 네가 즐긴 최고의 순간들 전부에 대한 것 말이야" (Southwell, 1998: 2).

사우스웰의 책 띠지에 쓰인 것처럼, 《로디드》는 "자전거 차고에서 뛰쳐나온 소년들이 학교 전체에 폭동을 일으키고 있다"는 사실을 찬양했다. 사우스웰(1998: 255-6)의 주장에 따르면, 그것은 "독자들을 위해 우리 삶의 가장 좋은 때"를 포착하는 것에 대한 것이다. 그는 그것이 어떤 정치적이거나 사회적인 의도를 가지고 있었다는 점을 부인한다. 그는 '사나이주의'에 대한 비난이 그들에게 퍼부어지는 방식에 분개했고 '순수한 사내 녀석들'로 시작했던 것이 무례한 소년 같은 행동이나 축구장 폭력과 혼돈되게 된 점에 대해서 여전히 화가 나 있다. 그는 계속해서 다음과 같이 이야기한다.

> "'새로운 남성'을 몰아내고 '새로운 사나이'로 바꾸자" 같은 구체적인 생각은 없었다 … (그 잡지는) 1993년 이후 쭉 영국에서 사내 되기 같은 것을 찬양하기 위해서 존재했다… 나는 '새로운 사나이'를 만난 적이 없는데 그 이유는 간단하다. 그들은 존재하지 않기 때문이다(Southwell, 1998: 107).

그러나《로디드》의 인기를 설명하려는 시도는 로스(Ross, 1999)에게 맡겨진다. 그는 1960년대 이래 엘리트와 유명인사의 생활방식에서 핵심을 이루어 왔던 상류생활이 1990년대에 이르면 영국 전역의 길거리에서 누구에게나 가능해졌다고 주장한다. 비록 그것보다 덜 사치스러운 형식이었고 그들의 수단이 무엇이었든지 간에 말이다. 로스는 그 잡지가 그 점을 포착했다고 주장한다.

> 남성들의 라이프스타일은 1980년대 다른 잡지들이 팔아먹던 경직된 가짜 '새로운 남성' 허섭스레기보다는 (이제) 즐기는 일에 더 많은 관심을 가지고 있었다 … 영국은 바야흐로 파티하는 법을 배우고 있는 중이었다 …《로디드》는 그것을 안내하고 그것을 좋아하고 그것을 얘기하는 남성잡지였다. 그것은 영국의 바와 클럽의 언어를 말했다(Ross, 1999: 41, 44-5).

1980년대에서 1990년대로 옮겨가면서 호황을 누리던 런던은 계속 화려하게 차려입었고 경기침체에 빠진 리버풀과 맨체스터는 수수한 차림을 했다.

모두가 사기를 치고 있었다. 여기서는 수많은 장물을 팔고 저기서는 약간의 마약을 팔고 이것을 강도질하고 저것을 등쳐먹었다. 거대한 암시장 경제가 돌아가고 있었다 … (이런 상황은) 대처와 그녀의 토리당 측근들이 살고 있는 안온한 세상으로부터 백만 마일 떨어져 있었다(Ross, 1999: 31, 33).

《로디드》는 자아도취적인 신남성의 필요성을 경쟁자들에게 넘겨주고 대도시의 세련된 스타일로부터 등을 돌려 기본적인 것들로 돌아갔다.

축구와 맥주, 록에 빠지고 여자 이야기를 하는 사나이들이 결코 새로운 인구층은 아니었다 … 수년 동안 대중시장의 잡지들이 간과해 왔을 뿐이다(Ross, 1999: 23).

더욱이 캘커트(Calcutt, 2000: 271)가 관찰했듯이 《로디드》는 "어떻게 성장해야 좋을지 몰라 전통적인 남성성을 무언극 형식으로 연기했던 소년들에게 이상적인 형식"이었다.

로스(1999)는 《로디드》를 1990년대 청년문화의 최전선에 놓고 그 시대에 그것의 효과만큼 주요한 문화적 영향력을 행사했던 것은 없다고 주장한다. 잡지 판매량이 분명히 이 주장을 뒷받침하는 것 같다. 예를 들어 1997년 여름 주요 '사나이 잡지들'은 총 백오십만의 독자를 거느리고 있었는데 구체적으로 다음과 같다. 《FHM》은 504,959명, 《로디드》는 450,000명, 《맥심*Maxim*》은 185,000명, 《지큐*GQ*》는 148,574명, 《에스콰이어*Esquire*》는 92,907명, 《아레나*Arena*》는 77,107명이었다. 《로디드》의 인기와 판매부수는 처음 한 달 평균 6만에서 꾸준히 상승하다 그 후 로켓처럼 날아올라 잡지 간행의 새 역사를 창조했다. 1996년 10월 한 달에 30만 부가 팔렸다. 1997년 여름에는 45만, 1998년 1월에는 경이적으로 50만에 이르렀고 1998년 5월 15주년 기념판은 최고점 60만에 달했는데 《FHM》만이 그 뒤에서 근소한 차이로 경쟁하고 있었다. 1994년 여름까지 《로디드》는 불손함과 동의어였고 사나이다움은 1980년대의 지나치게 차려입은 자아도취적 신남성에 대한 반격으로 만연해 있었다. 그러나 《로디드》만 그랬던 것은 아니다. 사나이 프로그램들이 텔레비전 시청률 순위를 지배했는데, 특히 닐 모리세이와 마틴 클루니스가 남자 주인공을 연기한 〈불량 남자Men Behaving Badly〉와 〈환상 축구리그Fantasy Football League〉가 가장 눈에 띄었다. 그 다음에는 '영국의 대중음악Brit Pop'(특히 오아시스, 펄프, 블러)이 있었고 크리스 에반스, 가짜Gazza, 데이비드 바디엘 그리고 닉 혼비의(N. Hornby, 1992) 축구 열광에 대한 찬사인 〈날 미치게 하는 남자Fever Pitch〉가 있었다.

'새로운 사나이'—그의 선조들과 친구들과 적들

새로운 사나이는 비난받을 걱정을 하지 않고 나쁘게 굴 수 있었던 시절로의 회귀였다. 사나이주의란 1980년대 남성 스타일 잡지에 대한 반격이자 여성의 주장이 거세지는 것에 대한 반격이었다. 그의 먼 조상은 1960년대와 1970년대 조지 베스트G. Best와 스탠 볼스S. Bowles[7]와 같은 성공한 노동계급 출신의 방탕아들이었다. 반면 그의 보다 가까운 친척은 1980년대의 '젊은 술주정뱅이 남자', 즉 여피의 하위계급 분신으로 헌트(1998)는 그들이 시골의 사고뭉치에서 소비자 범주로 재빨리 이동했다고 말한다. 1980년대의 또 다른 가까운 선조는 연상 여자들의 성적 노리개가 되는 것을 즐겼

7 각각 아일랜드와 잉글랜드의 대표적인 축구선수들.

던 성애화된 젊은 남성, '토이보이toyboy'였다. 그에 대해 모트(1996)는 다음과 같이 쓴다.

> 1986년 크리스마스에 이르면 타블로이드는 과포화 상태였다. (이런) 이질적인 남성 시장들이 함께 뭉쳐 '토이보이'를 내놓았다. 사각팬티 차림으로 사진을 찍은 젊고 스타일 좋은 사나이들, 나이 많은 여인들의 노리개인 듯한 그들에 대한 영화와 이야기들 … 결국 마흔여덟 먹은 '록의 할머니' 티나 터너Tina Turner가 '독일 떡대'와 춤추며 밤을 지새울 수 있다면 다른 평범한 여자도 못할 리 없지 않은가(Mort, 1996: 205).

새로운 사나이는 팝음악과 축구에 기원을 두는데, 에드워즈(1997: 83)가 평했듯 그런 연결이 별로 놀라운 일은 아니다. "축구는 역사적으로 항상 드라이한 머리에 음담패설을 하며 으스대는 세련돼 보이는 영국 사나이들의 보루였기" 때문이다. 축구와 사나이주의의 연결은 예를 들어 닉 혼비N. Hornby와 존 킹J. King의 '축구 소설'에서 더 강화된다. 전자에서 축구가 가족들이 소비하는 것이라면 후자는 마초, 폭력, 훌리건주의에 대한 것이다. 새로운 사나이는 혐오스럽고 이기적이고 얼간이 같고 지각 없고 음주와 축구와 섹스로 자신의 삶을 구성했지만, 그는 자기의 형님뻘인 신남성만큼이나 소비주의와 상표에 관심이 있었다.

> '새로운 남성'이 근육과 향수, 아르마니와 캘빈클라인을 팔았다면 '새로운 사나이'는 티셔츠와 트레이닝복, 휴고 보스와 프라다를 판다 … 스타일은 변했겠지만 소비 충동은 같다 … '새로운 사나이'는 '새로운 남성'만큼이나 조작된 마케팅 현상에 불과하다(Edwards, 1997: 83, 249).

《로디드》의 성공은 노동계급 마초를 이용한 잡지 팔기처럼 보였다. 사실 '사나이 현상' 전반은 노동계급 '허세형'을 원형으로 삼고 이윤을 추구했던 중간계급 판본이었다. 또한 캘커트(2000)는 '사나이'가 혼자가 아니었음을 지적한다. 사내처럼 굴고 조 볼Z. Ball처럼 "새로운 사나이 문화가 자신들의 명성에 도움이 된다면 기꺼이 함께 논" 여자들인 '라데트ladette'가 그의 편에 있었다(Calcutt, 2000: 263). 그리고 폴 개스코인P. Gascoigne, 대니 베이커D. Baker, 크리스 에반스C. Evans 같은 1990년대 저명인사들로 구성된 명사 사나이들의 '폭민정치yobocracy'도 있었다. 사나이주의는 단순히 여성주의가 남성의 행동에 가한 제약에 대한 반응이 아니었다. 그것은 확실히 《로디드》의 주도로 이루어진 1980년대 남성 스타일잡지의 숨막히는 도시적 스타일에 대한 맹렬한 역습이기도 했다. 갑자기 젊은 남성들이 모험적 편력의 남성성을 허락받고 개조되지 않는 기본적인 것들—육체와 재미, 남의 눈 신경 안 쓰는 것과 같은—로 회귀한 사실에서, 많은 이들이 사나이주의와 《로디드》(그 둘은 동의어가 되었다)의 매력을 느꼈다. 사우스웰이 썼듯이 말이다.

> 《로디드》는 피렌체를 빈둥거리는 영국인, 그런 종류의 교양 있는 영국 이외에 다른 종류의 영국도 있다는 사실을 정확히 기록했다. 《로디드》는 우리 모두가 어쨌든 알고 있던 것, 분명 있지만 아무도 옹호한 적이 없던 또 다른 영국을 기록했다(Southwell, 1998: 61).

《로디드》의 작가들이 거리와 클럽에서 무슨 일이 일어나고 있는지 발견하기 위해 지방으로 내려가거나 전 세계를 여행하며 '천방지축'이었다는 사실은 유명했다.

> 그것은 웃음에 관한 것이었고 … 자기비하에 관한 것이었다 …《로디드》가 정말로 이야기했던 것은 술 취하는 것처럼 사람들이 하고 싶은 일들은 무엇이나 괜찮다는 것이었다. 솔직해지자는 것이《로디드》의 전부였다 … 우리는 라이프스타일을 팔려고 애썼던 것이 아니다. 우리는 재미를 주었다 … 우리가 뭔가를 했다면 그것은 얼간이 짓, 성대한 축제를 받아들일 만한 것으로 만든 것이다 … 대단한 세계적 축제들과 문화행사들, 여행에 관한 기사들을 읽은 후《로디드》의 경로를 따라갔던 사람들이 우리에게 보낸 감사 편지들이 끊이지 않았다(Southwell, 1998: 73-4, 175).

사나이주의는 무책임하고 나아지지 않는 젊은 남성들의 방종함, 다듬어지지 않은 근본으로 되돌아가고《로디드》의 화장실 유머와 '비키니 스타일' 사진들에 의해서 조장된 그것을 찬양했다. 벤웰(Benwell, 2000)이 보여 주듯이 "확실히 아는 체하기, 자기준거성, 기행奇行이 무차별적으로 편재했던" '새로운 사나이' 담론은 빈정거림을 중심에 놓고 있다.

필연적으로 사나이 문화 전반과 특히《로디드》는 총체적 성차별주의라는 혐의를 받았는데, 사우스웰(1998)은 그런 혐의를 맹렬히 논박했다.

> 우리는 축구를 좋아한다. 그러나 그게 우리가 난폭한 관객 즉 훌리건이라는 뜻은 아니다. 우리는 술 마시길 좋아한다. 그러나 그게 우리가 술집 문이 닫히자마자 아내를 패는 여성혐오자들로 돌변한다는 뜻은 아니다. 우리는 가끔 멋진 여자 사진들을 보는 것을 좋아한다. 그러나 그것이 우리가 그들을 강간하고 싶다는 뜻은 아니다 … 남자들은 매력적인 여자 사진 보는 것을 좋아한다. 대박이다. (그러나) 잊어버린다 … 그것은 계급의 문제이다.《로디드》는 당시의 정말 주류적인 방식에 따라 여성들을 그렸다.《로디드》는 이런 기본적인 구성요소가 독자들—대부분 남성들일 것이고 우리와 비슷한 부류라면 대부

분 그런 사진들이 포함된 점에 감사할 것이다—에게 호소력이 있다는 사실에 대해 조금도 부끄럽지 않았다(Southwell, 1998: 101, 212).

사우스웰이 회상하듯이 수많은 비판들이 있었다.

클럽돌이-술집돌이, 모든 사나이들과 함께한 쾌락주의 그리고 허세와 소호soho스러운 것들에 대한 건강한 무례함 … 무장한 남성들을 위한 잡지가 아닌, 유리하면 원형으로 돌아가 술에 취하는 남성들을 위한 (잡지)〔《인디펜던트*The Independent*》에 헬렌 버스Helen Birth가 쓴 글, 사우스웰(1998: 99) 인용〕.

사나이들에게 여자들은 재밋거리고 섹스는 대단하며 모두 즐기고 있다는 느낌이 있다 … 정치적 올바름The politically correct 꺼져〔《데일리 익스프레스*Daily Express*》에 로지 보이콧Rosie Boycott이 쓴 글, 사우스웰(1998: 105) 인용〕.

'사나이 세상'에는 여성주의와 동성애는 거의 없다〔《가디언*Guardian*》에 수잔 무어Suzanne Moore가 쓴 글, 사우스웰(1998: 206) 인용〕.

오늘날 남성들은 선웃음 치는 계집애 같은 녀석과 배워먹지 못한 망나니 가운데 하나를 선택해야 한다〔토니 파슨스Tony Parsons가 쓴 글, 사우스웰(1998: 209) 인용〕.

(《로디드》는) 남성들의 청소년기 행동과 문화를 물신화하면서 '못되게 구는' 유아적 상태로 회귀하는 것이다〔《가디언》에 마이클 브레이스웰Michael Bracewell이 쓴 글, 사우스웰(1998: 209) 인용〕.

1990년대 막바지에 이르자 '사나이주의'에 대한 비판의 강도가 높아졌다. 예를 들어 손꼽히는 '텔레비전 사나이'였던 데이비드 바디엘(D. Baddiel, 1999)은 《로디드》를 '읽어 줄 수 없는 퇴물'이라 격하하면서 자신이 그 창조에 조금도 일조하지 않았던 문화를 공격했다. 다른 이들, 예를 들어 마골리스(Margolis, 1995)는 저속한 인물들이 텔레비전을 집어삼키도록 내버려 두는 방식에 반대했고 〈불량 남자들〉의 토니와 게리 같은 인물들을 무책임하고 어리석고 나태하고 역겨운 이로 공격했다. 모든 '명사 사나이들'(그중에서 폴 머튼, 프랭크 스키너, 데이비드 바디엘, 크리스 에반스)은 침울하고 심지어 비극적인 인물들이 될 정도로 사나이주의 페르소나의 덫에 갇히도록 자신들을 방치했다. 그러나 다른 이들은 사나이주의를 먹이고 동시에 그것을 먹이로 삼았던 잡지들의 진부함을 공격했다. 2001년 초 영국 의회의 초당적 위원회가 영국 젊은 남성들의 자살률 증가를 조사하겠다고 발표했고, '사나이주의 문화'가 젊은 남성들에게 그들의 일상적 삶에서는 결코 복제할 수 없는 흥분을 북돋우고 있기 때문에 상당한 책임이 있다는 주장으로 귀결되었다(BBC1의 프로 〈아침Breakfast〉, 2001년 3월 7일). 놀랍게도 《로디드》의 공동 창립자들 중의 한 사람인 제임스 브라운은 자신의 비판자들과 의견 일치를 본 것처럼 보인다.

> 《로디드》는 롤링 스톤스Rolling Stones와 함께하는 여행과 같았다 … 우리는 젊었고 … 무책임했으며 즐거운 시간을 보냈다. 그리고 당신이 즐기고 있을 때 도덕적 의미 따윈 생각하지 않는 법이다(Jenkins, 2000: 25).

대부분의 사람들에게 사나이주의는 즐기는 일에 죽자 살자 매달리는 노동계급의 건방지고 혈기왕성한 사내의 매력을 부활시켜 젊은 남성 소비자들의 돈을 축내는 또 다른 기발한 수법에 불과했다. 그렇지만 다른 이들은 여전히 그것을 진정한 반역, "근본적으로 남성적인" 어떤 것을 거듭 주장하는 것으로 간주한다. 그러나 아무도 그것의 지속적 영향력을, 특히 미국으로 성공적으로 수출된 이후에는 부정할 수 없다. 2000년 8월 미국판 《맥심*Maxim*》이 2백만 부 수준의 판매고를 올리면서 미국에 진출한 잡지들 중 가장 큰 성공을 거두었다. 그들의 주제를 감안하면 굿윈과 러쉬(Goodwin and Rushe, 1999)가 현저히 사나이다운 어조를 채택하여 《그를 위한 잡지*For Him Magazine*》의 미국 출시를 기록한 점은 적절했다.

> 모든 미국 남성들의 감각을 해방시키기 위해 완전 나체의 무차별 공격은 아니라도 적어도 반라의 공격에 착수하기 위해서 군단이 소집 중이고 침투 계획이 착착 진행 중이며 장군은 진격 태세를 갖추었다 … 미국 남성들이 섹시한 여자의 허용 가능한 면모를 볼 수 있는 시대로의 초읽기가 시작되었다 … 그가 어디에 살든 사내는 사내인 것이다 … 남성호르몬이 충전된 영국 정자가 대서양을 헤엄쳐 건너고 있다 … 미국의 '신남성'이 여성주의에 의해서 사려 깊고 세심하고 여성의 몸보다는 마음에 관심을 갖도록 길들여졌더라도, 그는 바야흐로 야생적인 타락의 길로 인도될 것이다(Goodwin and Rushe, 1999: 32).

누가 '새로운 남성'인가(혹은 이었는가)?

'양육자로서의 새로운 남성'은 여성주의와 남성의 의식 고양, 남성집단들의 활동 그리고 남성 지식인과 여성 지식인의 영향에 대한 반응이었다. 성차별적이지 않고 배려하며 나누는 남성이라는 전형적 이미지는 중간계급적이고 엘리트주의적이며 '서구 중심적'이고 보통 남성들의 실제 경험과 거리가 멀다고 널리 비판받았음에도 불구하고 1980년대 내내 신뢰와 힘을 얻었다. 그러나 그가 개시했던 변화가 얼마나 깊거나 넓게 널리 확산되었을까? 그것은 미디어가 추동한 변화의 환상이었나, 아니면 남성의 의식과 행동의 진정한 변화였을까? 비슷하게, 어떤 사람들은 '자아도취자로서의 새로운 남성'을 개인주의의 신봉자이자 보다 다양한 남성성을 위한 밝고 새로운 미래의 신봉자로 보았다면, 다른 이들은 그를 속아 넘어가고 패션에 지나치게 관심이 많은 남성에 불과한 것으로 격하했다. 실제로 신남성의 현실성의 정도에 대해 매우 다양한 견해들이 있다. 예를 들어 많은 이들이 새로운 남성의 자아상은 광고산업에 의해 극화된 것에 불과하고 무엇보다도 상업적 탐욕에 의해 추동되고 있다는 요크과 제닝스(York and Jennings, 1995)의 의견에 동의할 것이다. 한편 폴리 토인비P. Toynbee〔모트(1988: 17)에 인용됨〕는 새로운 남성은 "여기 있지도 않고 우리가 살아 있는 동안 보게 될 것 같지도 않다"는 의견이다. 닉슨(1996: 197)도 새로운 남성을 "재현 형型" 이상의 아무것도 아니라고 묘사하면서 그에게 동의하는 경향을 보인다. 그 뒤를 이어 새로운 남성에 대한 세 가지 견해가 따르는데 연대기순으로 보면 채프먼(Chapman, 1988)의 초기 평가, 보다 최근의 모트(1996) 그리고 에드워즈(1997)의 평가이다.

로웨나 채프먼의 '대단한 위선자'

채프먼(1988: 226)은 새로운 남성은 《플레이보이》의 자아도취와 쾌락주의의 적자이고 여성주의와 남성운동의 궤적을 따라 남성성의 새로운 이미지들과 전망들을 찾는 남녀에게 강력한 상징이었다고 주장했다. 여성주의가 생물학에 매였던 젠더를 풀고 남성성과 여성성이 양성 모두에게 이용 가능한 공간들이 되었을 때, 그는 자기 내면의 여성성을 인정할 준비가 되어 있었다. 그래서 남성의 패권을 유지하기 위해 여성성을 끌어들이는 일은 자신의 이익을 위한 것이었다. 채프먼은 이렇게 쓴다.

> '새로운 남성'을 보고 들으면 우리는 그 변화들이 얼마나 부분적으로 일어나는지 즉각 알 수 있다. 여기서 이상주의자가 되기는 너무나 쉽다. 왜냐하면 현실에서처럼 이미지에서도 많은 전통적 남성성 코드들은 여전히 제자리에 있기 때문이다 … '새로운 남성'은 하나의 인도주의적 이념이며 내용에 대한 스타일의 승리이며 소비의 정당화이며 변화를 요구하는 이들에게 변화가 이미 일어나고 있다고 설득하는 계략 등 여러 가지의 것들이다 … '새로운 남성'은 당연히 일부 남성들에게 자신의 남성성을 재정의하는 데 유용한 역할모델을 제공해 왔지만 … (그는) 가장 해방된 남성들조차 결코 자신의 것이라고 주장하지 않을 법한 하나의 이상이다(Chapman, 1988: 222, 226, 228, 247).

새로운 남성은 생산물로부터 생활양식으로의 광고 변화를 집약한다. 그가 계속해서 존재하더라도 그것은 단지 획일화된 형식으로만 그럴 것이다. 자아도취증이 재빨리 그를 낚아챘고 이제 그는 신뢰를 잃고 있어 "광고쟁이의 막연한 생각"에 불과한 것으로 간주된다(Chapman, 1988: 228). 그녀가 보기에 양육자와 자아도취자의 불안정한 혼합물인 '섬세한 남성'(여성주의와 1970년대 인간주의 심리학의 산물)은 항상 '상업적 남성'에 의해 죽을 지경이 되어 1980년대 중반이면 "돌보고 배려하는 올챙이는 자아도취적인 두꺼비가 되었다"(Chapman, 1988: 232). 그녀는 그런 비판들을 통합하여 가부장제가 변형되고 있다고 주장한다. 또한 여성적인 것의 포섭은 여성들에 대한 통제권을 유지하기 위해 남성들이 채택한 전략에 불과하다고 그녀는 주장한다.

> '새로운 남성'은 남성성에 대한 반란이 아니라 그것에 대한 적응을 대변한다. 남성은 변하고 있다. 그러나 권력을 포기하기 위해서가 아니라 그것을 유지하기 위해서이다 … '새로운 남성'의 출현은 통제를 유지하기에 더 유능하고 더 적합한 변종 남성성을 만들어 냄으로써 기존의 권력구조를 강화하기 위해서이다 … '새로운 남성'의 이상은 조작되어 가부장제에 봉사하기 위해 끌어들여진 반동적 인물이 되고 있다 … 그는 가부장적 변형이고 남성 입맛에 맞게 남성성을 재규정한 것이며 젠더 질서를 재강화한 것, 즉 합법적 남성성 개념을 확산하여 여성들과 일탈적 남성들에 대한 권력을 확장한 것이다. 새로운 남성성은 구 남성성처럼 젠더 균열과 가치들의 불평등한 배치에 의존하고 있다 (Chapman, 1988: 235, 247).

여성들처럼 차려입은 남성들(릴리 새비지 같은 연예인의 경우처럼)조차 이러한 남성주의 전략의 일부로 여겨진다. 그것은 "남성에게 여성성을 납치하여 원할 때는 가지고 원하지 않을 때는 없애 버리게 해 주는 새롭고 음흉한 종류의 남성성에 다름 아니다"(Chapman, 1988: 241).

프랭크 모트의 소비문화

모트(1996: 15)는 새로운 남성은 "잡종 캐릭터로 그 기원은 단 하나의 원천으로 귀속될 수 없고, 오히려 일시적으로 결합했던 다양한 관심사들의 압축물이었다"고 주장한다. 모트는 1980년대 새로운 남성은 '잡종 각본들'—그것들은 서로 적대적이고('경합하는 다원주의'), 구매력과 나이, 지위, 지리적 위치, 민족성, 섹슈얼리티의 차이를 반영하는데—로 구성되었다고 결론지었다. 모트는 새로운 남성이 일련의 판촉 이미지들, 즉 "판촉문화와 결합되어 있고 … 텍스트에 응축된 상징적 재현 양식" 이상의 어떤 것인지 그렇지 않은지 질문한다(Mort, 1996: 183). 모트의 대답은 1980년대의 성 정치학은 스타일을 장착한 새로운 남성의 탄생에서, 젊은 남성의 욕구와 필요를 형성하는 데서 "시장 원동력보다 훨씬 덜 중요한 역할을 했다"는 것이다(Mort, 1996: 18).

그러나 새로운 남성을 광고회사 중역들이 자신들과 디자이너, 재봉사, 출판사 친구들의 사복을 채우기 위해 망상적으로 만들어 낸 일련의 현혹적 이미지들이라고 평가절하하면 잘못이다. 그가 대다수 남성들의 삶을 변화시키지는 않았다 하더라도, 그가 "당치 않은 불가능한 생각은 아니었다"(Mort, 1996: 17). 고급스러운 거리 패션이 우리 사회의 변화들을 전적으로 유발한 것은 아니지만, 그런 변화들을 반영하고 있다는 점을 감안하면 그렇다.

> 나는 1980년대의 '새로운 남성'이 전적으로 새롭다고 주장하는 것은 아니다. 그러나 아무것도 변하지 않았다고 말하는 것도 아니다 … 이미지는 경제학과 소비문화에 의해서 강조되고 있지만 우리가 여기서 이미지만을 얘기하는 것은 아니기 때문이다 … 1980년대가 (목격했던 것은) 개인성이 증식되고 그 과정이 강화되는 것으로, 수많은 '당신'이 제공되었다(Mort, 1996: 207, 209).

팀 에드워즈의 거울 속의 남성들

에드워즈(1997) 역시 남성성의 상업화가 남성성 본질의 진정한 발달이며 성 정치학의 진전인지 아니면 단지 노골적인 마케팅 장치인지 논의한다. 남성성은 이제 판매되는 어떤 것이고 '디자인 주도 사안'이 되고 있는데 이는 얼마나 남성성의 진정한 변형을 증명하는 걸까? 새로운 남성 이미지들이 차지한 비율이 다른 남성과의 관계나 여성들과의 관계를 변화시켰는가? 그것은 젊고 고소득자이고 스타일에 신경 쓰는 대도시 무리들을 위한 재미 이상의 어떤 것이었는가? 새로운 남성은 주로 시각적 이미지와 공상들이고 영향력은 있으나 실체는 없는 것일까? 전통적 남성성에 어떤 단절이 있었는지 모르지만 대부분의 남성들에게 그 어떤 지속적인 여파가 있었는지 어떤지는 모호하다. 오히려,

> 1980년대 소비주의의 개념들과 재현들, 실천들에서 들먹이는 남성성의 재구조화는 후기 여성주의 의식의 징후들은 별로 드러내지 않고, 강도 높게 성애화되고 남근 중심적인 남성성의 증거들만 많이 드러내고 있다(Edwards, 1997: 51).

그는 새로운 남성이란 "경제; 마케팅, 정치 이데올로기, 인구, 그리고 가장 폭넓게는 1980년대 소비사회의 결과들이 응축"된 것에 불과하다고 결론을 내린다(Edwards, 1997: 39-40). 실제로 "상업적 표지판들이 자신과 사회적 지위에 대한 젊은 남성들의 서사에서 두드러진 위치를 차지하게 되었다는 점"에 동의하지 않을 이는 별로 없을 것이다(Mort, 1996: 205). 에드워즈(1997: 22)가 보기에도 정장은 "부드럽게 녹아내리고 있는 중이지만, 1980년대에 마련된 변화들의 종료 지점은 아닐 만큼의 중요성을 유지해왔다 … 남성성은 그 자신의 지속적이고 자아도취적인 재창조 속에서 확고하다." 더욱이 "근육을 늘리는 자아도취증은 사회에서 긍정적으로 재가받는"(Edwards, 1997: ix) 한편 성공적이고 섹시한 젊은 남성은 그런 여성만큼이나 자주 영화와 비디오, 텔레비전은 말할 것 없고 광고와 잡지, 타블로이드에 등장하고 있다. 자아도취증과 남성 패션과 남성 몸의 물신화는

여전히 큰 사업이고 1990년대에 다시 등장하는 남성 이미지는 잘 차려입은 근육질의 남성성이다. 에드워즈에 의하면 우리는 점점 더 아래 사항을 요구받고 있다.

> 남성성을 보려고 하지 말고 그 이미지를 그려 볼 것을 요청받는다. (왜냐하면) … 중역들이 기업의 성공을 위해 자신의 외모를 신경 쓰고 젊은이가 근육 만들기를 목표함에 따라, 남성성은 더 이상 단순히 본질적인 것이나 무엇을 하느냐의 문제가 아니다. 그것은 당신이 어떻게 보느냐의 문제이다(Edwards, 1997: 54, 55).

최근 책에서 에드워즈(2000)는 영국의 현대 남성성 판본 세 가지, '구식 남성', '새로운 남성', '새로운 사나이'를 구분한다. 세 이념형의 특징들은 다음과 같다.

• '구식 남성'은 패션에 상대적으로 무관심하고 기혼이며 정규직에 계속 종사하며 여전히 다소 성차별적이고 동성애 공포증을 보인다.

• '새로운 남성'은 자아도취적이고 진보적이고 섹슈얼리티는 모호하고 여피의 영향을 받았고 전반적으로 반反성차별적이다. 처음 출현했을 때 그는 똑같은 늙은 늑대이지만 디자이너의 옷을 입고 여자와의 관계를 근본적으로 변화시키고 그의 본성의 감성적 측면을 기꺼이 노출하는 특성과, 새로운 시각적 코드를 판매할 수 있는 기회의 측면에서 다양하게 그려졌다.

• '새로운 사나이'는 패션에 방어적이고 여성에 대한 태도는 양가적이며(여성들과의 관계보다는 그들에 대한 포르노적 관념들을 가지고 있다) 인생은 술과 마약이 있는 거대한 파티 같은 것이어야 한다고 믿는다.

이 세 가지 모두 대중매체가 만들어 내고 대중매체가 주도한 구성물들이고 뒤의 둘은 분명 돈벌이를 주 목적으로 삼은 경우들이다. 사나이주의는 낡은 유형의 공격적인 남성성에 직접 호소하고 에로물처럼 여성을 묘사했던 대중매체에서 선전되었는데 '새로운 남성'은 전혀 그런 적이 없었다. 혹자는 사나이주의가 성차별적인 유머와 시끌벅적함과 폭력을 과시하기 때문에 성 정치학의 퇴보로 간주한다. 그런데 그것의 성공은 젊은 남성들을 이용하기 위해 새로운 판매 영역을 개척한 점에 있다. 그는 남성성과 대결하거나 그것을 문제 삼지 않은 채 남성성을 긍정하는 방식을 유지한다. 《로디드》와 《레이터*Later*》 같은 잡지들에서 남성성의 가장 순수한 표현을 찾을 수 있는데, 그런 잡지들은 남성을 위한 것이지만 남성들에 대한 것은 분명 아니다.

결론—'새로운 남성-주의'의 출현

5장에서 나는 새로운 남성이라는 개념이 기반하고 있는 두 가지 계열을 구분했다. 한 계열(양육자)은 젠더 정치학, 특히 제2기 여성주의에 대한 반응으로 일어났다. 둘째 계열(자아도취자)은 1980년대 남성성의 상업적 이미지화의 직접적 산물이다. 전자가 1960년대 말과 1970년대의 표상이라면 후자는 1980년대 레이건-대처식 경제시대 이후 미국과 서유럽에서 추구된 시장주도 정책의 직접적 산물이다. 비슷하게 1990년대에 새로운 사나이의 창조는 상업적 기획이었고 젠더 정치학의 면에서 일종의 퇴보였다.

1998년 3월, BBC2의 〈뉴스나이트Newsnight〉 프로그램 진행자 가운데 한 명인 제러미 팩스먼J. Paxman은 '새로운 남성'의 항목을 프로그램에 포함시켜, 미디어가 현대 남성성을 꼬리표 붙이고 분류하는 일에 매료되어 있다는 점을 상당히 드러냈다. 네 남성들이 등장하고 각각은 편협한 정형화된 유형에 꼭 들어맞는다.

- 성난 '구식 남성'은 이혼법 개정과 아동지원국 같은 기구의 활동에서 남성들이 부당하게 강판당했다고 떠들썩하게 주장했다.
- '새로운 남성' 1번은 대략 1960년대와 1970년대의 산물로 자신의 내적 남성성과 감정들에 다가가려고 노력했다고 얘기했다.
- '새로운 남성' 2번은 1980년대의 산물로 소비사회에서 남성의 변화하는 역할과 책임에 대한 대응이었다.
- '새로운 사나이'는 신남성이 실제 생활에 존재하지 않고 여자를 침대로 끌어들이기 위한 남자의 계략에 불과하다는 견해를 표현했다.

새로운 '유형들'의 남성들은 대중매체에 의해 계속 고안되고 있다. 2000년 1월까지 '밀레니엄 남성'은 '아빠 사나이'('사나이'가 성장해 자리 잡은)와 함께 지속적으로 언급되었다. 내가 이 글을 쓸 때(2001년 2월) 나는 라디오를 들으며 '포로수용소 콜디츠Colditz의 남성'에 관한 기사를 읽었는데 그는 '악랄한 여자'와 성가시고 숨 막히는 현대 가족생활의 압력으로부터 탈출하고 싶어 하는 남성이다. 내가 6장에서 검토하겠지만 이러한 기자들의 일반화들은 대부분 그것을 입증할 만한 증거가 거의 없다. 그런데도 그런 일반화들은 그것을 만들어 낸 이들에게 잇단 방송 출현을 보장해 주고 심지어 약간의 진실을 건드리기도 한다. 우리 스스로 담론과 실제 사이에 가능한 분리를 유념하는 것도 유익하다. 1980년대 중반에 이스트호프는 '담론적인 것'과 '살아가는 삶'의 관계는 항상 모호할 수 있다는 점을 예민하게 짚어 냈다. "남성들이 지배문화의 이야기들과 이미지들이 부과한 남성성 신화들을 수동적으로 실행하는 것은 아니기" 때문이다(Easthope, 1986: 167). 그럼에도 불구하고 그는 그 다음 이렇게 말했다.

> 그들은 완전히 그 신화의 바깥에서 살 수도 없으니 그것이 문화에 스며 있기 때문이다. 그것의 강제력은 영화나 광고판이나 신문에서뿐만 아니라 (그들의) 뇌리 등 어디에서나 왕성히 움직이고 있다(Easthope, 1986: 167).

1980년대와 1990년대에 남성성이 상당히 변화되었다는 점은 널리 인정되고 있지만 새로운 남성이 실제로 의미하는 바가 무엇인지에 대한 분명한 합의는 없다고 나는 믿는다. 세습된 이 두 계열(어떤 면에서 서로 상반되는)은 대중의 생각 속에서 한데 엮여져 잡탕의 모호한 새로운 남성-주의가 되고 있다. 어느 정도 우리가 확실하게 지적할 수 있는 유일하게 뚜렷한 특징은 그는 '구식 남성', 즉 그의 아버지가 분명 아니라는 점이다. 이런저런 형태의 새로운 남성-주의는 오늘날 젊은이들 모두에게 손을 대고 있다. 일상의 사회적 상호작용뿐 아니라 텔레비전과 영화, 팝송, 라디오, 광고와 언론이 실어 나르는 새로운 남성-주의는 대단히 침투적이고 남성적인 '메시지'(I. Harris, 1995)를 유지하고서 모든 각도에서 다양한 형식으로 남성들을 포격한다.

나는 50명의 학생(그중 35명이 여성)을 대상으로 내가 수행했던 소규모의 조사(그 이상은 아니다)를 보고하면서 이 장을 마칠까 한다. 아무런 세부 설명이나 토론 없이 나는 그들에게 '새로운 남성'으로 이해되는 것들의 뚜렷한 특징들로 여기는 점들을 기록하라고 했다. 나는 그런 조사의 제한적인 성격과 결함을 충분히 알고 있지만, 가장 빈번히 언급된 특징들이 앞에서 분석했던 '양육자-자아도취자' 계열에 양다리를 걸치고 있는 것을 보고 흥미로웠다. 비록 조사 규모가 작긴 해도 그것은 일반적인 잡종의 새로운 남성-주의가 이제 폭넓게 공유되고 있다는 내 주장을 얼마간 지지한다고 믿는다.

양육자 계열에 속하는 특징들은 다음과 같다.

• 집안일에 능숙하고 아이 양육과 보육을 포함해 집안일에 전면적으로 참여한다.

• 감정을 읽고 표현할 줄 알며 세심하고 자신의 더 부드럽고 '여성적인 측면'과 접촉한다.

• 여성을 이해하고 존중하고 관계를 잘 맺으며 배려하고 나눈다.

• 폭력에 반대하고 남의 말을 경청하며 다른 사람과 사려 깊고 민주적으로 관계 맺는다.

• 성적인 문제에 개방적이고 게이와 레즈비언 사안에 대해 자유주의적이고 지지하는 입장을 취한다.

• 생태학과 평화정치학에 관여하고 근본적이고 미래를 생각하는 진보적 사유를 한다.

자아도취자 계열에 속하는 특징은 다음과 같다.

• 균형 잡히고 근육질이며 몸과 건강에 상당히 신경을 쓴다.

• 외모가 극도로 멋있고 옷과 패션, 쇼핑에 열중한다.

• 야심만만하고 경력을 추구하며 성취욕과 지위 추구욕이 대단하며 물

질적 성공을 과시한다.

- 시계와 차 등 비싼 것들을 사랑한다.
- 모든 간단한 기계장치들에 관심이 있고 컴퓨터의 모든 것에 매우 박식하다.
- 노는 것을 즐기고 플레이보이고 방탕하다.
- 모험적이고 대담하며 용감하고 모든 종류의 흥미진진한 일탈적 행위들에 끊임없이 달려든다.

다음 장에서 나는 수많은 신문 지면이 '새천년 남성성'으로 명명된 것에 할애되었던 밀레니엄 시기를 거치면서 남성성이 어떻게 구성되고 재현되었는가를 검토하겠다.

| 더 읽을 거리 |

Calcutt, A. (2000) *Brit Cult: An A to Z of British Pop Culture*. London: Prion.

Chapman, R. and Rutherford,J. (eds) (1988) *Male Order: Unwrapping Masculinity*. London: Lawrence and Wishart.

Christian, H. (1994) *The Making of Anti-Sexist Men*. London: Routledge.

Edwards, T. (1997) *Men in the Mirror : Men's Fashion, Masculinity and Consumer Society*. London: Cassell.

Hunt, L. (1998) *British Low Culture: From Safari Suits to Sexploitation*. London: Routledge.

Mort, F. (1996) *Culture of Consumption: Masculinities and Social Space in Late Twentieth Century Britain*. London: Routledge.

Nixon, S. (1996) *Hard Looks: Masculinity, Spectatorship and Contemporary Consumption*. London: UCL Press.

Ross, J. (1999) *The Nineties*. London: Ebury.

6장

'밀레니엄 남성성'

> 확실히 수많은 언론이 탈진리적이다 … 어쩌면 더 중요한 것은 언론이 '진실 또는 거짓'의 반응이 가능한 주장들을 전혀 하지 않는 … 탈진리적 경향이다. 이런 유형의 언론은 … 현대 상징문화의 텍스트 간 사회권inter-textual sociosphere 너머에 있는 바깥세상은 언급하지 않고 그 서사적 표현에 우선하는 현실을 들먹이지도 않는다(존 하틀리John Hartley의 《대중현실*Popular Reality*》, 1996).

> 몇몇 언론인들과 비평가들은 '뉴스'와 '오락'의 경계가 위험할 정도로 불분명해졌다고 성토하는데 진정한 대중언론은 어떤 형태를 취해야 하는가? 어떤 지점에서 '진지한' 뉴스 전달이 끝나고 '정보성 오락'이 시작되는가?(스튜어트 앨런Stuart Allan의 《뉴스문화*News Culture*》, 1999)

남성성의 담론적 구성

이번 장에서 근본적인 질문은 '새천년 남성성을 다룬 현대 영국의 정론지들과 대중서적들에서 남성성이 어떻게 담론적으로 구성되었는가?'이다. 나는 이 문제에 답하기 위해 대부분 1999년과 2000년 사이에 모은 자료들을 참고하는데 당시는 새로운 세기의 시작에 즈음하여 남성성 다시 보기에 언론의 관심이 고조되었던 시기이다. 20세기를 떠나 21세기로 진입하면서 이루어진 남성성의 재현과 음미에 연관된 네 가지 '담론 주제들'(Foucault, 1972; 1977)을 규명하고 검토하겠다. '정론지'란 용어는 오랫동안 타블로이드 신문(여러 가지 의미에서 선정적인 성인만화 형태)과 대조되는 '우량' 언론('생각하는 남성과 여성'을 위한)과 연관되어 왔다. 영국에서 주요 정론지는 《데일리 텔레그래프*Daily Telegraph*》, 《타임스*The Times*》, 《인디펜던트*The Independent*》, 《가디언*Guardian*》, 《선데이 타임스*Sunday Times*》, 《선데이 텔레그래프*Sunday Telegraph*》, 《인디펜던트 온 선데이*Independent on Sunday*》, 《옵저버*Observer*》이다. 여기에 두 신문을 더 언급한다면 타블로이드와 정론지 구분에 양다리를 걸치고 있는 《데일리 메일*Daily Mail*》과 《웨스턴 메일*Western Mail*》이다. 정론지는 타블로이드 신문보다 남성성 주제에 대해 더욱 논증적이지만 당연히 읽는 사람들은 더 적다. 그러나 그 독자층은 보다 영향력 있는 '여론 형성자들'일 수 있다. **담론분석**은 한 텍스트의 언어적 특성과 사람들을 사회적 주체로 형성하기 위해 언어가 선택되고 사용되는 방식, 상호텍스트성, 텍스트가 해석되고 읽히는 방식을 들여다본다(Heywood, 1997). 그러나 여기서 내가 강조하는 바는 정론지의 남성성 담론을 규명하는 것이지 이야기와 형식을 세세하게 분석하려는 것은 아니다. 정론지의 전형적인 기사 구성이 다음과 같다고 말하는 것으로 충분하다.

- 한 언론인이 부각시키기에 '최고라고 선발한' 쟁점에 초점을 맞춰 하나의 뉴스 꼭지나 '조사'(매우 폭넓게 정의되는)가 논의된다.
- 조사자 자신과 (또는) 그 분야의 '전문가'가 초대되어 논평한다.

• 기사는 이야기했던 논점(들)을 요약하고자 '촌철살인의 어구'로 끝을 맺는다. 그러나 그 과정에서 논점(들)은 왕왕 단순화되거나 심지어 하찮게 된다. 이런 언론 방식을 통해서 실체 없는, 추측 이상도 이하도 아닌 것들이 '사이비 확실성'의 지위와 심지어는 '사실'의 지위를 얻는다.

남성성에 대한 대중서적들은 더 넓은 독자층을 겨냥하고 있고 '가독성'도 높지만 보통 어느 정도의 학문적 가치를 자임한다. 나는 예를 들어 《화성에서 온 남자, 금성에서 온 여자*Men are from Mars, Women are from Venus*》(Gray, 1992)와 채널4에서 텔레비전 연속물로도 만들어졌던 《왜 남자들은 다림질을 안 하는가*Why Men Don't Iron*》(Moir and Moir, 1998) 같은 책들을 염두에 둔다. 1999년에 카워드와 팔루디의 책 두 권이 나왔다. 전자는 영국 남성들에 대해, 후자는 미국 남성들에 대해 많은 이야기를 했다. 그 책들은 학계보다는 폭넓은 독자층을 겨냥하여 남성성에 대한 정보를 주는 매우 잘 쓴 책에 속한다. 그러나 그렇다고 그 책들을 진지하지 않은 것으로 격하시켜야 한다는 뜻이 아니다. 전혀 아니다. 두 저자는 상당한 학문적 계보를 가지고 있고 정론지에서는 그들에 대해 광범위하게 논평했다. 클레어의 책(Clair, 2000)도 똑같이 '대중적이면서도 진지한' 장르에 속한다.

네 가지 '담론 주제들'이 1990년대 마지막 몇 년 동안 영국과 미국의 남성성 묘사에서 반복적이고 지배적으로 나타났고 1999년에서 2000년의 밀레니엄기에 증가되었다. 그 주제들은 다음과 같다.

• 주제 1. '새로운 남성'과 '구식 남성'
  (1) '새로운 남성'—건강과 외모
  (2) '구식 남성'—지난 시절에 대한 향수

• 주제 2. 제멋대로 날뛰는 남성들

(1) (나쁜) 아버지로서의 남성들

(2) 반사회적이고 폭력적인 남성 행동

• 주제 3. 무기력해진 남성들

(1) 멸시받고 무능한 남성들

(2) 취약한 남성과 허울뿐인 남성성

• 주제 4. 희생자와 공격자로서의 남성들

(1) 희생자로서의 남성들

(2) 반격하는 성난 남성들

주제 1. '새로운 남성'과 '구식 남성'

이 그룹의 담론에는 5장에서 탐색했던 자아도취자로서의 신남성이, 재구성되지 않은 '구닥다리' 남성과 그가 구현한다고 생각되는 유서 깊은 남성성에 대한 향수에 대립하는 것으로 설정되어 있다.

'새로운 남성'—건강과 외모

자아도취자로서의 신남성은 가장 빈번히 반복되는 주제이다. 신남성이 외모와 옷, 차, 소유물과 사랑에 빠졌음을 지적하는 수많은 예들이 있다. "십대 소년들, 성형수술 받으려 줄 서 기다려"는 2001년 1월 7일자《선데이 텔레그래프》의 머리기사이다(Jarvie, 2001). 일요판 신문 부록은 소비주의의 정보은행으로 그 주요 주제는 "어디서 무엇을 사야 할지" 그리고 "언제 무슨 옷을 입어야 할지"이다. 예를 들어《선데이 타임스》의 2000년 2월 20일자 부록은 밀란Milan 남성복 쇼를 상세히 다루고 남성용 손가방에 대한 기사를 나란히 싣고서 남성 패션을 찬양한다. 옷과 함께 남성의 몸단장도 반복되는 주제이다. 예컨대 쿡(Cook, 1999)은 영국에서 남성 화장품 시장이 대박을 터뜨렸다고 말한다. 1998년까지 '남성시장'은 1년에 5억 6천만 파운드 규모였다. 젊은 남성들의 '상표 인지도'가 엄청나게 증가했고, 1990년대에 유럽 화장품 산업의 판매량 증가가 가장 크게 이루어진 것은 남성용 피부관리용품과 화장품류 덕택이다. 또한 남성의 몸단장 시장도 호황을 누리고 있다. 남성들은 1년에 5억 5천 7백만 파운드를 화장품류에 쓰는데 이는 1985년 지출의 3배에 이른다. 또한 피부관리용품 판매도 그 기간에 크게 신장했다. 에이트켄헤드(Aitkenhead, 1999)는 남성들이 더 여성처럼 되라 권유받고 있다고 개탄하면서 "남성들에게 최고의 아름다움은 손톱 다듬기를 자신들의 가장 위대한 자질로 생각하지 않는 것"이라고 결론 내린다. 남성들에게 점점 더 '스타일 해독력'을 요구한다 하더라도, 만약 외모가 오랫동안 여성들에게 장려되었던 것처럼 그들에게 개인적 가치의 척도가 되게 된다면 그것은 수치스런 일일 것이다. 이 점에 대해 이야기하면서 쿡(1999)은 서구에서 빵과 교육이 아니라 아름다움이 점차 필수품이 되어 가는 세상에 살고 있다는 울프(Woolf, 1990)의 주장을 참조한다. 젊음과 미가 그 어느 때보다 더 숭배되고 남성과 여성 두 성은 갈수록 어떤 신체 이상에 맞추려 기를 써야만 한다고 느낀다. 사람들이 새로운 외모뿐만 아니라 새로운 정체성까지 구입할 수 있다고 믿는 사회가 해로운 것처럼 이런 상황도 그렇다. 우리는 "자신이 젊고 매력적이라고 느끼는 시기를 늘리려고 애쓴다. 화장품은 우리가 우리 자신을 재창조하기 위해 사용하는 어떤 것이다"(워릭대학의 마틴 스키너Martin Skinner의 말). 갈수록 많은 젊은 남성들이 오랫동안 젊은 여성들을 유혹해 온 '소비주의의 약속'에 홀딱 반해서 자존감과 외모를 직결시키면서 젊고 몸매 좋고 건강하고 경쾌하게 보이는 데 갈수록 더 골몰하고 있다. 그들은 성적 매력과 성공의 상징인 격조 높은 몸에 집착한다. 맨체스터 대학의 팻 하틀리Pat Hartley 박사는 젊은 남성들 사이에 식이장애가 증가한다는 점에 주목하고 "우리는 동양문화만큼 내면적 인격에 가치를 두지 않는다. 그것이 서구에서 식이장애가 더 흔한 이유이다"라고 말한다.

2000년 4월에 시장조사기관 '민텔Mintel'은 남성 화장품류의 판매가 2% 감소(5억 2백만 파운드에서 4억 8천 6백만 파운드로)했다고 발표했다. 라일(Ryle, 2000)은 그 점에 대해 논평하면서 새롭게 떠오르는 '새천년 남성'을 1980년대의 '신남성'으로부터 멀리 떼어놓고 있다.

> 그의 여성적인 면을 살려 달콤한 향기를 풍기는 '신남성'은 광고업자들이 상상해 만든 허구에 불과하다. '새천년 남성'은 그의 천성과 자연스런 냄새 그리고 거친 피부에 만족한다(Ryle, 2000).

최근 출판업계에서 이룬 성공 하나는 《남성건강잡지*Men's Health Magazine*》(이하 MHM으로 표기)로서 이 잡지는 1995년에 창간해 1998년까지 영국에서 매달 25만 부의 판매고를 올렸다(Gibson, 1999). 《MHM》은 과로에다 과체중인 젊은이들로부터 스스로 더 만족하고 반대 성에게 더욱 매력 있게 보이고 싶은 중년 초반의 남성들까지 공략했다("당신 자신에게 차량검사증을 주세요, 올해엔 오스틴 알레그로Austin Allegro가 아니라 애스톤 마틴Aston Martin[8]처

8 오스틴 알레그로는 70-80년대 영국 소형차이고, 애스톤 마틴은 힘이 좋고 멋지게 생긴 스포츠카이다.

럼 보이세요"라고 편집자는 독자들을 끈질기게 설득한다). 월러스톤(Wollaston, 1997)이 썼듯이 "《MHM》의 독자들은 30대에 접어들고 약간 성숙해지면서 여전히 약간의 방종한 향락을 즐기나 그에 동반되는 맥주병 배는 원하지 않는다." 그래서 《MHM》은 체력관리와 외모관리가 책임목록에서 상위를 차지하는 '새로운 남성' 판본과 연결되고 그 과정에서 19세기의 체육 전통과 자아육성 윤리를 강하게 반영하고 있다. 《MHM》 독자들은 올바른 신체 단련 일과표와 다이어트를 통해서 새로운 몸뿐만 아니라 새로운 정체성까지 얻을 수 있다. "근사하고 세련되고 똑똑한 … ('신남성'은) 옷에 신경을 쓰지만 잘 차려입는 마음도 원한다(Wollaston, 1997)."

란데스맨(Landesmen, 1997)이 보기에 《MHM》의 담론적 실천은 19세기 후반과 20세기 초의 건강과 피트니스 잡지들까지 바로 거슬러 올라갈 수 있다. 그뿐만 아니라 그것은 1950년대 이후의 여성잡지들, 머리기사는 성공과 강함, 재능, 건강을 상투적으로 다루면서도 그 아래 내용은 자기네 잡지와 그것이 광고하는 상품들을 구입해야만 치유할 수 있는 열등함을 겨냥했던 그런 여성잡지들까지 거슬러 올라갈 수 있다(McCraken, 1993). 그러나 《MHM》은 체력만 다룬 것이 아니라 전문직 남성들에게 '남성들의 문제들'로 인식되는 것들(예를 들어 사내 연애를 하는 법, 술잔을 쥐는 법, 여성과 함께 성공하는 법, '등에 칼 맞는 것'을 피하는 법 등)에 대해 '사근사근한' 목소리로 유용하고 일상적인 충고를 해 주었다. 또한 《MHM》은 21세기 벽두에 건강과 힘과 체력과 활기가 물질적 성공을 함축한다고 지적하면서 남자다운 이상적인 신체 이미지〔힐튼(Hilton, 1999)이 멋지다는 자신감과 발달된 상박근으로 묘사한 것〕가 어떻게 묘사되었는지에 대해 생생한 통찰을 제공한다. 무엇보다도 《MHM》은 남성의 몸을 즐겁게 바라보고 감탄할 수 있는 대상으로 찬양했다. 힐리(Healey, 1994: 87)는 '남성 전시'라는 이 쟁점, "자신이 구현하는 남성성을 승인하고 동경하도록 초대된 이성애자 남성 관객들에게 문제"가 되는 점에 대해 논의한다. '바라봄의 정치학'에서 《MHM》이 취한 노선은 동성애를 뛰어넘어 이성애의 바람직함을 증진시키는 것으로 신중하게 그어져야 했다.

메이거(Magor, 1999)는 《MHM》의 표지를 뽑아서 남성성의 '이데올로기적 각본 쓰기'가 어떻게 이루어지고 있는지 검토한다. 잡지의 앞표지는 장르 정체성을 구성하고 그것을 보여 주는 것이며 세상에서 자기 위치가 어떻게 보이기를 바라는지 그리고 경쟁지와 어떻게 차별화되는지를 보여 주는 명백히 주요한 판매 전략이다. 요약하여 "표지는 그 잡지뿐 아니라 그것을 소유한 소비자의 상표로 작용한다"(McCraken, 1993: 19). 메이거(1999)는 《MHM》의 앞표지에서 남성의 남성 바라봄이 주류 이성애주의의 원형에 꼭 들어맞는 방식으로 용납되고 고무되기 위해서 '남성적인 것'이 어떻게 조립되었는지 풀어내 보인다. 그것은 몸의 전시(거의 전적으로 상체의 근육 조직 특히 이두박근과 복근에 초점을 맞추는)뿐 아니라 그것의 지리적 위치 선정(전형적으로 실외 배경에서 이루어지고 따라서 건강한 야외활동과 어울릴 뿐만 아니라 모델이 옷을 반만 걸친 이유를 충분히 설명한다)을 통해서도 달성된다. 또한 표지 사진에 수반되는 언어 텍스트는 사진에 묘사된 몸과 현저히 대조를 이룬다(예를 들어, "당신 스스로 주치의가 되세요 … 스트레스 없이 지낼 수 있습니다 … 당신은 7파운드나 뺄 수 있고 가장 큰 적수를 이길 수 있습니다" 등등). 왜냐하면 그 몸은 찬미되어야 할 뿐 아니라 더 중요하게는 최소한의 노력과 불편함으로 얻어야 하는 것이기 때문이다.

'구식 남성'—지난 시절에 대한 향수

정론지에 반복해서 등장하는 또 하나의 주제는 지난 시절의 '구식 남성'의 사망을 애도하는 형식을 띠면서 부실해 보이는 흐릿한 '신남성'과 그를 대조시키는 것이다(Powell, 1999). 카워드(1999: 107)는 신남성에 대해 상당히 전형적인 공격을 한 언론인의 글(1997년 《데일리 메일》)을 다음과 같이 인용한다. "그들은 그들의 말총머리를 컨디션닝한다. 그들은 기저귀를 간다. 그들은 붉은 과일소스를 잽싸게 만들어 낸다. 그들은 관계맺기와 자기완성에 관한 수업을 듣는다." 실제로 현대 남성은 전통적인 남성적 가치들을 버리라는 유혹을 받고 있기 때문에 그들은 빈번히 육체적으로나 정신적으로 유약한 자들로 간주된다. 극단적으로 이런 상황은 '진짜 남성성'이 옛이야기가 돼 버렸다고 주장하는(확실히 가부장적 패권을 재건하길 바라는 사람들의 수중에서) 형태를 띤다. 심지어 일부 자유주의자들의 견해에도 현대의 자아도취적이고 유행에 휘둘리는 남성성의 정반대, 즉 건장하고 금욕적이고 전통적인 남성성에 대한 향수가 여전히 존재한다. 줄리 버칠(Julie Burchill, 1999)이 돌아가신 아버지에 대해 쓴 감동적인 글을 보라.

> 내 아버지는 석면중독으로 돌아가시기까지 5년이 걸렸는데 그동안 한 마디도 불평하지 않으셨다. 그는 자신이 죽으면 꽃도 재도 묘비도 지역신문에 부고도 없게 하라고 유언했다 … 워터스톤 서점에서 크리스마스 특별할인으로 파는 병상일기도, 과도한 건강염려증을 찬미하는 황색언론의 기고물도 남기지 않았다. 그는 우리에게 나쁘거나 애매한 당혹스런 기억들을 전혀 남기지 않았다. 여기 있었다는 흔적을 그는 조금도 남기지 않았다. 내가 알고 있고 앞으로 알게 될 모든 남자들, 구역질나고 힘없이 울어대는 도덕적 소인배들 모두에게 영원히 드리울 위대한 그림자 외엔 아무것도. 그는 진정한 남자였다(Burchill, 1999).

2000년 봄 정론지들이 새 잡지 《챕*The Chap*》의 출현을 환영할 때 전통적 남성성으로의 일시적인 회귀가 분명해졌다. 새 잡지는 남성들이 팔꿈치에 가죽을 덧댄 가디건을 입고 찔레 파이프 담배를 뻐금뻐금 피우던 더 친절했고 더 신사다웠던 세대를 그리워하며 찬미했다. 이와 비슷하게 지금은 잃어버린 저 신사답게 '운동을 즐기는 남성성'에 대한 향수가 2000년 2월 축구선수 스탠리 메튜스 경의 죽음에 이은 부고들과 기사들에 분명히 나타났다. 마이클 파킨슨은 그에 대해 이렇게 썼다.

> 단순히 한 명의 축구선수로서가 아니라 사라진 한 시대를 대표하게 된 한 남자로서 평가하면 (그렇다면) 스탠리 메튜스는 독보적이다 … 30년 이상이나 경기를 하지 않은 한 남자의 죽음은 우리에게 스포츠맨 정신과 예의와 매너와 활력이 죽은 단어들이 아니었던 한 시대를 상기시킨다 … 스포츠가 아름다웠던 시절에 그의 경력은 일종의 스포츠 찬가였다. 그의 죽음은 이제 그것이 얼마나 추해졌는지 일깨워 준다(Parkinson, 2000).

다른 이들도 비슷하게 다른 시대의 스포츠맨 정신을 떠들면서 그를 최근의 축구 우상들, 가령 알콜중독에 시달렸던 조지 베스트와 토니 애덤스, 공격적인 가짜Gazza, 그리고 유명인사 데이비드 베컴과 비교하면서 치켜세웠다. 상대 선수들이 그를 막느라 갖은 방법으로 부정행위를 했는데도 메튜스는 열일곱부터 쉰 넘어서까지 단 한 차례도 경고를 받은 적이 없다는 점이 거듭 강조되었다. 이런 점 때문에 포인팅(Pointing, 2000)은 "그는 자신이 선택한 게임을 빛나게 했다. 누구도 그렇게 할 수 없었다. 그 같은 사람을 다시는 볼 수 없을 것이다"라고 결론지었다. 위대한 호주 크리켓 선수였던 도널드 브래드먼 경에 대한 2001년 2월 사망기사들에서도 비슷한 정서가 표현되었다.

다른 조류의 이러한 향수는 육체노동이 감소된 요즘 세상에서 남성들의 영웅주의를 드러낼 기회가 극히 적다는 사실로부터 나온다. 체육관에서 만들어진 조각 같은 몸조차 이제 여가/유흥산업의 산물이고, 노동으로 갈고닦은 과거의 노동계급 남성의 몸을 서툴게 모방한 것에 불과하다. 영웅적인 과다 근육질의 헤라클레스 같은 몸은 이제 자아도취적 남성을 구성하는 평범한 요소가 되었다. 게다가 여성주의는 남성 영웅주의를 시대착오적인 신경증으로 재해석했고 군국주의는 베트남전 이래 극도로 의심받아 왔다. 그럼에도 불구하고 (혹은 아마도 그렇기 때문에) 남성의 영웅주의, 용감성, 인내, 구래의 '배짱'과 결단력에 대한 이야기는 타블로이드와 정론지, 텔레비전과 영화에서 여전히 강하게 나타난다. 불굴의 용맹스러운 남성성(역경에 맞서는 영국인의 기개를 듬뿍 더한)은 여전히 주기적으로 찬미되고 있다. 한 예만 들어도 충분할 것이다. 《데일리 텔레그래프》(1999년 9월 4일)는 앨리스 톰슨Alice Thompson이 집필한 찰스 토드Charles Todd의 전기로부터 긴 발췌문을 실었다. 토드는 여왕과 국가를 위해 엄청난 난관과 부상을 입는 좌절을 뚫고 태양 아래 철제 쇠지렛대를 단 몇 초만 내놔도 너무 뜨거워서 잡을 수 없게 되는 호주 중심부를 관통하는 세계에서 가장 긴 전신주를 건설했다. 비슷하게 '생존survival 전문가'인 레이 미어스가 만든 텔레비전 프로그램과 대중서적들은 거대한 야생의 시련과 싸우는 강인한 남성의 매력에 다시 불을 붙였다.

주제 2. 제멋대로 날뛰는 남성들

이 부류의 담론들은 건잡을 수 없는 길들여지지 않는 남성성, 제멋대로 날뛰는 남성들에 대한 두려움, 그리고 성적으로 무책임하게 굴면서 아버지 로서의 책임을 진지하게 다하지 않거나 문자 그대로 통제 불능인 남자들에 대한 두려움을 표현한다.

(나쁜) 아버지로서의 남성들

> 주변에 너무 많은 나쁜 아빠들(BBC1의 텔레비전 프로그램 〈킬로이Kiloy〉의 1999년 9월 22일자 주제).

아버지와 아들의 관계는 왕왕 대단히 문제적이다〔예컨대 모리슨Morrison (1993)〕. 더욱이 선택적으로 언급되는 19세기와 20세기의 행복하고 가부장적인 가족은 이제 상당 부분 신화이고 대체로 중간계급 남성들을 아버지의 책임 안에 가두려는 목적이 있는 것으로 간주된다(Roper and Tosh, 1991). 20세기가 시작되자 그것은 시대착오적으로 보였고 보다 자유롭고 민주적인 동반자 가족모델(아버지와 어머니의 역할모델이 변화된)이 출현했다. 물론 19세기에 가부장은 자기 가족의 생계를 부양하는 한 스스로를 '좋은 아버지'로 간주할 수 있었고 그래서 감정적 부재가 허용된다고 생각할 수 있었는데, 그러면서 그는 가족에게 막대한 해를 입혔다(Tosh, 1991). 여성주의자들은 남성들의 권위와 그로 인해 거저 얻은 지배력을 공격했다. 반대로 많은 남성들은 여성주의의 영향 때문에 가족이 붕괴되고 여성들이 혼자 아이들을 기르고 있는 점을 비난했다. 어떤 남성 집단(예를 들면 《남성의 시각*Male View*》 같은 간행물에 등장하는 이들)은 갈수록 많은 여자들이 이혼법의 변화로 '법적 무방비 상태'가 된 남편들을 버리고 있다고 본다. 아버지는 실상 쓸모가 없다는 여성주의 주장과 결과적으로 린든(Lyndon, 1993)이 아버지의 '제거'를 운위하기에 이른 점을 고려하면 아버지 역할에 대한 확신도 상실되고 있다. 비슷하게 블랑켄혼(Blankenhorn, 1995)은 아버지 없는 미국이란 용어를 만들어 아이들이 아버지를 상실한 가정에서 자라고 있는 나라를 그렇게 부른다.

머리(Murray, 1990; 1994)는 가족이나 공동체 안에서 여하한 역할도 하지 않는 남성들의 수가 증가하고 있다고 보며 필립스(Phillips, 1999)는 부재자 아버지의 부정적인 심리적 영향을 지적한다. 물론 이것은 블라이(Bly, 1997)와 미국의 새로운 남권주의자들이 채택한 노선으로 그들은 패거리 폭력배 문화와 사회적 불이익을 아버지 부재와 아버지의 훈육과 권위 쇠락 탓이라고 거침없이 주장한다. 그들의 주장에 의하면 소년들은 따라할 아버지 역할 모델이 없으면 청소년 범죄에 더 쉽게 빠진다. 이런 부성fatherhood 개념에서 남성성은 본보기와 동성교제를 통해 아들에게 전달되어야 하는 어떤 것이다. 블라이는 미국의 많은 젊은 남성들이 아버지의 관심을 경험하지 못했기 때문에 굉장히 큰 피해를 입고 있고 '만년 청소년'이나 다를 바 없는 상태가 되고 있다고 주장한다. 책임을 회피하는 무능한 아버지들을 찾아내고 추적하려는 영국 아동지원국의 노력은 정론지의 반복되는 기사거리이고, 가부장을 병리화하는 여성주의와 일치한다. 자기 행동을 책임지려는 젊은 아버지는 가장 예외적이고 주목할 만한 존재로 묘사된다(Freely, 1999). 1999년 6월에 실시된 '모리Mori 여론조사'는 영국 젊은 남성들의 사고에 대한 통찰로 널리 알려졌다. 16세에서 25세에 이르는 젊은 남성 400명을 표본으로 한 조사에서 66%는 여자친구를 임신시켰더라도 결혼을 주저하며 40%(약 150만으로 추정되는 남성들)는 순전히 아이만을 위해서 파트너 곁에 머물지는 않을 거라는 태도를 보였다. 26%는 아이를 기르는 데 양친이 필요하다고 믿지 않고, 25만 명쯤 되는 남성들은 아버지는 아이를 재정적으로 지원할 책임이 없다고 믿었다. 같이 살지 않는 부모로부터 양육비를 받지 못하는 아이들이 180만 명 이상이고 그 결과 납세자의 부담액이(아동수당을 포함해) 한 해 104억 파운드에 달했다.

언론은 자기 아이를 위해 파트너와 함께 살아야 한다고 느끼지 않는 젊은 남성들을 '사내답지 않은not likely lad'(1970년대 인기 있었던 BBC의 텔레비전 코미디 〈The Likely Lads〉를 따라서) 것으로 낙인찍는다. 비슷하게 몰러와 헤멜리크(Moller and Hemelrigk, 1999)는 《리더스 다이제스트》에서 아버지의 책임을 짊어지기를 회피하는 '빈둥대는 아빠'를 다음과 같이 혹평한다.

• 아버지가 없는 가정에 사는 아이들은 건강이나 교육, 고용의 측면에서 처지가 악화되는 경향이 있고 범죄에 물들 가능성이 높아진다. 그렇게 상실의 순환은 끊임없이 계속된다.

• 범죄의 증가는 전통적인 가족생활의 붕괴와 아버지 부재에 따른 것이다(Dennis and Erdos, 1992).

• 영국에서 18세 이하의 젊은 남성들이 모든 폭력 범죄의 28%, 강도짓의 39%에 책임이 있다.

• 사회는 더 이상 젊은 남성들이 자기 자녀를 책임지도록 준비시키지 않고 있으며 1983년 이후 영국 가족 중 홀로 사는 엄마가 가장인 비율이 23%로 두 배나 늘었다.

이에 필적하는 담론은 "너희 아버지를 탓하라"이다. 아버지-아들 관계는 오랫동안 대단히 복잡하고 빈번히 문제 있는 것으로 인식되어 왔다. 전통적인 개념에서 아버지는 아들에게 남자다움에 이르는 교두보이다. 팔루디(Faludi, 1999)는 그녀의 남성과 남성성에 대한 기념비적인 연구(실베스터 스탤론으로부터 평범한 삶을 사는 보통 남자에 이르는)에서 미국 남성들은 그들의 충성과 노고가 인정받지 못하는 직업 영역에서 낙담하며 마음이 상해 있다고 주장한다. 그렇게 공개적으로 드러난 상처 뒤에는 더 깊은 상처, 그들의 아버지가 그들을 저버렸고 심지어 내팽개쳤다는 상처가 있다고 그녀는 주장한다. 아버지가 있다는 것은 "세상이 어떻게 돌아가고 거기서 네 자리를 어떻게 찾아야 하는지를 보여 줄 더 나이 든 남자를 갖는 것 … 그는 소년을 공적 세계에 참여하고 책임지는 성인의 삶으로 연결시켜 주는 인간 다리이다"라는 의미여야 한다고 그녀는 쓰고 있다(Faludi, 1999: 302). 팔루디는 2차 세계대전 직후 특히 1950년대 말과 1960년대의 꾸준한 경제성장과 물질적 행복의 시대에 그녀가 '아버지의 유기'라 부른 바에 특히 충격적인 무언가가 있다고 주장한다.

> 아들들은 가족이란 신체에서 이상하게 절단된 '머리', 있는 듯 아닌 듯 너무 자주 유령처럼 보이는 아버지와 함께 자라났다. 아버지 유령의 없는 듯한 존재는 아들이 집을 떠나 자신의 가족을 꾸린 뒤까지 지속적으로 출몰했다. 고통스런 슬픔이 남아 있었다. 그 남자들은 침묵하는 자기 아버지의 비밀을 풀게 될 어떤 순간을, 사소한 신호, 늦은 밤 속내 털어놓기, 죽음의 침상에서의 고백, 심지어 사후에 배달된 편지 한 장을 절망적으로 한 해 한 해 기다렸다고 내게 이야기했다(Faludi, 1999: 596).

그녀는 아버지가 아들에게 약속했던 세상을 실현해 주지 못했다는 데 기대의 어긋남이 있다고 주장한다. 그 모든 전시 영웅적 행위에도 불구하고 1950년대와 1960년대의 아버지들은 이미지 위주의 얄팍한 상업적 세계에 자기 아들들을 세물로 바쳤다.

보충적인 담론은 아버지의 본질적 실재라 여겨진 것과 자기 애들이나 의붓자녀들과의 밀접한 관계에 초점을 맞춘다(예를 들어 젊은 남성들에 대한 연구인 《내일의 남자*Tomorrow's Men*》에 대한 필립(Phillips, 1999)의 논평처럼). 그녀는 아버지('대단히 헌신적인 남성highly involved men', 혹은 'HIM')가 아들과 '재미있고 유익한 시간'을 보낼 필요가 있고, 그러면 아들은 자신감 있고 성공적인 어른으로 자라날 가능성이 높다고 주장한다.

> 자기 인생에서 'HIM'을 가진 소년 10명 중 9명은 그 조사에서 성취도 상위 25%에 있는 반면 하위권 소년들은 "소년은 울지 않는다"고 말하는 반쯤 무심한 아버지를 둔 경향이 있다. '주도적인 녀석들'은 '할 수 있다can do' 태도로 부르는 것들을 많이 갖고 있는데, 그것은 그들로 하여금 'HIM'과 더불어 열정적으로 인생에 도전하여 자존감을 형성하고 성공에 이르게 하는 핵심적 요소이다. 최고의 자신감을 표시해 주는 것은 남자의 인생에서 남자들과 맺는 관계의 질이다(Phillips, 1999).

그런데 HIM이 "반드시 그와 함께 살 필요는 없다, 심지어 그가 꼭 아빠여야 할 필요도 없다. 그렇지만 그는 반드시 관심을 가져야 한다." '할 수 있다'는 젊은 성취자 남성성을 확립하는 데 있어서 모든 학교들이 약자를 괴롭히지 못하게 하는 왕따반대정책을 쓰는 것도 중요하다. 그렇게 되면 학교는 "〈하이눈High Noon〉(1952)이 더 이상 남자가 해야 할 일의 귀감이 되지 않는 곳일 것이다." 연관되는 또 다른 담론은 데이비드 베컴David Beckham과 데니스 와이즈Dennis Wise처럼 아버지 노릇에 헌신하고 있음을 증명하려고 애쓰는 유명인사 아빠 담론이다.

반사회적이고 폭력적인 남성 행동

이 담론은 제멋대로 날뛰는 남성들의 통제되지 않는 폭력에 대한 공포에 집중되어 있다. 폭력이 가장 야만적으로 표현될 때 그것은 문명화된 사회의 통제를 완전히 벗어나 미쳐 날뛰는 남성들, 그런데 언제나 (이상한 가학증적 살인자를 제외하고) '외국에', 아프리카처럼 '저 멀리' 야만적인 세계에 주로 배치된 남성들을 주연으로 삼는다. 1994년 르완다에서 후투족 군인들이 투치족 여인을 조직적으로 강간하고 고문하고 대량학살했다는 보고(Hilton, 1999)가 한 예이고, 전 유고슬라비아에서 최근에 일어난 난폭한 민족적 참상이 또 하나의 예이다. 이 담론은 경직된 전통적 남성성(거기서 남자는 어떤 모양이나 유형의 실패나 모욕도 참을 수 없다)을 잠재적으로 병리적인 것으로 본다. 그 점을 예시하기 위해 2000년 7월 사우스웨일스에서 일어난 섬뜩한 가족비극, 모크리R. Mochrie 가족 여섯 명이 자기 집에서 죽은 채 발견된 사건을 들 수 있다.

로버트 모크리가 계획적으로 그의 아내와 네 아이를 죽이고 자살한 것으로 드러났다. 그 공포에 대해 전국적으로 온갖 언론매체가 나서서 범죄의 가능한 원인들을 조사했다. 언론이 견해를 듣기 위해 접근했던 심리학자들은 다음과 같이 주장했다고 인용된다. 여기 한 남자가 있는데 그는 공적 삶이나 사적 삶에서 자기 권위에 걸림돌이 되거나 타격을 입고서는 살 수 없는 사람이었다. 결국 끔찍하고 파괴적인 길을 따라가도록 그를 내몰았던 것은 바로 그 점이었다. 물론 그 점에 대한 결정적인 증거는 없다. 그러나 그것은 병리적 남성성 담론에 완벽히 들어맞아서 모크리는 그가 소유했던 병리적 남성성의 노예에 다를 바 없는 자로 제시되었다.

미국 영화 〈파이트클럽Fight Club〉(1999)이 영국에서 개봉되자 남자들은 태생적으로 폭력적이라는 생각이 격한 '도덕적 공황'(Goode and BenYehuda, 1994)의 형태로 1999년 가을 영국 언론에 표면화되었다. 그 영화는 '행복한 결말'(도전자는 여인을 얻고 폭력을 포기한다)을 보여 줬음에도 불구하고 남성성 위기의 해결책은 남자들끼리의 싸움을 통해 재再남성화하는 데 있음을 시사한다. 데이비드 핀처 감독만 특별히 예외적이었다. 그는 "그 영화는 오늘날 사회에서 남자로 존재함의 갈등을 다룬다… 그것은 싸움에 대한 것이다, 그것은 살아 있음에 대한 것이다, 딴 사람인 척하지 않기에 대한 것이다"라 말했다고 전해진다. 압도적인 비난이 쏟아졌다. 젊은 남성들의 싸움은 '그 세대 전체의 불만'과 다를 바 없는 것의 상징으로 규탄되었다(Gristwood, 1999). 그 영화가 맨주먹 싸움의 확산을 조장하게 될 거라는 두려움이 타블로이드와 정론지에 등장했다〔예를 들어 리들리와 굿차일드(Ridley and Goodchild, 1999)는 그것을 영국의 맨주먹 권투 챔피언, 이름도 꼭 들어맞는 조 새비지Joe Savage의 초상으로 포착했다〕. 비슷한 반응이 나왔는데, 남자 유전자는 인터넷 검색이나 텔레비전 시청 같은 길들여진 활동으로 만족하지 않는다는 것이었다. 예를 들어 리들리(1999)는 그 영화가 자신들의 여성적인 측면과 교감하고 너무나 기꺼이 감정을 표현하는 '여자 같은 신남성'의 맹하게 하는 영향에서 벗어나 남자들이 생기를 되찾게 구원한다고 주장했다. 그는 남자들은 생물학적으로 공격 기질이 있고 '진짜 남자처럼 처신'하는 데 폭력은 기본이라는 점을 솔직히 인정하자고

소리 높여 외쳤다.

> 우리가 영화의 폭력 수위를 낮추고 축구관람석을 길들이면 젊은 남성들의 공격 본능이 인터넷이나 훨씬 더 위험한 무엇, 다른 모든 사람들에게로 옮겨가는 것을 볼 수도 있다 … 나는 영화를 통해 숨김 없는 감정표현 치료법에 의해 남자들이 회복될 수 있다고 너무나 자주 강의를 받고 있는 느낌이다(Ridley, 1999).

그런데 영국에서 광폭한 남성에 대한 두려움은 보통 '깡패 같은 놈(욥the yob)'이라는 경멸받는 인물, 문명사회 바깥에서 움직이는 위험하고 반사회적인 젊은 남성들에게 집중되고 거기에 무질서와 사회해체에 대한 두려움이 동반된다. 카워드(Coward, 1999)는 이런 상황의 역사적 맥락을 빅토리아 시대의 도시 '빈민굴'에 살던 잠재적 '통제 불능자들', 즉 '인간 말종'에 대한 두려움에서 찾는다. 그녀는 다음과 같이 논평한다.

> 1990년대 소외된 젊은 갱들과 버림받은 엄마들, 폭력가정들, 마약거래, 음주, 만성적인 범죄로 물든 공영주택 단지의 이미지는 어두운 영국 사회 풍경의 예전 판본을 갱신한 것이다(Coward, 1999: 135).

정말로 이 담론에서 마약에 취하고 무법 상태인 욥은 마초 가치의 최종 신봉자이고 도덕적 (그리고 민족적) 쇠락의 가장 강력한 현대적 상징이다(그에 필적하는 여성 상대자는 '미혼모', 즉 토리당 장관 존 레드우드John Redwood가 1990년대 중반 웨일스 국무장관 시절 맹공격했던 구체적 대상). 이와 연관된 두 개의 담론이 또 있다. 하나는 하위계급에 관한 담론〔특히 머리Murray의 글(1990; 1994)이 이에 관한 것이다〕이고, 또 하나는 소외되고 범죄를 저지르는 젊은 남성들에 대한 여성주의의 다시 읽기이다〔캠벨(Campbell, 1993)에서처럼〕.

찰스 머리(1990; 1994)는 영국에서 매우 논쟁적인 인물이지만 존 메이저의 보수당 정부 시절(1992-1997) 법과 질서에 관한 정책에 중요한 영향력을 행사했다. 메이저(그리고 그 내무상관 마이클 하워드) 치하에서 '욥의 범죄'는 경제적 실패가 아니라 도덕적 붕괴의 직접적 결과로 간주되기에 이르렀다. 저속하고 도덕적으로 파탄한 텔레비전과 비디오 문화에 의해 잘못 길러지고 사회화된 욥은 통제불능으로 내달리고 알 까듯이 자식을 낳아 대며 그 과정에서 기존의 가족구조를 파괴한다. 그는 문명사회에서 대단히 눈에 잘 띄며 쉽게 식별되는 위험으로, 미쳐 날뛰는 젊은 마초 남성성의 전형이다. 찰스 머리의 '하위계급' 명제는 반론의 여지가 매우 높고 대단히 환원론적인 것으로 많은 사람들에 의해서 거부된다. 모든 것이 결국 가족붕괴로 요약되고 편부모는 당연히 부적절하다고 가정되며 모든 가난한 젊은 남성들은 예외 없이 욥처럼 악마가 되기 때문이다. 또 다른 한편 캠벨(1993)의 여성주의적 분석은 청년범죄를 숨 막힐 듯 한정된 집 공간과 특색 없는 공영주택 단지의 주변적 삶으로부터의 탈출구로, 남성다움이란 권위의 망토를 획득하는 방법이라고 본다. 자유주의 범죄학에서도 오랫동안 비슷한 내용의 논의가 있었다. 그녀는 실업이란 악은 극단적 형태의 마초 남성성을 촉발시킨다고 주장하는데, 다음 글에서 카워드(1999)는 그녀의 시각을 공유한다.

> 많은 남성들이 한 세대도 지나지 않아 안정된 일자리와 규칙적인 임금에 기반한 일상적 삶의 전 체계가 산산조각나는 것을 목격했다 … 그런 무기력함은 분노와 공격성을 키웠고 소년들의 분노는 거리에서 분출되고 있다 … 욥

은 남성성의 무게를 짊어지고 있는 것인지도 모른다 … 점차 수용 불가능해질 것을 알고 중간계급 사회가 하위계급의 남성들에게, 수사적인 의미에서, 떠넘겨 버린 남성성을 … 그는 고전적인 희생양이다. 젊은 남성들, 아마도 가장 취약한 사회성원인 그들은 핵심적인 사회문제로서 표적이 되고 있다 (Coward, 1999: 145).

이와 정반대로 그 청년들이 그런 상황에 처한 것은 전적으로 자신들 탓이라는 의견을 보이는 사람들도 있다. 그들은 "실직한 가난한 사람인데도 예의 바르고 법을 준수하는 시민들은 그럼 뭔가?"라고 묻는다.

주제 3. 무력해진 남성들

세 번째 부류의 담론은 남성들의 소위 전적인 무능력함과 그들이 얼마나 절망적이고 유치한지에 대해 그리고 현대 남성성이 얼마나 취약하고 속 빈 것인지("모든 것을 보여 준다. 바지도 안 입고"라고 표현한 머리기사처럼)에 대해 초점을 맞춘다.

멸시받는 무능한 남성들

1980년대에는 정상에 오른 젊은 여성들을 찬양하는 광고 이미지들이 등장하기 시작했고, 남성들은 점점 더 어리석고 매력 없고 심지어 경멸스럽게 표현되었다. 그런 경향은 1990년대에 더욱 가속화되어 '남성의 무능력'(가끔 '남자의 발기부전'과 정자 수 감소, 심지어 '남성 요실금'과 동일시되는)은 광고업자들이 가장 좋아하는 주제가 되었다. 광고업자들은 남성들이 서툴다고 욕먹는 일(가사일을 엉망진창으로 만들어 놓는 것처럼)이나, 전통적으로 남성이 잘한다고 간주되는 실용적인 가사일들(배관, 전기, 페인트 칠하기 같은)을 엉터리로 한다고 욕먹는 것들을 모두 모아 목록을 만들다시피 했다. 남자들은 하나같이 게으르고 칠칠치 못하며 믿을 수 없는 존재라는 것이 거기서 강조된 메시지이다. '남성다운' 행동인 육체적 지구력은 조롱당했고 남성들은 감정적으로 부적절하고 집안일에 젬병일 뿐 아니라 대부분의 일에 철저히 둔하고 쓸모없는 인간으로 그려졌다. 여성들의 수중에서 성적 모욕은 광고업자들이 애호하는 우스꽝스러운 역할 전복의 일부가 되었다(예를 들어 한 사무실에서 여자들이 꽉 끼는 청바지를 입은 젊은 남자를 멍하니 쳐다보면서 선정적인 대사를 날린다거나 남자의 벌거벗은 엉덩이 위로 킬힐이 도발적으로 향해 있다). 카워드(1999)는 다음과 같이 결론 내린다.

> 전통적 남성성은 기껏해야 터무니없는 것이고 최악으로는 위협적인 것—가르침이 필요한 성질—으로 여겨지게 되었다 … 한때는 바람직했던 남성성의 속성이 이제는 농담하기 좋은 어처구니 없고 만만한 놀림감으로 그리고 가끔은 역겨운 것으로 보인다 … 남성성은 더 이상 다른 것들을 판단하는 위치에 있지 않고 그 자체가 혼란스러운 상태이다(Coward, 1999: 91, 94).

남성들은 여성들을 이해하는 데 무능하고 특히 여성의 섹슈얼리티에 대해 그렇다고 주장들 한다. 사실 여성들은 이전에 남성들이 독점했던 영역으로 이동해 들어가면서 더 이상 남성들을 정말로 필요로 하지 않는다. 2000년 가을 정론지를 휩쓸었던 이야기들, 여성 정보장교들이 영국대외정보국(MI6)을 장악했고 상대 남성들보다 더 유능하고 안보 위협은 더 적다는 점을 증명하고 있다는 이야기들이 가장 좋은 예이다. 심지어 그들은

〈소년은 울지 않는다Boys Don's Cry〉의 힐러리 스웽크처럼 영화에서 남자 역할을 할 수도 있다.

1990년대에도 남성들은 스스로 전통적 남성성을 폄하하기에 이른다. 닉 혼비Nick Hornby가 그의 소설《날 미치게 하는 남자*Fever Pitch*》(1992)와《사랑도 리콜이 되나요*High Fidelity*》(1995)에서 남성적 강박관념을 해부한 것이 그 예이다. BBC 텔레비전의 매우 인기 있던 남성적 코미디인〈불량 남자Men Behaving Badly〉에 나오는 남성 극작가들도 마찬가지이다. 두 명의 남자 주인공들은 호감이 가게 웃기긴 해도 결국에는 한심하고 우스꽝스럽고 부적절한 이들로 묘사된다. 그럼으로써 그것은 영국 텔레비전의 '전통적' 남성성을 더럽히는 선조들, 즉 밴 엘톤과 해리 엔필드 같은 최근 고전(그리고 영국 시청자들에게 잘 알려진)의 코미디언을 거쳐 1970년대〈몬티 파이선의 날으는 서커스Monty python's Flying Circus〉까지 거슬러 올라가는 선조들과 자신을 연결한다. 남성은 성장하지 않았기 때문에 쓸모가 없고 그렇게 취급해야 한다는 보충 담론이 있다. 버칠에게 요즘 젊은 남성들은 '큰 애기'와 다를 바 없다. 그녀는 특히 '불한당 패거리 랩 스타들'을 향해 독설을 토한다.

> 유치증이 사악하게 방향을 튼다. 소녀들을 강간하든 울리든 아니면 자본주의를 숭배하면서 흑인 남성들의 미래를 빼앗는다고 흑인 여성들을 욕하든, 랩은 남성들의 모든 성장 불능의 가장 추악한 면모들을 대변하고 있다(Burchill, 1999).

게다가 중년 여성들은 이제 뚱하고 골난 사춘기 직전 애녀석의 영혼과 정신이 머물고 있는 "비극적이고 망가지고 퍼진 중년 남자의 몸을" 떠맡고 있다. 상업적으로 추동된 사나이주의는 "쾌락에 들떠 유치증의 감각적 즐거움에 항복하는 것"이다. 사나이들은 성인 남자 되기를 두려워하고 자기 애인들이 받는 관심에 위협을 느끼고 "자기 아닌 다른 아이의 존재가 나타나면 동기간의 질투심에 사로잡혀 발끈하면서" 토라진다. 그녀는 계속해서 말하기를,

> 요즘 남자들은 너무나 나약한 남성성을 가지고 있다 … 수도꼭지를 틀면 나오는 것처럼 언제든지 섹스가 가능하고, '그만'하고 싶을 때까지만 교육받고 있다. 성장할 필요가 전혀 없는 것처럼 보인다. 거기에 청년문화의 도래로 생겨난 제임스 딘James Dean에서 리암 갤러거Liam Gallagher까지의 끔찍한 역할모델들을 더하면, 얻게 되는 것은 영원한 피터팬식 처방이다 … 남성들은 전에 그랬던 것처럼 자신들을 만들지 않는다, 그 점만은 확실하다(Burchill, 1999).

취약한 남성들과 속 빈 남성성

또 하나의 담론은 남성성을 취약함이나 불안정과 동일시한다. 예전에 확신을 가지고 당연시했던 것을 질문해야 한다는 점 때문에 남성들이 위협을 받고 있다는 주장이다. 과거의 확실성은 더 이상 거기 없고 적어도 겉으로만 보아도 보상은 미미해 보인다. 서구 남성들은 개인적 대변신의 여행을 강요당해 왔는데 이는 아마도 그 이전의 남성적 가치의 전환보다 훨씬 더 쉽지 않을 수 있다(Townsend, 1997). 카워드(1999)의 용어로 "내면적인 도덕적 삶의 영웅적 행위"는 감정 독해력이 있고 감수성 있는 존재가 되기 위해 애쓰는 것을 훨씬 뛰어넘는다. 즉 그것은 남성적 정체성과 남성성 개념 자체를 재규정하는 것이다. 팔루디(Faludi, 1999)에게 과거 스타일의 남성성은 한 사회체계의 정치와 공동체에 뿌리박혀 있었는데 이제 그것은 전자적 도시 광장과 사이버 공동체와 카페, 이미지에 사로잡힌 유명인사 산

업들과 그들의 시각적 구경거리들에 입각한 '장식적 문화'로 대체되었다. 유명인사 문화는 더 큰 사회적, 정치적 참여를 조장하기보다는 그것을 침식해 들어간다. 이제 의미 있는 직업이나 평생직업은 줄어들고 유용한 사회성원이 되는 것은 더 어려워졌다. 전에 취업률이 높았던 작업장(공장, 광산, 부두 등)은 고용수준이 낮은 주택단지와 문화유적지로 바뀌었고 그 과정에서 '진짜 직업들'은 백만 단위로 사라졌다. 레이븐(Raven, 1999)은 이렇게 서술한다.

> 조선소나 석탄 탄광에서 일했던 남성들은 남성답게 되는 기술을 배우지 않았다 … 그들 자신의 남성다움에 대한 자각은 그들의 사회적 유용성으로부터 나왔던 것이지 그 반대가 아니었다. 남성성을 무언가 되는 것으로 개념화하는 것은 남성다움을 분리 가능한 실체로 만드는 것이다. 그 지점에서 남성다움은 즉시 장식적인 것이 되고 가짜 속눈썹이 본래 '여성적'인 것처럼 선천적으로 '남성적인' 어떤 것이 되었다(Raven, 1999).

팔루디(1999)의 실베스터 스탤론과의 인터뷰 결과에 대한 짧고 간결한 묘사는 장식적 사회의 비진정성과 많은 남자들이 경험한다고 주장되는 내적 공허함에 대한 그녀의 주장을 입증한다. 스탤론은 가학증 아버지로부터 학대당한 바짝 마른 아이였는데 열세 살 때 〈사슬을 깬 헤라클레스 Hercules Unchained〉(1959)라는 영화에서 스티브 리브스(1960년대와 1970년대 초 영화의 강한 남자)를 본 후 근육 훈련에 강박적으로 매달리게 되었다. 그러나 1996년 그는 람보 이미지가 일종의 감옥이 되고, 한 점의 '근육 덩어리'에 다를 바 없는 그의 영화 이미지에 식상해서 훈련을 그만두고 '블루 스크린'(그의 영화는 파란색 배경 앞에서 찍고 컴퓨터로 만들어진 액션 장면을 나중에 겹친다)에서 필사적으로 벗어나기 위해서 '근육질 저능아' 계약을 거부했다. 팔루디와 스텔론이 조지 워싱턴 다리를 건너 뉴욕으로 운전하면서 흥미로운 통찰이 이루어졌다.

> "저거 보여요?" 스텔론이 다리의 철제 장식을 가리키며 물었다. "저걸 만들려면 믿을 수 없게 정교한 작업이 이뤄져야 해요. 저건 작품이죠. 저건 남자들이 진짜 기술을 가졌을 때 진짜로 뭔가를 건설했을 때 만들어진 거죠. 이것을 바라보고 살펴보면서 내가 해냈어!라고 생각하는 것을 상상해 보세요"(Viner, 1999: 15).

남성들이 자신이 누구인지 누구여야 하는지 더 이상 확신할 수 없다는 점은 결코 놀랍지 않다. 그 이유에 대해 팔루디는 계속해서 이야기한다.

> 한때 남성다움을 구현한다고 여겨지던 내적 자질들—흔들림 없는 확고함, 내적 강함, 목표에 대한 확신—이 그들의 남성다움을 고양시키기 위해 그들에게 다시 선전되고 있다. 사회를 건설하고 일구고 공헌하는 것과 같은 남성다움의 보다 생산적 측면들은 상업문화의 반짝이는 표면, 즉 남성들이 그 앞에 서서 남성성의 조야한 모사품을 연기할 뿐인 거울 위에 거점을 확립할 수는 없었다(Faludi, 1999: 543).

남성들의 자아상은 마구 난타당해 스스로에게 인공적인 남성 호르몬을 주입할 지경이고(Sullivan, 2000) 증가일로의 무능력감을 벌충하기 위해 극한·스포츠를 한다(Burke, 2000).

남성들은 여성들과의 성적 관계에서 갈수록 더 취약해지고 있다. 마이클 더글러스와 글렌 클로즈의 영화 〈위험한 정사Fatal Attraction〉(1987)는 '토끼 삶는 여자bunny boiler'라는 말을 만들어 냈는데, 그 여자는 남자에게 권력을 행사하는 무기로 성관계를 이용하고 내쳐졌을 때 그를 괴롭히려 애쓴다. 카워드(1999: 202)는 남성의 호의적인 관심과 희롱(섹스보다는 권력에 대한 것이기 십상인)은 구분이 가능한 반면 여성들은 결코 희롱할 수 없다는 여성주의 입장에 대단히 회의적이다. 그녀는 "남자의 성적 강요는 남성 권력을 표현한 것인 반면 여자들이 성적으로 지나치게 밀어붙이는 것은 그렇지 않다"고 가정하는 것은 의심스런 이중기준이라고 주장한다. 그녀는 계속해서 이야기하기를,

> 우리는 여자가 도발적으로 굴면서 그녀의 섹슈얼리티를 발휘하는 것은 괜찮고, 그것을 일종의 유혹이라고 여겨 남자가 반응하는 것은 허용될 수 없다고 생각하도록 부추겨지고 있다(Coward, 1999: 207).

여성들은 성관계를 할 수 있음을 내비치는 옷을 입고 그런 포즈를 취하지만 그런다고 그들이 실제로 그런 것은 아니다. 그들은 남성을 위해서가 아니라 자신을 위해 옷을 입고 포르노에서처럼 성적 매력에 기반한 권력을 찬양한다. "남자를 유혹할 정도로 강력한 동시에 그들을 거부할 만큼 강력한 섹슈얼리티를 사용할 수 있다고 시위함으로써 갖게 되는 지위"가 있다(Coward, 1999: 206). 남성 강간 피의자들은 왕왕 여자들의 성적 표현을 실제 이상으로 자의적으로 (술과 약 기운이 더해져서) 해석한 것이다. 카워드는 유혹 행위가 아닌 정치적 도전으로서의 여자의 성적 표현을 구분하면서 대단히 모호하고 성애화된 환경에서 양성 모두 점점 더 자신들 스스로 긋지 못한 성적 표현과 반응과 행동에 관한 경계선들을 대신 그어 달라고 법에 호소하고 있다고 지적한다.

주제 4. 희생자와 공격자로서의 남성들

이 진영의 담론들은 남성들이 '희생자'로 간주될 수 있다는 얼마간 정당화될 수 있는 견해와, 그들이 불공정한 대우라고 보는 것에 분노하고 맞서 싸우려는 시도에 대한 것이다(간섭적이고 상징적인 형태로나마 사나이주의에서 '구식' 남성성의 일부 면모들의 부활을 포함).

희생자들로서의 남성들

미국의 일부 주는 학대받지 않았다고 여성이 주장하더라도 가정폭력으로 남성을 기소할 수 있다. 점점 더 많은 여성들이 "여성주의가 쟁취했던 기회를 다른 면에서 환영해 왔고 그토록 분명한 부정의에 저항하고 있다"고 보일 것이다. 팔루디(1999)는 희생자들로서의 남성들에 대해 비슷한 입장을 취한다. 그녀는 미국 남성들이 수많은 전선에서 배신감을 느낀다고 주장한다(예를 들어 앞에서 본 것처럼 직장 충성도와 아버지와의 관계에 실망하고 있다). 그런데 그녀의 가설에는 남성들이 그녀가 전 지구적 소비주의의 '장식 문화'로 부른 것의 희생물이 되고 있다는 주된 주장이 있다. 1980년대와 1990년대에 "진짜 세계"는 다음 세계에 의해 빠르게 대체되었다.

> 이 세계에서는 개인의 가치가 장식적인 측면들에 의해 판단된다. 그들은 '섹시'한가? 그들은 '알려진 사람'인가? 그들은 '이겼는가'? 이기는 것은 남성다움의 정수로 급상승했으나 동시에 의미 있는 사회적 목표와는 절연되었다. 일등하기가 중요한 모든 것이 된 듯하다(Faludi, 1999: 186).

남성들은 그들이 여성들과의 경쟁에 갇혀 있다고 본다.

남성들은 미스 아메리카의 규방에 갇혔다고 느꼈다. 그녀는 이제 그들의 경쟁자이다. 그들은 남성적 힘과 배려와 보호를 보여 줌으로써 이길 수 있는 것이 아니다. 남성 쪽에 승산이 없을 것 같은 경쟁에서 그들은 패배할 수밖에 없다(Faludi, 1999: 187).

팔루디는 남성들과 여성들이 서로 다른 경로로 '장식하라는 강제적 구속'에 이르게 되었다고 결론 내리는데 여성들은 예전에 권력이 없어서 그랬고 남성들은 2차 세계대전 후 미친 듯이 일에 헌신하고 권력을 얻기 위해 애쓰다 그렇게 되었다. 이러한 장식문화가 기반해 있는 것은,

경쟁적 개인주의이다. 그것은 기능이나 효용성은 박탈되고 가장 많이 가진 자와 최고의 것을 가진 자, 가장 큰 것을 가진 자, 가장 빠른 것을 가진 자를 중심으로 돌아가는 상업적 가치들에 의해 지배되고 있다(Faludi, 1999: 187).

여성주의자들이 '상업화된 외양'의 여성성에 예속되는 것에 굳세게 저항해 왔지만 성적 매력은 오랫동안 상품화되어 여성들에게 팔리고 있다. 이제는 장식문화가 남성들마저 유혹하여 덫에 빠뜨린다. 남성잡지는 이제 여성잡지보다 더 많이 팔리고 많은 이들이 언급했듯이 "오늘날 사내 되기는 큰 사업이다"라는 말은 상당한 진실을 담고 있다. 이런 과정에서 남성성은 상품화되어 장식문화에 통합되고 있다.

팔루디(1999)는 장식문화가 남녀 모두에게 똑같이 해를 끼치므로 서로 싸우는 것을 멈추고 공동의 적에 대항해야 한다고 주장한다. 그녀의 견해에 따르면,

세력이 커져서 진정으로 남성들을 가장 위협하는 여성의 힘은 건설현장에서 대들보를 들어 올리는 여자의 어깨도 아니고 회사 중역실로 진출한 여자의 발도 아니며 투표장의 여성 표도 아니다. 남성을 가장 많이 다치게 하는 '여성성'은 상업적 이익에 의해 만들어지고 팔리는 인공적 여성성이다. 남성의 품위를 실추시키는 것은 세상에서 훨씬 더 막강한 폭력인데 그것은 오랜 세월 여성들에게도 그랬다. 남성들을 따라다니며 괴롭히는 응시는 여성들이 탈출하려고 했던 바로 그 응시이다(Faludi, 1999: 415).

카워드(1999)도 비슷한 견해를 피력한다. 영국의 젊은 남성들은 팝음악과 컴퓨터와 비디오 게임, 소비욕망, 높은 수준의 패션감각과, 나이트클럽에서 즐기기, 마약, 자동차, 축구에서 축구로 이어지는 주말 라이프스타일에 근거한 '나 중심 문화me-culture'에 얽매여 있다. 게다가 이렇다.

열심히 일하고 하나의 직업을 가지고 가족 부양의 목표를 토대로 해서 세워졌던 남성성의 도덕적 위상은 완전히 사라져 버렸다 … 예전에 성공으로 향한 길을 빼앗겨 길거리에서 모델 업계나 돈 많은 남편에 의해 구조되기를 꿈꿨던 자들은 바로 젊은 여성들이었다. 이제 축구장에서 발탁되거나 최고의 젊은 남성 밴드를 만들겠다고 꿈꾸는 자들은 바로 젊은 남성들이다(Coward, 1999: 177).

실제로 사나이 자질을 과시하는 경기는 거리나 클럽 또는 축구장에서 '신인으로 발굴'될지도 모른다는 가능성 없는 희망을 품게 하는 기회를 열고 있다. 그도 그럴 것이,

젊은 남성들이 권력과 지위와 돈을 쥐는 가장 분명하고 눈에 띄는 방법은 새

> 로운 도덕주의자들이 계속해서 연주해 대는 모범적인 남성 시민과는 전혀 관계가 없다. 중요한 것은 (축구선수들이나 음악 밴드들을 추앙하는 데서 나타나는 것처럼) 기술과 힘, 음악, 외모, 그리고 스타일이다(Coward, 1999: 177).

이처럼 남성성이 하나의 상품이 되었다는 생각은 레이븐(Raven, 1999)의 통찰력 넘치는 글의 주제이다. 그녀는 자신을 '남성을 증오하는 보수파'로 소개하면서 다음과 같이 주장한다.

> 여성주의의 남성 증오는 술집에서의 원한이 아니라 정치적 상황에 대한 반응이다. 그것은 개인에 대한 것이 아니다. 대부분의 여성주의자는 남성성을 하나의 관념으로서 거부하지만 남자와는 잘 지낸다. 이제 상황은 반대로 되었다(Raven, 1999).

그녀는 무슨 말을 하고 있는가? 그녀는 적어도 젊은 현대 여성의 눈에 "손에 넣을 수 있는 상품"으로 비쳐지는 남성성에 대해 이야기하고 있다.

> 현대의 남성 증오자는 특정 남성을 미워하지만 남성성 이념을 숭배한다 … (그리고 그들 견해는) … 정치가 아니라 사람에 의거한 것이다. 남성성은 '손에 넣을 수 있는 상품'으로 축소되었다 … (여성들은) 자동차와 뾰족하고 높은 구두와 일도 가졌는데, 왜 자신과 어울릴 만한 완벽한 남자를 기대할 권리가 없겠는가? … 젊은 남성의 근육질 몸을 훔쳐보며 즐거워하는 여성들, 이른바 'Diet Coke Break' 여성들로부터 다아시Mr. Darcy의[9] 삼십대 여성 팬까지 여성들—다

9 '다이어트 콜라 브레이크' 광고는 건설 현장에서 이 콜라를 마시며 휴식을 취하는 근육질 남성이 상반신을 노출하는 모습을 보기 위해 유리창에 몰려드는 사무실 여직원들을 담고 있다. 다아시는 제인 오스틴의 《오만과 편견》의 남자 주인공.

큰 여자들—은 기대에 부응하는 남성들이 있는 판타지 풍경에 빠져 현실을 내팽개친다. 현실의 삶에서 남성들이 그렇지 않다는 사실은 남성들의 실제 감정들보다는, 완벽함을 얻을 수 있다고 믿는 여성들이 그런 감정들을 보는 방식과 더 관계가 있다(Raven, 1999).

맞서 싸우는 성난 남성들

이 담론의 어조는 전형적으로 다음과 같다.

> 1999년도에 내게 한 가지 국민적 바람이 있다면 올해 드디어 남자들이 스스로를 위해 떨쳐 일어났으면 하는 것이다. 나는 남자들이 개인적으로나 집단적으로 그들이 소위 지배하고 있다는 사회를 돌아보고 자문自問을 시작하길 바란다. 도처에서 남자들을 악마 취급하고 폄하하는 사회 그 어디에 그런 지배의 증거가 있는가?(존 워터스John Waters, 《아일랜드 타임스*Irish Times*》 1999년 1월 12일자).

이는 영화 〈풀 몬티The Full Monty〉(1997)를 연상시키는데 새필드에 사는 패배하고 의기소침한 일단의 실직자 노동계급 남성들이 생계를 위해서뿐만 아니라 자신과 자신의 생산기술을 불필요하게 만든 세상에서 남성으로서 일말의 자존감을 되찾기 위해 스트립 무대를 고안한다. 스트립쇼는 도전적 행위이자 부정의에 맞서 싸우는 방식이 되고 착취당하기보다는 착취자가 (비록 한 순간에 그치지만) 되는 방식이다.

미국의 남성운동은 1970년대와 1980년대에는 여성주의에 호의적이었던 반면 1990년대에는 남성들의 이해관계를 분명하게 표현하고 남성들을 지속적으로 무력화시킨다고 보인 것들을 역전시키려하면서 훨씬 더 남성우위적으로 되었다(1997년 가부장적인 '신앙심 깊은 남성성'을 재확립하려는 개혁운동의 일환으로 워싱턴 시에 집결한 70만 명의 '약속의 파수꾼Promise Keepers'[10] 은 이 문제에 대해 다양한 진영에서 느끼는 매우 격한 감정들을 증언했다). 그중 로버트 블라이는 영향력 있는 인물로 《동기간 사회*Sibling Society*》(1997)라는 저서에서 그는 전통적으로 남성들에게 확실했던 것들의 회복을 요구하고 자신이 "고아들의 사회"라 부른 미국에는 사내다운 영靈이 부족하다고 통탄한다. 그가 보기에 미국 남성들은 모든 도덕적 권위를 박탈당해 왔고 법원에 의해 경제적 불이익을 당해 왔으며 무정한 모계사회의 희생자이다. 영국에서는 남성들의 감정이 그렇게 격앙된 것처럼 보이지 않을 수도 있지만 아버지로서의 권력과 권리의 상실로 보이는 것, 특히 이혼과 양육권, 영국아동지원국의 대단히 널리 알려진 활동들에 맞서 싸우기 위해 남성들이 집결해 왔다. 그들은 계속되는 법 개정이 여성들에게만 대단히 유리하고 남성들을 희생시키고 있다고 주장한다(Lyndon, 1993; Thomas, 1993). 팔루디(1999)는 남성들이 맞서 싸울 수단이 있는지에 대해 회의적이다. 여성주의자들은 자신들의 투쟁을 남성들과의 전투로 규정했던 반면 남성들은 그들을 억압한다고 확신을 가지고 지적할 만한 분명한 적敵이 없기 때문이다. 그래서 여성들이 그렇게 성공적으로 전유했던 남성적 대결모델은 역설적으로 이제 남성들에게는 들어맞지 않는다.

'반격해 싸우는 남성들'의 최근 옹호자는 뉴웰(Newell, 2000)로, 그는 (그가 보기에 슬프게도) 불명예에 빠진 전통적인 형태의 남성성을 남성들이 되찾아야 한다고 주장한다. 진정한 '남성다움의 기량'을 발휘했던 예전 경기장을 박탈당했다는 점을 감안하고, 그들은 새로운 명예규약과 조화로운 행동에 기반하고 심사숙고하는 미덕들을 재발견해야 한다. 과학기술

10 남성을 위한 국제기독교단체.

은 전장을 변형시켜 대의를 위해 싸우고 죽는 고결함은 사라지고 있고, 게다가 정치력도 이전처럼 남성다운 미덕들을 더 이상 요구하지 않는다. 뉴웰은 "훌륭한 남성이란 무엇이며 그는 어떻게 살아야 하나?"라는 문제를 제기하면서(그리고 그에 대한 답을 모색하면서) '남성다운 삶'을 재구성하기 위한 '지침서'를 제공하기 시작한다. 그는 삼천 년 동안의 '남성다운 전통'을 기록하는 데 그것은 고대 그리스와 힌두교의 텍스트로부터 셰익스피어와 체스터필드 경 및 윈스턴 처칠을 경유하는 현대 저자들의 에세이와 시, 소설로부터 발췌한 것들이다. 그에게 18세기 낭만주의 시대는 기사도와 신사다움, 지혜와 정치적 수완, 가족에 대한 강한 의무감과 책임감, 고결함과 영웅주의, 즉 고전적인 남성다운 덕성들의 본보기이다.

남성성의 어두운 전망

이 장에서 살펴본 네 진영의 담론들은 밀레니엄에 이르기까지 그리고 21세기에 들어서기까지 공적 영역에서 남성성이 어떻게 이야기되었는지에 대한 통찰을 제공한다. 쉽게 눈에 띄는 점은 총체적 부정성이다. 그래서 지구 행성에 막 도착해 무엇이 남성성인지 모르는 화성인은 아마도 그것이 결점을 보완할 만한 장점들은 있더라도 거의 없는 유해한 상태이자 크게 손상된 상태라는 생각을 이내 갖게 될 것이다. 이 저자들의 손에서 남성성은 봉쇄되고 공격받고 모욕받고 혹은 조롱받게 되는 위험한 무엇이다. 맥이네스(MacInnes, 1998)와 다른 저자들에게 남성성의 종식이 남성들에게 새로운 기회를 열게 되리라는 낙관은 전혀 없다. 1980년대와 1990년대 학계에서 남성성은 성공적으로 '문제 제기가 이루어'졌지만, 이제 그것은 여성들에게나 남성 본인들 그리고 사회 전체에 단지 '문젯거리'가 되고 있다. 만약 남성성이 위기에 빠지지 않았다면 정론지 기자들의 시도가 없어서 그런 것이 아니다! 남성성에 대한 정론지의 글 중에는 여성들이 쓴 글이 많기도 하고 대체로 여성을 위해 쓴 글로 보인다는 점도 지적해야겠다. 남성성에 대해 엄청난 양의 글이 쓰였지만 그럼에도 불구하고 우리는 남성들이 남성성을 오늘날 어떻게 인지하고 있는지 끊임없이 알아야 한다. 그들은 남성성을 위기에 처한 것으로 경험하고 있는지 그렇지 않은지, 어떻게 '남성성들'을 연기하고 있는지, 어떻게 다른 남성들과 그리고 여성들과 관계 맺고 있는지에 대해서 알 필요가 있다는 것이다. 남성성이 어떻게 수행되고 있는지는 다음 장의 주제이다.

| 더 읽을 거리 |

Blankenhorn, D. (1995) *Fatherless America*. New York: Basic Books.

Bly, R. (1997) *Sibling Society*. Harmondsworth: Penguin.

Campbell, B. (1993) *Goliath: Britain's Dangerous Places*. Harmondsworth: Penguin.

Coward, R. (1999) *Sacred Cows*. London: Harper Collins.

Faludi, S. (1991) *Backlash: The Undeclared War Against Women*. New York: Crown.

Lyndon, N. (1993) *No More Sex War: The Failures of Feminism*. London: Mandarin.

Newell, W. R. (ed). (2000) *What is a Man? Three Thousand Years of Wisdom on the Art of Manly Virtue*. London: Harper Collins.

Thomas, D. (1993) *Not Guilty: In Defence of Modern Man*. London: Weidenfeld and Nicolson.

7장

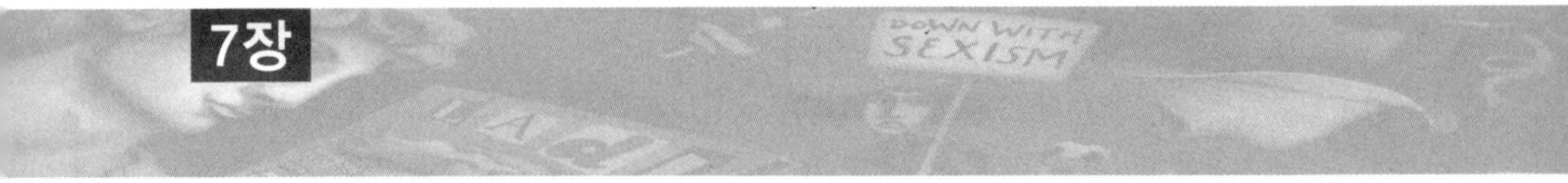

오늘의 남성성 연구하기

서가로 가서 책 한 권을 꺼내세요. 무엇이든 좋아요, 너무 오래 망설이진 마시고. 읽기 시작하세요. 그 책이 남성과 남성성에 대해 당신에게 무엇을 말해 줍니까?(모건Morgan의 《남성 발견하기*Discovering Men*》 1992: 48).

데이비드 모건의 《남성 발견하기》

이 결론적인 장에서는 남성성 연구조사research에 상당히 중점을 두고 다음과 같이 진행한다. 첫째, 나는 모건(1992)의 《남성 발견하기》로 돌아간다. 내가 1장에서 분명히 했듯이 그것은 독창적인 텍스트로서 잠재적인 연구자들에게 여전히 많은 것을 말해 준다. 둘째, 남성성이 연구될 수 있는 여섯 가지의 '조사연구 양식들'을 규정한다. 셋째, 최근에 나온 관련된 조사연구들을 간략하게 예로 들면서 이런 조사양식들을 확장한다. 넷째, 민속지(양식 6)에 특별한 관심을 쏟고 내가 이전에 수행했던 민속지적 남성성 연구들을 요약한다. 마지막으로 모건의 영향력 있는 책으로 다시 돌아간다.

기존 텍스트 다시 읽기

최근에 나온 비판적 연구들은 남성성을 사회적이고 역사적인 문화적 개념으로 직접 언급하고 있지만 더 오래된 텍스트들은 그것을 간접적으로 다루거나 심지어는 불명료하게 다루었기 때문에 '반대결'로 다시 읽는 것이 생산적이다. 모건은 전기와 자서전, 소설, 사회학과 문학을 새롭고 해체하는 방식으로 다시 읽을 것을 주창한다. 이는 남성의 경험에 대한 텍스트 부재의 문제가 아니라 독자들이 텍스트들을 특정한 방식으로 읽는 데 익숙하지 않다는 문제이다. 그는 "존재만이 아니라 부재를 읽기 위해서, 텍스트의 암호를 해독하기 위해서 또는 숨겨지거나 억압된 의미를 발견하기 위해서 명시적으로 서술되지 않은 주제들"을 찾아내는 '행간 읽기' 과정인 새 방식으로 기존 텍스트를 새롭게 다시 읽기를 주장한다(Morgan, 1992: 50). 그 자신도 베버의 《프로테스탄트윤리와 자본주의 정신*The Protestant Ethic and the Spirit of Capitalism*》(Weber, 1930)과 와이트의 《길모퉁이 사회*Street Corner Society*》(Whyte, 1955)와 같은 고전 텍스트들을 비판적으로 다시 읽어 낸다. 뒤의 책은 이탈리아계 미국인 빈민공동체에 대한 민속지로, 다양한 남성성 유형들(예를 들어, '영웅', '노력가', '독불장군', '거리의 소년', '대학소년')을 포함하고 남성 권력과 동성사회성에 대해 많은 것을 말해 주는 매우 마초적인 사회에 대한 연구로 평가되고 있다. 또한 모건은 소설과 일기, 편지, 역사 연구서들, 그리고 특히 유익한 자료들인 자서전과 전기 등을 통해 남성성의 구성과 표현을 연구할 수 있는 가능성을 지적한다.

남성성의 실행

모건은 학교와 감옥부터 군부대, 사업, 스포츠, 실직과 은퇴, 면대면face-toface 상호작용과 대화 행위에 이르는 광범위한 실제 생활환경에서 남성성들을 연구할 것을 주장한다. 그러므로 '남성성'은 넓은 실제 환경을 포착하기 위한 하나의 분석적 개념이 된다. 그는 다음과 같이 말한다.

> 어떤 사람이 어떤 만남에나 천편일률적으로 가져오는 하나의 특성으로 남성성을 간주해서는 안 된다 … (그보다) 젠더와 남성성은 자아 표현의 일부, 총체적인 상황 전반에 걸쳐서 암묵적으로나 분명하게 협상되는 무언가로 이해할 수 있다 … 간단히 말해서 우리는 '남성다운 상태being'보다는 '남성성 행하기doing'에 대해서 생각해야 한다(Morgan, 1992: 47).

여섯 가지 연구양식들

남성성이 광범위한 환경에서 어떻게 구성되고 실행되는가는 이미 조사연구 목록에 확고히 들어가 있지만〔예를 들어 버거 등(Berger et al., 1995)〕, 남성성의 '경험'과 '삶'을 기록하는 현장 기반 연구들은 여전히 부족하다. 지금 필요한 일은 남성과 남성성을 새롭고 혁신적인 방법으로 조사하고 이론화하고, 어떻게 남성성의 주관적 경험이 나이와 계급, 문화적 위치, 민족, 섹슈얼리티, 지리의 영향을 받고 있는지를 남성성의 특정 형식과 실천의 재생산과 함께 기록하는 것이다. 닉슨(Nixon, 1996)도 조사연구자들에게 '복수의 남성성들'을 다루고 그들 삶의 다른 영역들(아버지로서, 연인으로서 노동자로서 등등) 안에 있는 남성들을 연구하라고 요구하면서 비슷한 주장을 한다. 현대 남성들이 어떻게 빠른 변화에 대응하고 새로운 환경에 적응하는지 기록할 필요가 있다. 그러나 러더퍼드(Rutherford, 2000: 35)가 적절히 경고하듯이 "지금의 남성성 연구방법론들은 남성의 주관성에서 일어나고 있는 변화에 대한 이해를 제한하고 있다.”

이러한 점들(모건의 현명한 충고를 포함해)을 염두에 두고 남성성을 연구할 때 연구방법을 선택할 수 있게 하려는 시도의 일환으로 여섯 가지 ‘연구양식들’을 상술한다(〈그림 7-1〉을 보시오). 이 연구조사 양식들을 적용하는 데는 분명 (담론과 서사분석에서부터 기호학, 상징적 상호작용론, 연극론, 내용분석에 이르는) 수많은 이론적 시각들이 도입될 것이다. 이 책의 ‘문화주의적’ 편향을 생각하면, 일부 독자들은 이 연구조사 지도map를 제한적으로 볼 수도 있다(통계와 설문조사, 설문지, 표 작성, 심지어 시험과 실험과 같은 보다 정량적인 접근들이 연구되지 않고 있다는 점에서 말이다).

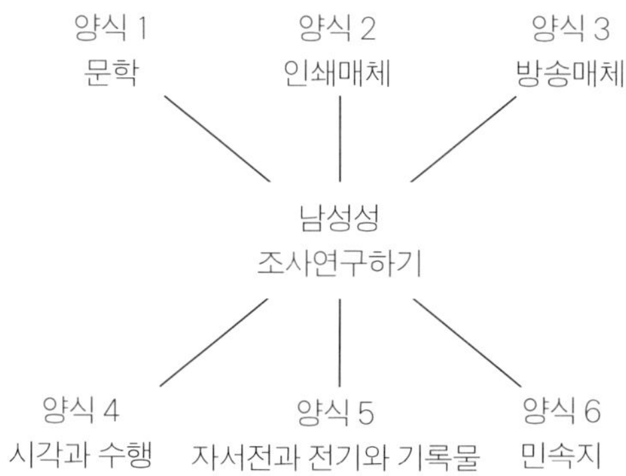

〈그림 7-1〉 조사연구 양식들

- 양식 1. 문학. 남성성이 문학에서 어떻게 그려지는가?
- 양식 2. 인쇄매체. 남성성이 신문과 잡지에서 어떻게 재현되는가?
- 양식 3. 방송매체. 남성성이 영화와 텔레비전에서 어떻게 재현되는가?
- 양식 4. 시각과 수행. 남성성이 광고와 사진, 그림, 조각에서 어떻게 그려지는가, 그리고 남성성이 ‘대단한 구경거리 행사들’(예컨대 스포츠, 춤,

심지어 군대 열병식 같은)에서 어떻게 수행되고 있는가?

- 양식 5. 자서전과 전기와 기록물. 남성은 남성성을 자기 삶에서 어떻게 경험하는가? 남성성은 과거에 어떻게 경험되었나?
- 양식 6. 민속지. 남성성은 특정 환경 안에서 어떻게 구성되고 실행되는가?

각 연구양식들에 연관된 자료의 출처는 〈표 7-1〉에 요약했다.

〈표 7-1〉 조사연구 양식들과 자료 출처

양식	자료 출처
1. 문학	소설, 시, 연극, 역사연구, 여행과 스포츠 책자
2. 인쇄매체	타블로이드 신문과 일반신문, 잡지, 만화책
3. 방송매체	영화, 텔레비전, 비디오, 인터넷, 라디오
4. 시각과 수행	그림, 조각, 광고, 사진, 만화, 삽화, 스포츠, 춤, 팝 음악, 기념식, 의례, 구경거리, 외모, 품행과 연설
5. 자서전과 전기와 기록물	구술사, 생활사, 전기, 자서전, 일기, 저널, 문서고의 자료, 음성 녹음테이프와 비디오 녹화테이프
6. 민속지	현장일기에 기초한 관찰, (공식적, 비공식적, 개인적, 집단적) 면접, 음성 녹음테이프와 비디오 녹화테이프

나는 이제 여섯 가지 조사연구 양식을 자세히 설명하겠다.

양식 1. 문학

이 책 전반에 걸쳐서 그러나 특히 2장에서 문학은 가치 있는 자료로 활용되어 각 역사사회적 시기의 남성성에 대한 통찰을 제공했다. 최근에 나온 두 책은 그 탁월한 예들로 나이트(Knights, 1999)의 책은 20세기 영국 소설에 묘사된 남성성에 대한 것이고 쉐네-하우드(Schoene-Harwood, 2000)의 책은 프랑켄슈타인으로부터 신남성(예컨대 1950년대의 '성난 젊은이'를 경유하여)까지의 남성적 글쓰기에 대한 연구이다. 또 하나의 예로는 남성성의 렌즈를 통해 셰익스피어의 《안토니와 클레오파트라*Antony and Cleopatra*》 다시 보기이다(Mangan, 1997). 시저에게 진정한 남성다움은 전쟁 기술들에 달려 있다. 그는 안토니의 '여자 같은' 성격에 혐오감을 나타내면서 여자의 음탕함과 변덕스러움에 대한 로마 남성의 두려움을 뚜렷이 표현하고 있다. 안토니는 클레오파트라의 '여성화하는 영향력'에 스스로를 노출시킴으로써 카미디우스로부터 "우리 지도자가 이끄니, 우리는 여자의 남자라네"라는 모욕을 당했다(3막7장). 망간 역시 《맥베스*Macbeth*》를 '남자 되기'란 무엇인가에 대한 텍스트로 접근한다. 맥베스 부인이 제시한 한 가지 정의는 남자 되기는 죽일 수 있는 대담함과 용기를 가진 것에 달려 있다. 한편 현대 소설가들(카주오 이시구로, 그레이엄 스위프트, 이언 매큐언, 줄리언 반스, 이언 뱅크스, 어빈 웰시, 헬렌 필딩, 팻 바커, 앨런 홀링허스트, 마틴 아미스 같은)은 대단히 광범위한 '문학의 남성성들'을 묘사했고 그럼으로써 이전에 당연시되었던 남성의 성질들과 '고정된' 남성성 관념을 자주 전복하곤 한다. 예를 들어 그레이엄 스위프트의 《마지막 명령*Last Orders*》(1996)은 남성성에 대한 지배적인 사고들과 그에 따른 행동규칙(폭음, 맹세, 결투, 감정억제, 소통 꺼림 같은)의 내면화가 남성들에게 끼친 해악을 폭로한다. 이시구로의 《남아 있는 나날*Remains of the Day*》(1989)은 섬김과 의무와 민족주의에 대한 관념들과 계급, 그리고 스티븐슨이라는 비극적 인물의 억압되고 성장을 멈춘 남성성의 초상, 그 양자의 교차점을 고찰한다.

양식 2. 인쇄매체

이제까지 언론의 남성성 재현(특히 타블로이드판 신문에서의)에 대한 연구가 거의 없기 때문에 6장은 남성성이 세기 전환기에 어떻게 제시되고 논의되었나를 검토하기 위해서 정론지에 상당히 의존했었다. 5장도 비슷하게 신세대 스타일 잡지들이 1980년 후반에 어떻게 남성성을 상업화했는지 보여 주었다. 남성 권력이 의문시되는 시대에 잡지 발행자들이 남성성을 상품화함으로써 큰돈을 벌 수 있다는 것을 깨달으면서 남성의 몸은 이윤을 위해 성적 매력이 부여되고 시각적인 것이 되었다. 그레고리오-고디오(Gregorio-Godeo, 2000)는 여성을 겨냥한 잡지들(예를 들어 《마리 클레르 *Marie Claire*》, 《엘르 *Elle*》, 《칙 *Chic*》)을 살펴봄으로써 남성성 묘사에 재미있는 견해를 제공했다. 남성성에 대한 수많은 개념들이 등장하고 있고 신남성이 세상의 주목을 받고 있지만 종종 무시받았던 남성성 유형들에게도 전보다 더 많은 관심이 기울여지고 있다.

아동과 젊은이를 위한 만화책은 이야기 구조와 등장인물과 시각적 효과를 통해 남성성을 탐구하는 중요한 수단이다. 마하와태(Mahawatte, 2000)는 1960년대 이후의 미국 만화책에 대한 연구에서 남성성의 새로운 이미지들과 모델들이 의도적으로 전복적이었고 뉴에이지 철학과 제휴했음을 살펴본다. 새로운 일련의 남성 등장인물들이 규범적인 남성성 모델들과 극적인 단절을 표시하면서 출현해 왔다. 혼종성이 만화책의 친숙했던 고정관념들을 대체해 왔다.

양식 3. 방송매체

남성성에 내재된 많은 모순들은 현대 영미 영화들의 주제로 자주 나타나는데 거기서 남성성의 위기는 탄탄한 주제이며 반복되는 주제이다. 스필버그의 〈라이언 일병 구하기 Saving Private Ryan〉(1998)는 1944년 6월의 디데이

D-Day라는[11] 시점에 맞춰져 있지만 의무에 철저하고 나라에 헌신하는 남성성을 묘사하면서 현대 남성성에 많은 질문을 제기했다. 1990년대의 다른 영화 〈파이트 클럽Fight Club〉(1999)과 〈아메리칸 뷰티American Beauty〉(1999)는 1980년대 영화에 등장했던 근육으로 무장하고 감정은 전혀 없는 남자들과는 매우 다른 유형의 남성성을 제시한다. 〈록, 스톡 앤 투 스모킹 배럴즈Lock, Stock and Two Smoking Barrels〉(1998)와 같은 '조폭 스타일'이라는 새로운 장르와 더불어, 앞의 영화는 남성의 지위가 침식된 시대에 견고한 남성성 형태를 재창조하려고 애쓴다. 스트리프(Striff, 2000)도 〈글렌게리 글렌 로스Glengary Glen Ross〉(1992)와 〈남성주식회사In the Company of Men〉(1997)와 같은 1990년대 영화들의 사무직 중간관리자 남성에 대한 묘사에서 남성의 권력을 지켜내고 행사하려는 필사적인 시도를 본다. 극도로 남성화된 남성들은 여성성을 거부하고 일터에서 팩스와 음성메일을 통해 공격성을 표출하며 경쟁적이지 않은 관계는 모두 거부한다.

텔레비전으로 가면 수많은 논평자들이 남녀관계의 전반적 균형이 여성의 권력 쪽으로 이동해 왔다고 주장한다. 일례로 페데르치니(Pederzini, 2000)는 세계적으로 인기 있던 〈X파일〉의 팍스 멀더라는 인물이 여자 파트너에게 심리적으로 (가끔은 신체적으로도) 의존하고 있다고 본다. 〈블라인드 데이트Blind Date〉 같은 텔레비전 프로에서든 〈프렌즈Friends〉 같은 드라마와 코미디에서든 '부드럽고 다정한' 남성성이 우세하다. 파햄(Parham, 2000)은 신남성주의가 전통적으로 남성적인 스포츠 중계 영역이었던 축구와 스누커 당구에까지 침투하고 있다고 본다. 그는 예고편과 경기 후 분석과 프로그램을 시작할 때 나가는 인물자막에서 어떻게 신남성 이미지가

11 노르망디 상륙작전이 있었던 1944년 6월 6일.

더 많은 관중들, 특히 여성들에게 '말 걸기' 위해서 특별히 포함되는가를 보여 준다. 한편 패트릭(Patrick, 2000)은 흑인 남성성의 각양각색의 재현들이 최신 팝 비디오에 어떻게 등장하고 있는지 보여 준다. 그것은 다형적이고 도착적인 것(마이클 잭슨과 프린스에서처럼)에서부터 이성애적이고 패권주의적인 것(가령 랩 비디오에서처럼) 나아가 전통적인 남성성의 지배 서사들을 깨뜨리기 위해서 아프리카 중심주의와 후기 여성주의 그리고 퀴어 정치학을 동원하는 데 이른다.

양식 4. 시각과 수행

남성의 몸은 의미를 표현하는 수단이다. '시각적'이란 단어로 내가 분명하게 의미하는 바는 남성의 몸이 (그림과 사진, 광고, 조각, 사진에서) 묘사되는 방식과 옷과 체격을 통해 묘사되는 방식이다. 남성성과 몸에 대한 연구에서 내가 가장 유익하다고 본 것은 '백인성'의 구성에 대한 보르도의 연구(Bordo, 1993)와 다이어의 연구(Dyer, 1997), 그리고 백인 이성애주의의 구성에 담긴 모순을 다룬 파일의 연구(Pfeil, 1995)이다. 중요한 책은 닉슨(Nixon, 1996)의 것인데 그는 광고와 패션잡지에서 남성성을 시각적으로 재현한 것에서 암호를 해독하고 '읽기' 위해 기호학을 동원한다. 사진, 영화, 텔레비전에서의 남성 몸의 재현에 대한 맥키넌(MacKinnon, 1998)의 책, 보디빌딩에 관한 요한슨(Johansson, 1998)의 책, 스포츠와 남성의 몸에 대한 블래이크(Blake, 1996)의 책이 참고할 가치가 있다. 《몸과 사회*Body and Society*》 학술지는 최신 연구를 보여 주는 뛰어난 지표이다.

'수행적'이란 단어로 나는 광범위하게 다양한 환경에서 '남성적인 것'이 말과 신체적 언어를 통해 실행됨을 의미한다. 그 예는 일상적인 만남, 팝

음악회, 장관을 이루는 군대 행사들(여왕탄신일의 연례 군기분열식 같은 것), 의례와 행렬, 연극 상연, 주요 스포츠 행사 등이다. 남성성의 표현을 재미있고 독창적으로 조명한 것은 최근에 등장하고 있는 춤의 작품 세계이다(Bert, 1995, 1998, 2000; Hargreaves, 2000, Roebuck, 2000). 아울러 가장 중요한 기여는 사회적 상호작용에서 남성의 언어 사용을 분석한 사회언어학자들에 의해 이루어지고 있다(Holmes, 1995; Mills, 1995; Bergvall et al., 1996; Johnson and Meinhof, 1997; Pauwels, 1998).

양식 5. 자서전과 전기 그리고 기록물

기록물들은 구술사와 생활사 작업을 포함하고 또한 스탠리(Stanley, 1993)가 '자서전/전기auto/biography'(자서전과 전기 둘 다를 포함하는)라 부른 것을 포함한다. 나는 이것들을 차례대로 살펴보는데 각각은 현재와 과거의 남성성의 살아가는 경험과 남성 주체들에 대해 대단히 흥미로운 사실들을 보여 줄 수 있다.

구술사부터 시작하겠다. 거기서 과거의 목소리는 수많은 응답자들과의 면담을 통해 그리고 특정 사건이나 주제에 초점을 맞춤으로써 포착된다. 그 예는 폴 톰슨(P. Thompson, 1975)이 에드워드 시대의 삶을 탁월하게 재구성한 것이다. 구술사의 강점을 예시하기 위해 토시(Tosh, 2000)는 사우스웨일스의 광산 연구 프로젝트를 인용하는데 거기에는 오랜 과거의 노동과 생활상태가 생생하게 재생되어 있다. 1970년대에 면담했을 때 이미 늙은 남자였던 응답자는 그가 20세기 초반 젊은이로서 처음 지하에서 일하기 시작했을 때 살았던 간이숙소를 다음과 같이 묘사한다.

목욕탕이 없었어. 있는 건 달랑 낡은 함지박뿐이고 주인 여자가 몇 개의 양동이에 물을 담아 불에 올려놨지. 무리가 대여섯 명이라면 우선 전부 몸의 상반신을 씻는 거야. 돌아가면서 상반신만 말이지. 그런 다음 되돌아와 몸의 하반신을 씻었지(Tosh, 2000: 195-6).

어떻게 구술사와 생애사 연구를 할 것인가에 대한 훌륭한 입문서들로는 《구술사저널*Oral History Journal*》뿐만 아니라 헤니그의 책(Henige, 1982)과 톰슨의 책(Thompson, 1988)을 예로 들 수 있다. 많은 연구들이 경험된 것으로서의 남성성에 대해 우리에게 상당히 많은 것을 말해 주는데, 예를 들어 서덜랜드(Sutherland, 1937)와 챔블리스(Chambliss, 1972)와 잭슨(Jackson, 1972)은 전문 도둑들에 대해서, 험프리스(Humphries, 1981)는 1889-1939년 시기의 노동계급 젊은이들에 대해서, 톰슨(Thomson, 1994)은 1915년 갈리폴리에 종군한 호주와 뉴질랜드 연합군단Anzac troops의 경험을 이야기한다. 한편 나는 학문적인 측면은 덜하지만 시공간에서의 남성성의 경험과 실행을 이해하는 데 값진 공헌을 한 수많은 텍스트들을 염두에 두고 있다. 그 가운데 남성과 프리메이슨주의에 대한 나이트의 책(Knight, 1985), '종신형' 남자 살인자들에 대한 토니 파커의 책(Parker, 1990), 마피아문화에 대한 시버트의 책(Siebert, 1996), 1차 세계대전이 낳은 전쟁신경증에 대한 홀든의 책(Holden, 1998)이 있다. 태반이 전쟁 경험에 대한 것이다〔예를 들어 클레이톤과 크레이그(Clayton and Craig, 1999)〕. 이 장르의 전형은 전직 영국 폭격대 비행사였던 존 골리의 작업으로 독일에 대항하여 영국 본토 항공 방어전The Battle of Britain을 펼친 전투원들을 면접해서 그들의 생활방식을 상세하게 그린 상당히 재미있는 책이다(Golley, 2000; 2001).

내게 생활사 작업은 개인의 '인생경로'에 대한 심도 있는 연구를 뜻한다. 생활사 방법론은 1920년대와 1930년대의 시카고대학과 특별히 관련이 있고 '떠돌이 일꾼들'의 삶(Anderson, 1923)에서부터 폭력조직 단원(Trasher, 1926), 모든 길을 꿰차고 있는 좀도둑들(Shaw, 1930), 교외에 사는 중간계급의 삶에 이르기까지 시카고 시의 문화생태학을 그려 내는 방식이다. 생활사 연구에 대한 관심을 다시 일으킨 주요 인물은 플러머(Plummer, 1983; 1995)이다. 그는 '이야기의 사회학sociology of story'을 통해 인생 이야기의 생산과 소비의 사회적 성격에 대한 관심을 집중시키고 어떻게 사회문화적 행위자들이 자신들이 경험하는 삶을 '개인적'인 것으로 만드는지 보여 준다. 흔히 개성적이고 개인적인 것으로 간주되는 행동들은 지역과 시대, 장소, 섹슈얼리티, 인종, 젠더, 계급, 나이, 장애 등의 산물로 해체될 수 있다(Thurston and Beynon, 1995). 인생 이야기는 남성 주체들의 문화적 기원과, '남자답다'고 간주된 것이 사실상 어떻게 시간과 공간 속에서 학습되고 표현되고 유지되는가를 흥미롭게 드러낸다. 예를 들어 서스턴(Thurston, 1996)은 남성 범죄자가 자신의 인생 이야기를 구성하고 전달하기 위해 사용하는 언어 책략과 상호작용 책략 및 폭력과 범죄에 기반해 남성성이 구성되는 것을 검토한다. 그럼으로써 그는 강조점을 전통적으로 이야기 되던 수인prisoners으로서의 남성에서 남성으로서의 수인으로 이동시킨다. 그는 가족, 학교교육, 고용과 실업, 관계들, 약과 술 문제, 범죄성에 걸쳐 있는 수많은 '인생 영역들'의 측면에서 남성들의 삶의 '궤적들'을 그린다. 인생 이야기는 정체성을 완성하는 하나의 방식이지만 그것은 당연히 화자가 왜곡하고 채색하고 과장하고 숨기고 심지어 거짓말하는 재현이다. 그러나 그런 '진실'로부터 벗어남 자체가 여러 가지 측면에서 의미가 있을 수 있다. 또한 서스턴은 어떤 이야기가 경청되고 어떤 것이 간과되었는지 묻는다. 그는 '나이젤 이야기Nigel's story'와, 폭력과 여성에 대한 성적 착취, 과음과 범죄, 그가 보기에 모두가 아버지와의 나쁜 관계에서 유래한 것들에 기반한 과잉 남성성을 설명하는 방식에 대한 세밀한 분석과 함께 예를 들어 설명한다. 서스턴은 지속적으로 작업하여 '남성의 이야기하기'를 감옥의 교정 프로그램과 보호감찰 서비스의 기초로 발전시켰고, 그 이야기들은 화자들이 자신의 인생과 범죄 경력의 '결정적 순간'에 어떻게 자신을 이해하게 되는지 밝혀 준다고 주장한다.

마지막으로 자서전과 전기를 살펴보자. 영국에서 세이들러(Seidler, 1989)는 사회이론이 기반을 두고 있는 합리주의는 한계일 수 있으며 남성성에 대한 새로운 종류의 비판적이고 성찰적인 자서전/전기 쓰기가 필요하다고 처음으로 주장했던 사람들 중의 한 명이다. 많은 이가 그의 발자국을 따라 갔는데 가장 돋보이는 이는 데이비드 잭슨(Jackson, 1990)으로 그의 자서전은 아직도 더 출판되어야 하는, 경험된 것으로서의 남성성에 대한 가장 설득력 있는 텍스트들 중의 하나로 인정되는데 그러한 평가는 정당하다. 자서전 자료에 의거해 최근에 나온 재미있는 연구는 브로더스(Broaddus, 2000)의 것으로 그는 1960년대 미국 흑표범 당원American Black Panther의 자서전들이 만연해 있는 흑인 남성의 결핍 모델에 대항하기 위해 강력하고 긍정적인 흑인 남성 정체성을 만드는 수단이었음을 논증한다. 남성성 자체에 대한 전기적 연구에 관한 한 로퍼와 토시(Tosh, 1991), 도슨(Dawson, 1994), 러더퍼드(Rutherford, 1997)의 《영원하라 잉글랜드*Forever England*》(루퍼트 브룩Rupert Brook, 쇼T. E. Shaw, 이녹 파월Enoch Powell의 전기 연구들과 함께) 등이 필독서이다. 특정 개인의 남성성 실행을 조명하기 위해 사용된 전기의 예로는 1966년 월드컵에서 우승한 잉글랜드 축구팀을 다룬 'Royof-the Rovers'[12]의 주장인 바비 무어에 대한 파커(1996)의 짧은 연구이다. 파커는 무어가 암으로 1993년 때 이른 죽음(50세)을 맞았을 때 '황금시대의 황금 소년'으로 그가 얼마나 우상시 되었으며 그의 충성스럽고 기사도적이며 신사다운 스포츠정신 이미지가 술과 마약에 찌든 1980년대와 1990년대 초의 슈퍼스타들과 얼마나 극적인 대조를 이루었는지 보여 준다. 무어는 잉글랜드 축구의 가장 위대한 업적을 상징할 뿐만 아니라 축구가 사업가들과 TV방송국에 속하지 않고 팬들의 것이었던 시절과 아직 난폭한 축구팬 훌리건이 없고 선수들이 자기 지역 클럽에 평생 충성했던 그런 시절을 상징하게 되었다. 심지어 무어는 잉글랜드 자체의 황금시대를 대표하기에 이르렀다. 그런데 그가 사망한 해는 부틀에서 아장아장 걷는 아이였던 제임스 벌저가 살해당한 바로 그 해였고, 많은 사람들이 영국은 마약지대와 포르노 비디오가 전형을 이루는 새로운 야만을 향해 퇴보하고 있다고 느끼고 있던 해였다. 그러나 파커(1996)가 보여 주듯, 로비 무어의 이상적인 '스포츠 남성성'은 그의 개인적인 삶의 일부 면모들과는 모순되는 것이다. 또한 그런 식의 향수는 1960년대가 크레이스 형제들,[13] 런던 암흑가의 살해, 무어의 살인자들, 탄광잡석 더미 사태에 대한 공포와 그로 인해 사우스웨일스의 아버판Aberfan에서 아이들의 불필요한 사망이 있었던 시대라는 사실을 덮어 버렸다.

양식 6. 민속지

코넬(Connell, 1998)은 1990년대를 남성성 연구가 특정한 환경이나 국면

12 영국의 유명한 축구 만화.
13 영국 런던의 지하세계를 잔인하게 지배했던 쌍둥이 Krays.

에서의 남성성의 구성과 표현을 고찰한 연대로 회고한다. 보디빌딩 문화에 대한 클레인(Klein, 1993)의 연구와 경찰업무의 성별화를 조사한 맥엘히니(McElhinny, 1994)의 연구가 여기에 해당되는 예들이다. 그는 '민속지학적 국면'이라 부른 그 때에 경의를 표하는데 그로 인해 새로운 경향들의 조사연구가 도입되었을 뿐만 아니라 역할이론의 단순화를 부정했기 때문이다. 무엇보다 남성성은 서로 다른 환경에서, 심지어 같은 환경 안에서도 다양하게 출현하고 서로 다르게 실행되고 있었다(Barret, 1996; Messerschmidt, 1997). 남성성이 어떻게 다양한 문화적 장치 안에서 '성취되는지' 연구하는 데 민속지가 가진 잠재력을 더 철저하게 활용할 필요가 있다. 콘월과 린디스파르너(Cornwall and Lindisfarne, 1994)가 편집한 《남성성 혼란시키기—비교민속지*Dislocating Masculinity: Comparative Ethnographies*》라는 중요한 책이 그런데, 나는 이 책에 신세를 많이 지고 있다. 그들은 다양한 환경에 있는 일련의 남성성의 실행을 탐구하는 데 가장 효과적인 방식으로 민속지학적 사례를 발전시켰다. 다음을 조사하는 데도 마찬가지이다.

> 익숙한 대립쌍들('남자-여자', '남성-여성', '남성성-여성성')이 도처에서 훨씬 더 복잡한 사회현실에 의해 좌초되는 정도 … (아울러) 하나의 환경에서 패권적 남성성과 예속적 남성성의 실행(Cornwall and Lindisfarne, 1994: 2, 10).

거기에 포함되는 좋은 연구로 이미 언급한 맥엘히니(1994)의 연구를 들 수 있는데 그것은 매우 남성적인 환경에서 여자 경찰관들이 그들의 자신감을 입증하기 위해 사용하는 전략들에 관한 것이다. 여경들은 남성적 역할과 페르소나를 채택하면서 점점 딱딱하고 감정을 드러내지 않게 되고 직업이 요구하는 물리적 폭력을 사용하는 한편, 그들은 "스스로를 남성적으로 보기보다는 객관적으로 보면서 객관성과 남성성의 연관성"을 뒤집었다(McElhinny, 1994: 169).

델 카스틸로(D. Castillo, 2000)는 술집에서 일해 가족을 부양하는 부인을 둔 멕시코 시의 실직 남성들에게 남성성이 어떻게 두영되고 있는지 조사한다. 이런 남성들은 결과적으로 자신의 여성 의존성과, 자기 부인이 섹슈얼리티를 이용해 다른 남자들의 관심을 끌고 그들을 즐겁게 해 주어 생계비를 번다는 사실 두 가지를 극복해야만 했다. 다른 재미있는 연구는 스와르트(Swart, 2000)의 것으로 그는 인종차별정책이 폐지된 남아프리카에서 강경파 백인[14]의 남성성에 대해 보고했다. 한때 강력했던 이 남자들(이제는 격하된 전 지도자 유진 테레 블랑슈Eugene Terre Blanche의 추종자들)은 십 년 남짓 만에 사회적 주변인들이 되었다. 그러한 민속지적 접근의 중요성은 그것이 정치적, 문화적 가마솥인 탈인종차별정책이 추진된 남아프리카에서 일련의 남성성 형성에 작용하는 정치, 역사, 인종차별주의, 군국주의, 준군국주의, 스포츠, 유명인사 그리고 여타 요인들을 결합시키고 있다는 점이다. 인종차별정책이 폐지된 남아프리카에서는 '모범적' 남성성(예를 들어 스포츠 영웅), '주변인' 남성성(소수민족 집단의 성원), '불명예' 남성성(동성애)이 추가적으로 포함된다.

나는 1980년대 중반 이래 수행해 온 네 가지 민속지적 연구를 간략히 언급하면서 이 절을 마치고 싶다. 그러면서 특정 환경—이 경우에 학교와 병원과 감옥—과 관련된 남성성들을 '설명'하기 위해서 근거이론grounded theory의 발생을 촉진하는 데 민속지가 갖는 잠재력을 강조하고 싶다.

14 북서 유럽의 기원을 가진 아프리카 소수민족(Afrikaner).

빅토리아가 종합중등학교(Beynon, 1985; 1989)

이 연구는 그 교장이 '남성들을 위한 학교'로 묘사했던 초급단계학교Lower School[15]에서 남성성이 어떻게 정의되었는지 조사한다. 나는 생도들이 교사들을 '파악해 내고' 교사들이 불쾌한 일에 어떻게 반응하는가를 기준으로 그들을 분류('좋은', '나쁜', '여자' 등으로)하는 것을 관찰했다. 또한 교사들이 생도를 판단하고 유형화('착한', '파괴적', '비정상' 등으로)할 때 의거하는 기준들을 기록했다. 여기서 실제의 폭력과 협박성('상징적') 폭력이 하는 중심적 역할이 자세히 조사되었다. 지배적인 생도와 교사에 의해 작동되는 '거울 이미지' 원형은 다음을 확실히 한다. 학교 사회질서에 새겨진 남성다움의 정의定意에서 완벽한 승자는 '남자다운 생도'('다듬어지지 않은 다이아몬드')와 '냉혹한'(그러나 일관되게 공정한) 교사이며 그 둘은 서로 사이좋게 잘 지내는 반면, 완벽한 패자들은 '남자답지 못한' 생도와 여교사를 포함해 '부드럽고' '폼 잡는' 교사이다.

힐탑병원의 보간병동(Beynon, 1987)

몇 년 후 나는 사우스웨일스의 힐탑병원에서 민속지학적 연구를 했다. 현장연구는 보간병동에 집중되었는데 그곳의 환자들은 늙은 남자들로서 대부분 젊은 시절 광부나 항만 노동자, 철강 노동자였다. 우리가 사는 소비사회에서는 젊은이와 중년 남자들만 남성성을 보존하는 것으로 제시되고 남자들은 늙어 갈수록 그들의 섹슈얼리티뿐만 아니라 남성성의 어떤 것을 잃어버려 '덜 남자스럽고', 심지어 '남자가 아닌' 존재가 되는 것으로 암암리에 간주된다. 그러나 병들고 늙고 대부분 침대에 묶여 있는 그곳의 남성

15 1960년대 영국의 교육제도로 5세부터 8, 9세 학생들을 대상으로 했음.

들이 강한 남성 정체성을 유지한다는 점이 현장연구를 시작할 때부터 확실해졌다. 상황이 상황이니만큼 그런 면은 대부분 언어를 통해 표시되었다. 예를 들면 간호사들에게 종종 성적 암시를 담은 재담을 하고 고통과 극도의 불편함을 견딜 수 있음을 공개적으로 과시하고 '남사답시 못한 행동'을 목청 높여 욕하고 남성들끼리 결속하고 지원하는 말들을 하고('수고!') '스포츠에 대한 수다'를 떨고, '무례한' 의사에게 용감하게 맞서 환자의 권리를 주장하고, 자신들이 '물러터진' 요즘 젊은 세대보다 더 낫다고 비교하면서 일하던 시절의 자랑스러운 업적을 이야기하고, 재산과 업적에 대해 허풍을 떨면서 무용담(특히 2차 세계대전에서의)과 스포츠 경기 기록과 성적 편력을 늘어놓고, 지금처럼 '부도덕한' 사회에서 '부정직한 짓'을 하는 것과는 정반대로 아버지와 남편으로서 보람 있게 산 삶을 입증하려는 이야기를 한다.

그린 에이커 중등학교(Beynon, 1993)

이 연구는 사우스웨일스의 중등학교에 컴퓨터가 어떻게 도입되었는지를 기록했다. 컴퓨터 책임 교사인 마이크로 씨는 그것이 본질적으로 남성의 활동이라는 신호를 분명하게 보냈다. 나는 소녀들이 내가 '컴퓨터 불한당들'이라 부른 일단의 소년들로부터 어떻게 반복적으로 괴롭힘을 당하고 '남자 영역'인 컴퓨터로부터 떠밀려졌는지("한나, 그건 토스터가 아니야 컴퓨터란 말이야!") 기록했다. 그들은 컴퓨터 자판을 장악하고 그것을 다루는 기량에 기반해 마초 정체성을 구성했다. 컴퓨터는 소년들에게 '우월한' 기술적 지식과 자판 다루는 기량에 기반해 강하고 남성적인 정체성을 형성하고 표현할 수 있는 이용 가능한 자원이 되었다.

시티톤 교도소의 젊은이 감방(Beynon, 2001)
이 연구는 지금 진행 중인데 '전문적'이고 '성공적인' 범인이라는 자부심에 토대를 둔 남성성을 조사한다. 이 연구는 젊은 남성들의 배경과 '범죄 경력', 감옥에서의 생활과 문화, 젊은 죄수들과 간수들에 의한 '교도소 남성성'의 일상적 실행을 기록한다. 특히 이 연구는 '처벌 경감 전략', 즉 많은 죄수들이 자기 범죄를 '발뺌하기 위해 해명하는' 방법을 탐색한다. 예를 들어 많은 이들은 자신의 범죄를 설명할 때 로빈 훗에게 호소해 자신을 그처럼 '정당하지 못한 정의'의 희생자로 바라보고 따라서 "가난한 이를 이롭게 하기 위해 부자들에게서 훔치는 것"으로 정당화한다.

현대 남성성을 연구할 필요

이 책에서 나는 남성들이 어떻게 남성성을 다양한 방식으로 경험하고 살았나를 입증하려고 애썼다. 남성의 삶의 다양성과 남성성의 다양성에 대한 증거는 우리 주변에 널려 있다. 남성들이 살아온 경험과 남성성의 연계는 보다 광범위하게 조사될 필요가 있다. 남성들이 그들의 인생을 과거와 현재에 어떻게 살았으며, 그들 머리에서 무슨 일이 진행되고 있는지(그리고 진행되어 왔는지), 그리고 무엇이 그들의 남성성 재현을 안내하고 있는지에 대해서 알려져야 할 부분이 훨씬 많이 남아 있다. 앞에서 개요를 서술한 여섯 가지 양식 가운데 하나 이상을 활용해 학생들이 자신의 연구계획을 고안할 영역은 광범위하다.

한편 나는 시작할 때 그랬던 것처럼 모건(1992)의 제안을 되풀이하면서 이 책을 마치겠다. 남성성에 대한 초기 연구는 어쩌면 생활사나 구술사, 혹은 민속지를 사용한 보다 현장 지향적인 연구의 전주곡으로서, 집 근처 바로 거기에서 연구를 시작하라고 제안한다. 내가 본을 보이겠다. 내 아들은 몇 년 전 집을 떠나 그의 침실 서가는 이제 그가 남긴 책들과 집의 다른 곳에서 흘러들어 온 내 책들로 뒤섞여 있다. 그 서가는 오래된 사회학 연구서들, 과거의 소설들과 최근 소설들, 스포츠 관련 자서전들, 몇몇 전기들이 혼합되어 있다. 힐끗 보기만 해도 이내 과거와 현재의 남성성에 대해 이야기하는 것이 많은 귀중한 발굴 자료들이 끌어올려진다. 서가 한 칸만 보더라도 다음의 책들이 순서대로 꽂혀 있다. 카이저의 《바이스 로드—거리의 전사들》(Keiser, 1979), 브라이언 잭슨과 데니스 마스덴의 《교육과 노동계급》(B. Jackson and D. Marsden, 1962), 브라이언 잭슨의 《노동계급 공동체》(1968), 마이클 영과 피터 윌모트의 《동런던의 가족과 친척》(M. Young and P. Willmott, 1957), 리차드 힐러리의 2차 세계대전의 고전인 《최후의 적》(R. Hilary, 1942), 앤디 맥납의 《브라보 투 제로》(A. McNab, 1993), 브렛 이스턴 엘리스의 《아메리칸 사이코》(B. E. Ellis, 1991), 대니얼 디포의 《로빈슨 크루소》(D. Defoe, 1720), 어빈 웰시의 《기차 관찰하기》(I. Welsh, 1993), 마크 트웨인의 《톰소여의 모험》(M. Twain, 1876), 운동선수들의 자서전 모음, 데이비드 매컬러프(D. McCullough, 1992)의 트루먼 대통령에 대한 기념비적 전기, 대중음악 테이프 더미(다이어 스트레이츠Dire Straits에서부터 내가 알지 못하는 최근 가수들과 그룹들의 것까지), 비디오 모음(옛날 흑백영화에서부터 오늘날의 대작까지). 이러하니,

> 서가로 가서 책 한 권을 꺼내세요. 무엇이든 좋아요, 너무 오래 망설이진 마시고. 읽기 시작하세요. 그 책이 남성과 남성성에 대해 당신에게 무엇을 말해 줍니까?(Morgan, 1992: 48).

| 더 읽을 거리 |

Beynon, J. (1985) *Initial Encounters in a Secondary School*. Lewes: Falmer.

Burt, R. (1995) *The Male Dancer: Bodies, Spectacle and Sexuality*. London: Routledge.

Clayton, T. and Craig, P. (1999) *Finest Hour*. London: Hodder and Stroughton.

Jackson, D. (1990) *Unmasking Masculinities: A Critical Autography*. London: Unwin Hyman.

Knights, B. (1999) *Writing Masculinities: Male Narratives in Twentieth Century Fiction*. London: Macmillan.

Parker, T. (1990) *Life after Life: Interviews with Twelve Murders*. London: Secker and Warburg.

Schoene-Harwood, B. (2000) *Writing Men: Literary Masculinities from Frankenstein to the New Man*. Edinburgh: Edinburgh University Press.

Turner, B. and Rennell, T. (1995) *When Daddy Came Home: How Family Life Changed Forever in 1945*. London: Pimlico.

용어 해설

Against the grain반대결로: 텍스트의 지배적인 이데올로기에 저항하는 방법으로 읽는 방식이다. 이데올로기를 뒤집고 그럼으로써 그것을 이데올로기라 폭로하기 위해서 텍스트를 '여백으로부터' 해체주의적인 방식으로 읽는다. 예를 들어 19세기의 식민주의 모험 문학은 여성주의 렌즈를 통해 다시 읽으면 극단적인 여성혐오증을, 포스트 식민주의 안경을 쓰고 다시 읽으면 극단적인 인종차별주의와 편견을 드러낸다.

Angry masculinity성난 남성성: 1950년대 후반 영국 중간계급의 가치에 반대하는 반항적인 반anti영웅적 젊은 남자들을 그린 영국 소설 속의 인물을 가리킨다.

Arnoldian masculinity아놀드주의적 남성성: 1828년 럭비교Rugby School 교장으로 임명된 개혁적 교육자 토마스 아놀드(1795-1842) 박사가 장려한 기독교에 기반한 남성성이다. 근육적 기독교의 특징은 운동제도와 단체경기 참여를 통해 육체적 건강을 증진시키는 것이다. 아놀드 시대 럭비교는 토마스 휴즈Thomas Hughes(1822-96)의 소설《톰 브라운의 학창시절》(1856)에 그려져 있다.

Beveridge Report비버리지 보고서: 1944년 윌리엄 비버리지 경(W. Beveridge, 1879-1963)을 의장으로 한 위원회가 제출한 영국의 전후 재건 방향, 특히 사회개혁과 교육, 주거, 복지와 건강의 측면에서 재건 방향을 지적했던 영향력 있는 보고서이다.

Black masculinities흑인 남성성들: 과잉 남성성은 멋지고 스타일이 좋다는 패권적 고정관념들을 일컫는 논쟁적인 용어로 특히 스포츠와 대중음악계의 흑인 명사들과 관계가 있고 그들에 의해 고무된다. 클레터보(1998: 26)는 흑인 남성성을 취한다고 해서 모두 다 흑인이거나, 모든 흑인 남성들이 남성답다고 해서 '흑인 남성성'을 띤다고 가정할 수는 없다고 논평한다.

Boy code소년규범: 폴락(2000)이 사용하는 용어로 그는 편협한 행위 규정이 미국 소년들에게 주입되고 그것 때문에 그들이 해를 입고 있다고 주장한다.

Breadwinner생계벌이자: 가부장제의 핵심인 가족의 우두머리이자 일을 해서 돈을 벌어 오는 전통적인 남성 역할이다. 생계벌이는 존경받을 수 있는 노동계급 남성의 품질보증 마크로 그의 남성다움 의식에 가장 중요한 것이다.

Bricolage masculinity짜깁기된 남성성: 최근 제공되고 있는 보다 유동적이고 변화 가능한 남성성 판형들을 포착한 용어이다. 이런 남성성 판형들은 일부 개인들이 상황이 요구하는 대로(예를 들어 노동에서 여가와 쾌락 영역으로) 남성성을 '채널 돌리듯 바꿀 수' 있도록 하며 패션과 '이미지 관리'를 명백히 주요한 요소로 삼고 있다.

British race영국 인종: 19세기와 20세기까지 널리 수용된 인종차별적 관념으로 영국제국의 지배력이 사실상 앵글로 색슨의 인종적 우월성에서 나온다고 믿었다.

Celebrity culture유명인사 문화: 유행을 선도하고 우상화된 개인들에 의해서 지배되고, 이미지와 대중매체가 홍수를 이루는 사회를 기술하는 용어이다('유명인사 아빠', '유명인사 산업', '유명인사 사나이'라는 용어도 사용됨).

Clarendon Commission클래런던위원회: '신사를 만들어 내는 공장'이었던 주도적인 영국 사립학교들의 철학과 목표와 교육과정을 조사해 1864년 보고서를 발표했다.

Commercial masculinity상업적 남성성: 1980년대 전반에 걸쳐 광고와 패션, 남성의류, 잡지, 영화와 텔레비전에서 남성성의 상업적 전유와 활용이 일어났고 이러한 시장 주도적 기획 뒤에는 재현전략들과 판촉전략들이 있었다('상업적 남성', '상업적인 젠더 서사'라는 용어도 사용됨).

Commodification of masculinity남성성의 상품화: 광고와 패션, 대중매체에서 온갖 다양한 남성성들을 제시하고 선전하는 상업적 장치들이다. 그래서 남성성은 다른 것들처럼 사고 팔 수 있는 '상품'이 되었다('상품화된 남성성들', '남성

시장'이란 용어도 사용됨).

Consumerism소비주의: 개인의 가치가 점차 유행하는 외모와 소유물과 전반적인 '스타일'에 의해서 규정되는 문화에서 '필요'보다는 '욕망'이 구체화되고 있다('소비주의 사회', '나 중심 문화', '상품 물신주의', '구경꾼 같은 소비자 주체'란 용어도 사용됨).

Creative advertising독창적 광고: 틈새시장을 알아내고 그것을 열기 위해 그리고 혁신적인 방법과 이미지들을 개발하기 위해 1960년대부터 광고가 사용하고 있는 광범위한 시장조사 방법으로, 갈수록 경쟁이 치열해지는 소비자 중심 환경에서 새로운 상표들을 다양한 매체에서 선전하기 위한 것이다.

Crisis in masculinity남성성의 위기: 이전의 남성성이 기반해 있던 중심적 교의들(가부장제, 생계벌이, 근력을 요구하는 업무들)이 침식되고 있기 때문에 현대 남성성은 위기에 처했다고 간주된다('남성성들의 위기들'이란 용어도 사용됨).

Cultural borrowing문화적 차용: 서로 다른 남성성의 변형들이 서로 횡단하고 영향을 미쳐 혼종성이 발생하는 방식을 지칭하기 위해 콘월과 린디스파르너가 사용한 용어이다.

Deep structure of masculinity남성성의 심층구조: 어떤 사회적 위치나 지리적 위치에 있든 모든 남성들에게 공통되는 기본적인 남성성이 있다는 생각이다. 그러나 그것이 무엇으로 구성되어 있는지 조야한 생물학주의에 의존하지 않고 알아내기 어렵다.

Discourse담론: 특정한 문화와 역사에 위치한 의미들을 생산하는 언어 사용의 습관들과 관행들, 재현의 형식들을 표기한다. 최근에 이 용어는 프랑스 철학자인 미셸 푸코(1926-84)의 저술과 특히 연관성이 있는데 그의 저술은 사물들이 특정 사회에서 특정 시대에 어떻게 기록되고 이야기되고 사유되는지, 누가 그런 의미들을 부여할 수 있는 권력을 갖는지, 그리고 그런 권력의 원천에 주목하게 만든다.

Discourse analysis담론분석: 현대 문화이론에서 이 용어는 대상을 정의함으로써 그리고 그것을 분석할 개념들을 생성함으로써 현실에 대한 자기확증적 설명을 생산해 내는 일관성 있는 진술들의 체계를 가리킨다. '담론적 실천',

'담론적 전략', '담론적 지배'에 대한 분석은 의미들이 어떻게 구성되고 어떻게 작동하며 어디서 유래하는지 밝힌다('담론구성', '담론주제들', '담론적 거세'란 용어도 사용됨).

Dramaturgy연출법: 미국 사회학자 고프먼(E. Goffman, 1922-82)의 영향력 있는 분석방법으로 일상생활을 연극 형식으로 분석하고 어떻게 사람들이 '연기자'로서 '역할들'을 떠맡고 '각본들'을 따르고 심지어 '소도구들'을 동원해 자신을 표현하는 '연기'까지 하는지 분석한다('연극적 성취'란 용어도 사용).

Ecriture masculine남성적 글쓰기: 아주 최근에 나이츠(1999)와 쉐네하우드(2000)와 연관된 용어로 그들은 문학에서 남성성의 재현이 역사적으로 어떻게 전개되어 왔는지, 특히 전통적인 젠더 구성 방식의 한계를 넘어서고 가부장적 남성성을 전복시키는 현대 남성성의 이미지 재구성을 검토한다. 보완적 개념은 '여성적 글쓰기', 즉 언어와 텍스트에 여성적 몸과 여성의 차이를 써넣는 것이다.

End of masculinity남성성의 종말: 맥이네스(1998)는 남성성에 대한 전통적 관념들이 죽어 가고 있고 이는 남성과 여성 모두에게 해방적인 것으로 환영받고 있다고 주장한다.

Eugenics우생학: 선택적 생식을 통해 인류를 개선하겠다는 매우 논쟁적인 '과학'으로 골턴F. Galton(1822-1911)과 관계 있다. 나치의 옹호를 받은 후부터 우생학적 견해들은 극도의 불신을 받고 있긴 하지만 그럼에도 불구하고 여전히 정신적으로 병든 사람들이나 불구자의 생식권과 이민에 대한 사람들의 태도에 영향을 미치고 있다.

Fabian Society페비언협회: 시드니 웹(Sydney Webb, 1859-1947)과 베아트리체 웹(Beatrice Webb, 1858-1943) 부부가 1884년에 설립한 영향력 있는 사회주의 단체이다. 페비언주의는 거창한 이론적 공론을 피하고 실용적인 개혁에 집중하여 사회주의 사상을 실천하는 길을 제공했다.

Family Capitalism가족자본주의: 지역의 기업자본가들에 의해 지배되는 자본주의의 한 단계로 19세기의 특징이며, 이제는 전 지구적 규모로 작동하는 기업자본주의로 대체되고 있다.

Fascist masculinity파시스트 남성성: 극단적인 민족주의와 군국주의, 폭력의 미화, 지배의 추구, 그리고 인종적 우월성의 이데올로기〔테벨라이트(1987)와 모스(1996)에 기록됨〕에 의거해 남성성을 추동하는 이데올로기로 정치경제적 혼란기(1920년-30년대의 독일 같은)에 표면화되기 쉽다.

Fatherless America아버지 없는 미국: 블랑켄혼(1995)의 용어로 미국 사회에서 자기 자식들과 떨어져 있고 심지어 그들과 모든 연락이 끊긴 아버지들의 수가 늘어나는 현상을 가리킨다.

Feminism and the feminist movement여성주의와 여성주의 운동: '제1기' 여성주의의 기원은 대체로 19세기 후반으로 설정되며 메리 울스턴크래프트 고드윈(Mary Wollstonecraft Godwin, 1759-97)의 글들에 힘입은 바 크다. 이 운동은 여성 참정권에 초점을 맞추었던 19세기 후반 영국과 미국에서 그 역량과 조직이 성장했다. '제2기' 여성주의는 1960년대와 1970년대에 현대 시민권운동과 신좌파 학생저항운동과 관계를 맺으면서 일어났다. 여성주의자들은 형식적인 정치적 평등이 사회문화적 평등을 가져오지는 않는다고 주장하면서 가부장제에 대대적인 비판을 개시했다. 현대 '제3기' 여성주의는 남성지배에 반대하기 위해 결속되어 있고 사회의 모든 영역들에서 평등한 권리를 지속적으로 요구하고 있다.

Feminization of employment고용의 여성화: 첫째, 1980년대와 1990년대에 모든 선진 경제국가들에서 여성의 노동시장 참여율이 증가된 정도를 가리키는 용어이다. 둘째, 과학기술의 발전과 보다 정교한 노동절약적 기계가 일의 성격을 어떻게 변화시켜 예전에는 남성의 완력이 필요했던 일을 여성들이 할 수 있게 했는지를 지칭하는 용어이다.

Fordism포디즘: 1930년 이탈리아의 마르크스주의자 안토니오 그람시(Antonio Gramsci, 1891-1937)가 만든 용어로, 미국의 자동차 제조업자인 헨리 포드(Henry Ford, 1863-1947)가 생산의 기계화와 자동화를 선도하고 과학적인 경영기법들을 노동과정에 적용한 방식들을 지칭한다. 그 후 포디즘은 대체로 미숙련 노동자들이나 반숙련 노동자들에 의해 이루어지는 표준화된 품목들의 대량생산과 연결되고 있다.

Freikorps자유군단: (1차 세계대전에서 살아남은) 군부대로 극단적인 군국주의와 민족주의를 지지했고 1920년대와 1930년대 독일 파시즘의 부활 배후에서 주도적인 힘을 행사했다〔테벨라이트(1987)에 상세하게 그려짐〕.

Gay movement게이운동: 1960년대 이후 게이 남성들과 그 지지자들이 합심해서 수많은 전선에서 동성애에 대한 불평등과 혐오증적 차별을 공격하는 시도를 가리킨다('게이 도상학', '게이 남성성' 등의 용어도 사용됨).

Gender젠더: 사회적으로 구성되는 남성과 여성 정체성으로, 남자와 여자의 생물학적 차이와 구별될 수 있다('젠더 이데올로기들', '젠더 지도'도 사용됨).

Gentleman-bachelor독신 신사: 빅토리아 시대의 연애소설과 탐정물의 단골 등장인물로 아서 코난 도일 경(Sir Arthur Conan Doyles, 1859-1930)의 셜록 홈즈가 가장 유명하다.

Global masculinities전 지구적 남성성들: 코넬(1998)이 사용한 용어로, 모든 지역의 남성들이 이제 상호작용—'세계에서 지역으로' 그리고 '지역에서 세계로'(Beynon, 2000)—에 의해 이런저런 방식으로 영향을 받고 있는 점을 고려하면서 남성성들의 형성과 실행에 미치는 지구화의 차별적인 영향을 기술하기 위한 것이다.

Goffmanesque presentation고프먼식 공연: 미국 사회학자 고프먼(1922-82)의 저작과 관계된 것으로 그는 '사람들이 연기자로서' 자신들의 자아를 표현하고 '연기'(Goffman, 1971)하는 데 사용하는 전략들과 신호들을 분석했다('연출법' 참조).

Grounded theory근거이론: 경험적 자료에 이론을 강요하기보다는 경험적 자료로부터 이론이 생성되는 과정을 언급하기 위해 글레이저와 스트라우스(1967)가 사용한 용어이다. 그러한 미시 수준의 이론화는 민속지적 자료에 탄탄하게 '근거'하고 있고 그 자료에 의해 실증된다.

Hegemonic masculinity패권적 남성성: 한 시대나 지역에서 우세한 남성성의 한 형식으로 다른 형식들은 그에 예속된다. 최초로 패권이란 단어를 사용한 사례들 중의 하나는 안토니오 그람시(1891-1937)가 한 사회계급의 다른 계급에 대한 지배를 나타내기 위한 것이었고, 이제는 남성성 분석 특히 코넬

(1995)과 가일(1994; 1996)의 남성성 분석에 적용되고 있다('패권적 식민주의 남성성', '패권적 남성 가치', '패권적 재현'이란 용어도 사용됨).

Homosociality동성사교성: 동성애와 구별되는, 남자들끼리의 동료애와 두터운 우정, 친밀성을 묘사하기 위해 세지윅(Eve Kosofsky Sedgwick, 1985)이 사용한 용어이다('동성애적-동성사교적 시선', '동성사교적 우정'이란 용어도 사용됨).

Hybridized masculinity혼종 남성성: 다른 판본의 남성성들로부터 차용하거나 문화 교차의 산물로 나온 남성성의 표현들이다('콜라주된 남성성', '혼종 각본들'이란 용어도 사용됨).

Hyper-masculinity과잉 남성성: 외모와 행동 양면에서 노골적으로 '남성적인' 것을 과장되게 전시한다. 예를 들어 과도하게 발달된 근육과 문신, 삭발한 머리, 행실과 말투의 형태로 육체중심주의와 '단단함'을 허세 부리는 것이다.

Ideology이데올로기: 그것에 따라 살아가는 사람들에게 모든 모순들을 숨기는 데 성공한 이념체계를 지칭한다. 그래서 이데올로기는 세상을 바라보고 해석하고 살아가는 방식이기도 하다. 이데올로기가 필연적으로 허위의식의 형태인지 아닌지, 그것이 현실에 대해 '진실된' 통찰을 줄 수 있는지 없는지, 혹은 그것이 특정 계급의 이해관계를 대변하고 발전시키는지 그렇지 않은지에 대해 서로 다른 개념들이 있다. 프랑스 마르크스주의자 루이 알튀세르(1918-90)는 이데올로기가 항상 현실을 왜곡한다고 주장한다('젠더 이데올로기', '남성다움 이데올로기'도 사용됨).

'Image-ing' masculinity남성성 이미지화하기: 광범위한 광고와 미디어 기법들을 통해 세심하게 만들어 낸 이미지들을 동원해 남성성을 상업화하는 것이다('이미지 산업', '이미지 관리'도 사용됨).

Imperial man제국주의적 남성: 19세기 영국 여왕과 국가와 대영제국을 위한 애국적인 종복이다. 그들의 특성은 모험심 강하고 두려움이 없고 금욕적이며 감정을 억제하고 압력을 받아도 냉정함을 유지하며 정정당당하게 승부를 겨루고 정의감이 강하고 육체적으로 건강하고 상황이 요구할 때 지도자 역할을 할 수 있는 능력이 있다는 점이다.

Kitchen sink literature노동계급 문학: 1950년대 후반 영국 문학(특히 희곡)에 적용되는 용어로 노동계급의 생활과 경험을 강조해서 그렇게 불린다.

Laddism사나이주의: 본질적으로 상업적 기획으로 1990년대의 잡지 《로디드 *Loaded*》와 (특히) 관련이 있는데 이 잡지는 젊은 남성들의 폭음과 마약 복용과 방종한 행동을 극찬했다('사나이 책', '사나이 문화', '사나이주의 페르소나', '사나이 같은 여자ladette', '사나이 잡지', '나이 든 사내', '사나이 현상', '텔레비전 사나이'도 사용됨).

Life scripts인생 각본: 인생경로가 나이와 계급, 신념체계, 지리적, 문화적 위치에 의해 대체로 '각본이 짜여 있고' 따라서 개별 행위자의 영역은 상대적으로 제한되어 있다는 생각이다.

Literary masculinities문학의 남성성들: 문학에서 모든 다양한 남성성들이 재현되는 방식과, 그것을 위해 사용되는 이야기와 문체상의 장치들은 나이츠(1999)와 쇠네-하우드(2000)에서 논의되는 쟁점들이다.

Machismo마초: 폭력(혹은 폭력의 위협)과 지배에 토대를 둔 대단히 남성우월적인 문화로 히스패닉계 국가들과 특히 관계가 있다('마초 남성성', '마초 남성'도 사용됨).

Male backlash남성의 반격: 1960년대 이래 여성주의가 이룬 진보들이 남성의 반격을 받을 수 있고 역전될 수 있다는 두려움을 표현하기 위해 팔루디(1991)가 만든 용어이다.

Male certainties남성에게 확실한 것들: 과거에 '남성다운 처신'에 주어졌던 이익들과 순전히 남자라는 이유만으로 주어지는 혜택들을 의미한다('남성의 영역', '남성다움', '남성의 역할들', '남성용 장난감들'도 사용됨).

Male Liberation남성해방: 대체로 여성주의에 대한 반응으로 남성들이 만든 운동들을 가리키는 일반적인 용어로, 특히 미국에서 유행했고 대부분 여성주의에 우호적이며 여성과 남성 자신에게 가부장제가 강요하는 편협한 구속으로부터 벗어나려 한다.

Male subjectivities남성의 주관성들: 어떻게 남성성이 개별 남성들에게 내면화되고 있는가 그리고 그런 인식이 그들의 '남성다움'에 대한 재현들을 어떻게 안내하고 있는가.

Masculine essence남성다움의 본질: 남성성의 표현이 광범위하게 다양해도 모두에게 공통된 근본적인 측면이 있다는 생각, 그러나 그것이 무엇인지 규정하지는 못한다('남성성의 심층구조' 참조).

Masculinism남권주의: '남자답게 처신하기'의 문화로, 전통적으로 육체적 힘과 공격성 그리고 경쟁에 의거한다('남성우월적 서사들', '남성우월적 상상물들'이란 용어도 사용됨).

Masculinities남성성들: 이제 학계에서 널리 사용되고 있는 복수형 용어로 남성성의 폭넓은 다양성, 남성성이 이해되고 실행되고 경험되고 살아지는 방식에서의 다양성을 나타낸다('남성다운 본질', '남성다움의 이념들', '남성다움의 가식', '남성다움의 권리들', '남성다움의 각본', '남성다운 변화', 중간계급 남성성, '신화적 남성성', '스포츠를 즐기는 남성성', '텔레비전 남성성', '노동계급 남성성'이란 용어도 사용됨).

Masculinity-as-a-text텍스트로서의 남성성: 남성성을 생물학적으로 엄격하게 고정된 것이라기보다는 시간과 장소에서 문화적으로 구성되고 실행되며('쓰여지고' '연기되는') 다양한 것으로 강조한다.

Men-as-victims희생자로서의 남성들: 많은 작가들(예를 들어, 카워드와 팔루디)이 목소리를 내고 있는 대단히 논쟁적인 생각으로, 여성주의자들의 약진과 평등정책들의 확산으로 인해 수많은 영역에서 남성들이 불이익을 당하고 있다는 것이다(예를 들어, 이혼합의 시의 재산처분이나 자녀양육권 조정에 대한 법의 면면들). 특히 팔루디(1999)는 남성들이 소비주의의 덫에 걸렸다고 이야기한다.

Men-in-the-mirror거울 속의 남성: 1980년대 이후부터 패션과 외모에 기반한 자아도취적 유형의 남성성이 선전되고 있는 현상을 기술하기 위해 에드워즈(1997)가 사용한 용어이다.

Men's movement남성운동: 세계적으로 일단의 남성들이 남성성을 다루려는 시도로, 일부는 여성주의를 옹호하는 입장을 취하고 나머지는 남권주의 입장을 취한다(Clatterbaugh, 1990). '약속의 파수꾼들'〔메스너(1997)가 연구한 종교적 복고주의자들〕, 블라이(1991)가 연구한 '신화 만들기', 미국과 영국의 성차별주의를 반대하고 여성주의를 옹호하는 집단들(Seidler, 1989; 1991), 여성에 대한 남성 폭력에 반대하는 캐나다 하얀리본운동Canadian White Ribbon Campaign, 극우민병대운동(오클라호마 시 폭발을 저지른 것으로 알려짐), 그리고 아프간 탈레반 같은 호전적 근본주의자와 여성혐오자들과 같은 수많은 형태들이 있다.

Moral panic도덕적 공황: 흔히 상대적으로 사소한 걱정이 특히 대중매체에 의해서 지나치게 증폭되는 현상을 가리킨다.

Muscular Christianity근육적 기독교: 남성성, 남성다움의 훈련, 불굴의 신체단련과 강한 기독교 신앙을 주입하는 데 기초했던 19세기 영국 사립학교와 연관이 있다.

Narrative analysis서사분석: 이야기 기법들이 어떻게 독자로 하여금 의미들을 만들도록 작동하는지 조사하는 방법들(언어학에서 유래)을 사용한다. 서사학은 이야기들과 화법의 형식들을 연구하는 문학연구의 한 분과이다.

New lad새로운 사나이: 1990년대 상업적 기획의 일환으로 (그리고 잡지《로디드*Loaded*》와 특별히 연관되어) 인생을 극한까지 즐기는 방종한 젊은 남자인 '사나이 잭'이란 역사적 인물이 부활되었다.

New man새로운 남성: 적어도 두 가지 별개의 의미로 자주 사용되는 용어이다. 첫째, 1970년대에 생겨난 신남성은 친여성주의적(이데올로기 주도의 '양육자' 전통)이고 '배려하기와 공유하기'의 신념을 일상생활에서 실천하려고 노력한다. 두 번째 의미의 신남성은 1980년대에 등장했고 쾌락주의자이며 최신 유행을 따르고 외모와 치장에 지대한 관심을 쏟는다(소비주의 주도의 '자아도취자' 전통). 이 책에서는 일반화된 모호한 '신남성주의'에서 이 두 가지가 이제 불가분의 관계라고 주장한다('구식 남성'도 사용됨).

New man-ism신남성주의: 남성과 남성의 역할이 변화해 왔다는 점을 인정하더라도, '양육자'와 '자아도취자' 계열로부터 나온 요소들이 어떻게 얼마나 무차별적으로 뒤섞여 있는지는 분명치 않다는 널리 퍼져 있는 관념을 가리킨다.

New masculinists새로운 남권주의자들: 남성들이 예전에 누렸지만 지금은 대체로 잃어버린 많은 '권리들'을 되찾겠다고 나선 남성 집단들, 특히 미국의 남성 집단을 가리키는 용어이다〔클레터바우(1990)와 블라이(1991, 1997) 참조〕.

New masculinity새로운 남성성: 이제는 시대에 뒤떨어진 지난 과거의 가부장제 남성성('구식 남성성')과는 다르다는 측면에서 주로 정의되고 있는 애매한 용어이다.

New times새로운 시대: 세계적 규모로 도래한 과학기술에 의해 촉진된 정치와 문화, 생활양식, 시민권에서의 진정한 변화 가능성들을 후기 근대성이 안내했다는 신념을 반영하는 용어로 햅디지(1989)와 다른 이들이 사용했다.

Obsessive moral masculinization강박적인 도덕적 남성화: 19세기 후반부와 20세기 초에 소년들에게 '남자다운 남자'가 되어 제국의 임무에 참여하라고 요구했던 다양하고 유해한 압력들을 요약하기 위해 길모어(1990)가 사용한 용어이다. 이런 점은 미국 소년들을 사회화시키는 '소년규범'을 행동과 정서를 구속하는 것으로 간주했던 폴락(2000)과 같은 현대 작가들에게도 반영되어 있다.

Old patriarchs늙은 족장들: 맥도웰과 코트(1994) 그리고 맥도웰(1997)이 2차 세계대전 직후 '보수적 태도'를 가진 중간 관리자와 상급 관리자들을 묘사하기 위해 사용한 용어이다〔로퍼(1991) 참조, '나이 든 남성 산업노동자'도 사용됨〕.

Ornamental culture장식문화: 팔루디(1999)가 소비주의를 일컫는 용어로 그것이 남성성과 남성의 몸을 대상화하고 상품화하여 오랫동안 여성들을 옭죄고 여성의 몸을 대상화한 것과 비슷한 방식으로 남성들을 덫에 빠뜨린다고 본다('장식의 덫에 걸림', '남성의 장식화'; '장식의 구속'도 사용됨).

Pathological masculinity병리적 남성성: 자신의 남성성 감각에 대한 위협이나 실패와 더불어 살 수 없거나 자아상 좌절을 극복할 수 없는 남성 개인들과 관련된 손상된 남성성이다. 이런 남성성은 이 남성들을 결국 파국적 결과를 낳는 폭력에 종종 의존하게 만든다.

Patriarchy가부장제: 남성들이 여성들에 비해서 경제적 우위와 권력을 누리고 그 결과 여성들은 가정이라는 사적 세계에 갇히게 되는 사회체계이다〔월비(1986, 1990) 참조, '가부장적 남성성'도 사용함〕.

Physical culture체육: 전문 '장사'이며 출판 기업가였던 잔도브(Eugene Sandow, 1867 -1925)가 고안하고 선전했던 운동과 근력강화를 이용한 엄격한 훈련 체제이다.

*Playboy*플레이보이: 덜 노골적인 포르노 잡지로 미국의 편집자이자 출판가인 휴 헤프너가 만들었고 1953년 12월 창간호엔 당시 알려지지 않았던 마를린 먼로의 누드가 실렸다. '젊은 여자' 사진들, 성 문제에 대한 실질적 조언, '남자들끼리의 대화', 당대 주요 작가들의 높은 문학적 수준의 기사들이 믿기 어렵게 혼합되어 그 잡지를 악명 높게 만드는 동시에 성공적으로 만들었다. 얼마 지나지 않아 헤프너는 자신의 제국을 옷을 별로 걸치지 않은 '토끼 소녀들'이 나오는 나이트클럽으로 확장했다. 지난 반세기 동안 《플레이보이》 공식을 흉내 낸 것들이 많았는데 그중 가장 눈에 띄는 것은 1960년대 초에 나온 《펜트하우스》이다. 출세한 자아도취적인 '플레이보이'는 절반은 성적 포식자이고 절반은 지식인으로서, 2차 세계대전의 참화들로부터 벗어나려고 여전히 애쓰고 있던 영국의 잿빛 세계에 갇힌 많은 남자들에게 대단히 유혹적이고 추악하고 해방적인 또 하나의 자아였다.

Politics of looking바라봄의 정치학: 1980년대 남성성의 상업화가 남성들을 불러들여 다른 남성들의 외모와 몸을 바라보고 감탄하게 만든 방식이다. 이는 예전에 '남성이 여성을 바라보기' 위해서 유보되었던 방식이다('정체성의 정치학'도 사용됨).

Popular Imperialism대중 제국주의: 19세기 후반 영국 대중이 보여 주었던 제국주의 임무에 대한 열광을 묘사하기 위해 도슨(1994)이 사용한 용어이다.

Post-Fordism포스트 포디즘: 포디즘적 대량생산을 대체한 보다 유연한 생산단계로 틈새시장과 짧은 생산주기에 기초하고 있다.

Postmodernism and postmodernity포스트모더니즘과 포스트모더니티: 고도의 과학기술과 짧은 생산주기 및 틈새시장에 기반한 자본주의의 한 국면으로 이전의 대량생산 국면의 모더니티를 대체하며, 이제 자본이 신흥 세계경제에서 전 지구적 규모로 작동하고 있는 방식을 반영한다('포스트모던 시대'도 사용됨).

Queer theory퀴어이론: 초기의 게이연구와 게이 활동가들과 레즈비언이론에 의존하고 있고, 성을 본질화시키는 지식인들과 사회의 전제들에 대한 폭넓은 비판을 구성하고 있는 1990년대의 산물이다. 퀴어이론은 고정된 의미들을 가졌다고 상식적으로 가정되고 이성애를 규범으로 승인하는 텍스트들과 태도들과 정체성들을 낯설게 만들기에 착수한다.

Redundant male불필요한 남자: 영국의 소설가이자 언론인인 페이 웰던Fay Weldon이 1996년에 처음 만든 용어로 이제 남자들이 여자들에게 더 이상 꼭 필요한 존재가 아니라는 생각을 전달한다. 남자들은 경제적 부양자로서나 자녀 양육 배우자로서, 심지어 새로운 재생산 기술들의 발전을 감안하면 생물학적으로도 꼭 필요한 존재가 아닐 수 있다.

Re-masculinization재남성화: 한 나라에서 남성의 '지위'와 '남성다움의 평판'을 회복하고 증진시키려는 수단들이 실제로 그리고/또는 담론적으로 특히 모욕적인 실패나 패배를 겪은 후에 사용된다[예를 들어, 1980년대 미국 영화에서 베트남전의 '영화적 재교전'(제퍼즈Jeffords, 1989, 참조)].

Rite of passage통과의례: 수많은 원시문화에서 성인 남자로의 입문 의식을 기록한 게넵(1960)과 연관성이 있다. 지금은 그 의미가 확대되어 초심자가 한 조직이나 제도 안으로 받아들여지거나 특정 지위를 수여받기 위해서 특정 과업들을 수행할 수 있는 능력을 입증하기 위해 성공적으로 통과해야 하는 입문 단계나 도전을 포함하게 되었다.

Scout movement스카우트운동: 영국에서 로버트 베이든-파웰(Robert Baden-Powell, 1857-1941)이 창설했고 소년들이 건강한 몸과 순수한 정신을 갖고 다른 소년들과 동성사교적 활동에 참가할 수 있도록 그들을 훈련하는 데 목표를 두고 있다.

Self-help discourses자조담론들: 찰스 스마일스(Charles Smiles, 1812-1904)의 《자조》(1859년 출판)는 사람들이 자신의 개인적 운명에 더 많은 책임을 지고 다른 사람들에게 의존해서는 안 된다는 신조를 선언했다. 이 신조는 1970년대 말 영국에서 뉴라이트에 의해 부활되어 마가렛 대처의 보수당 정책을 형성했다.

Semiotics기호학: 기호들과 기호체계들, 그들이 의미하는 바에 대한 체계적 연구로 스위스 언어학자인 페르디난드 드 소쉬르(Saussure, 1857-1913)와 미국 철학자인 찰스 퍼스(Peirce, 1839-1914)의 저작을 두 가지 기원으로 삼는다.

Social facts사회적 사실들: 사회학자 에밀 뒤르켐(Emile Durkhiem, 1858-1917)은 사회적 사실들을 사회의 기본구조 자체로 간주했다. 예를 들어 그는 인구 천 명당 자살자 수의 비율을 개별 사례들로 환원시키게 되면 그 비율의 본질적 의미를 잃을 수밖에 없다고 주장했다. 자살률은 집합적 현상이고 뒤르켐의 용어로 하나의 사회적 사실을 구성하고 있다.

Style press스타일 잡지: 1980년대 패션에 민감하고 '스타일 독해력이 있는' 대도시 젊은 남성들을 겨냥한 스타일 안내 잡지들의 탄생을 기술하는 용어이다('스타일 선도자들', '스타일 잡지magazine들'도 사용됨).

Subordinate variants종속적 변종들: 콘월과 린디스파르너(1994)가 패권을 잡지 못한 주변화된 남성성들을 가리키는 용어이다.

Suffragettes여성 참정권론자: 참정권 운동의 성원들이며 여성의 투표권을 요구했던 여성들에게 적용되는 용어이다. 1860년 무렵이 되면서 그들의 요구들은 속도가 붙었고 실비아 팽크허스트Sylvia Pankhurst 같은 지도자들과 셀리나 쿠퍼Selina Cooper 같은 지역 활동가들의 지도로 마침내 20세기 초 그들의 목표였던 여성 투표권을 쟁취하게 되었다.

Symbolic interactionism상징적 상호작용론: 사회학의 한 영역으로 사람들이 부여하는 의미들과 상황 정의들, 시간에 따라 그것들에 나타난 변화들을 연구한다.

Underclass하위계급: 미국 사회학자 찰스 머리(1990, 1994)의 저작과 특히 관계된 논쟁적인 용어이다. 머리는 자기 논지의 근거로 작업장에서의 탈락율, 위법 비율, 가족해체율, 사람이나 재산을 대상으로 한 범죄 비율 같은 측정치를 제시한다.

Voyageurs탐험가: 빅토리아 시대의 소년문학에서 젊은 주인공들의 멘토이면서 아버지를 대신하는 인물로 현명하고 성숙하고 신뢰받는 더 나이 든 남성들이다.

White negro백인 검둥이: 벡(1994)이 사용한 논쟁적인 용어로 그가 연구한 런던 남부의 백인 젊은이들이 자아표현의 일부로 흑인 청년 하위문화의 면면들을 어떻게 전유했는지를 기술하기 위해 사용했다.

Womanism우머니즘: 카워드(1999) 자신이 '페미니즘의 통속판'으로 부른 것, 즉 여성들이 사회의 모든 문제를 남성들의 탓으로 쉽사리 비난하는 것을 기술하기 위해 채택한 용어이다. 우머니즘은 여성주의나 여성주의적 비판과는 다르게, 특정한 주의主義가 없는 것으로 제시된다.

Yob욥: 전형적인 방종한 젊은 남자로 그의 또 다른 자아인 '젊은 술주정뱅이'와 나란히 하등 쓸모가 없고 도시 환경에 혼란을 야기한다('폭민정치'도 사용됨).

Young pretenders젊은 왕위 찬탈자들: 맥도웰과 코드(1994) 그리고 맥도웰(1997)이 사용한 용어로 1980년대와 1990년대 영국 기업계에서 중간과 상위 관리직으로 쇄도해 들어오면서 '늙은 족장들'을 몰아낸 경영학과 경제학을 전공한 새로운 세대를 가리킨다.

Yuppie여피: 상승이동하는 도시의 전문직 젊은이를 전형으로 삼는 1980년대 용어로 주식시장의 탈규제와 금융 서비스의 성장, 그리고 판촉과 홍보와 텔레비전과 광고 같은 '이미지' 산업들의 성장과 연관된다('여피 생활양식'도 사용됨).

참고문헌

Aitkenhead, D. (1999) Moisturiser men, *Guardian*, 6 September.

Alexander, J. (1997) Half a million men can't be wrong, *You*, 12 October.

Allan, S. (1999) *News Culture*. Buckingham: Open University Press.

Allsop, K. (1964) *The Angry Decade*. London: Peter Owen.

Anderson, P. (1961 [1923]) *The Hobo*. Chicago: University of Chicago Press.

Archer, J. (1994) Violence between men, in J. Archer (ed.) *Male Violence*. London: Routledge.

Back, L. (1994) The 'white negro' revisited: race and masculinities in South London, in A. Campbell and N. Lindisfarne (eds) *Dislocating Masculinity: Comparative Ethnographies*. London: Routledge.

Baddiel, C. (1999) Come on, you lads, it's cool to grow up, *The Times Weekend Supplement, Saturday*, 6 November.

Baden-Powell, R. (1963 [1908]) *Scouting for Boys*. London: Pearson.

Ballantyne, R.M. (2000 [1858]) *The Coral Island: A Tale of the Pacific Ocean*. London: Penguin.

Bandura, A. (1977) *Social Learning Theory*. Englewood Cliffs, NJ: Prentice-Hall.

Barrett, F.J. (1996) The organizational construction of hegemonic masculinity: the case of the United States Navy. *Gender, Work and Organization*, 3(3): 129-42.

Barrie, J.M. (1904) *Peter Pan*. London: Collins.

Belsey, C. (1980) *Critical Practice*. London: Methuen.

Benwell, B. (2000) Ironic discourse: masculine talk in men's lifestyle magazines, in Posting the Male conference abstracts, John Moores University, Liverpool, August.

Berger, M., Wallis, B. and Watson, S. (eds) (1995) *Constructing Masculinity*. New York:

Routledge.

Bergvall, V.L., Ring, J.M. and Freed, R.F. (1996) *Rethinking Language and Gender Research: Theory and Practice.* London: Longman.

Bernard, J. (1981) The good provider role: its rise and fall, *American Psychologist*, 36(1): 1-12.

Beynon, J. (1985) *Initial Encounters in a Secondary School.* Lewes: Falmer.

Beynon, J. (1987) Zombies in dressing gowns, in N.P. McKeganey and S.J. Cunningham-Burley (eds) *Enter the Sociologist.* Aldershot: Avebury.

Beynon, J. (1989) A school for men: an ethnographic case study of routine violence in schooling, in J. Archer and K. Browne (eds) *Human Aggression: Naturalistic Approaches.* London: Routledge.

Beynon, J. (1993) Computers, dominant boys and invisible girls, in J. Beynon and H. Mackay (eds) *Computers into Classrooms: More Questions than Answers.* Lewes: Falmer.

Beynon, J. (1996) *Young Men, Masculinity and Crime: An ESRC Report.* Swindon: Economic and Social Research Council.

Beynon, J. (2000) General introduction, in J. Beynon and D. Dunkerley (eds) *Globalization: The Reader.* London: Athlone.

Beynon, J. (2001) Robin Hood is alive and well in 'Cityton' Prison, in H. Phillips (ed.) *Robin Hood: Interdisciplinary Studies.* Manchester: Manchester University Press.

Beynon, J. and Dunkerley, D. (1999) *Perspectives on Globalization.* Moscow: Rubrica.

Beynon, J. and Dunkerley, D. (eds) (2000) *Globalisation: The Reader.* London: Athlone.

Blake, A. (1996) *Body Language: The Meaning of Modern Sport.* London: Lawrence and Wishart.

Blankenhorn, D. (1995) *Fatherless America: Confronting our most Urgent Social Problem.* New York: Basic Books.

Bly, R. (1991) *Iron John.* Rockport, MA: Element.

Bly, R. (1997) *Sibling Society.* London: Penguin.

Bordo, S. (1993) *Unbearable Weight: Feminism, Western Culture and the Body.* Berkeley, CA: University of California Press.

Bott, E. (1957) *Family and Social Network.* London: Tavistock.

Bourke, J. (1996) *Dismembering the Male: Men's Bodies, Britain and the Great War.* London:

Reaktion.

Sowker, L.H. (1998) *Masculinities and Violence.* London: Sage.

Boyd, K. (1991) 'Knowing your place': the tensions of manliness in boys' story papers, 1918-1939, in M. Roper and J. Tosh (eds) *Manful Assertions: Masculinities in Britain since 1800.* London: Routledge.

Brannon, R. (1976) The male sex role: our culture's blueprint of manhood, in D.S. David and R. Brannon, *The Forty-Nine Per Cent Majority: The Male Sex Role.* Reading, MA: Addison Wesley.

Brittan, A. (1989) *Masculinity and Power.* Oxford: Blackwell.

Broaddus, D. (2000) Representing masculinity in 1960's Black Panther autobiographical writing, in Posting the Male conference abstracts, John Moores University, Liverpool, August.

Brod, H. (ed.) (1987) *The Making of Masculinities: The Net Men's Studies.* Boston, MA: Allen and Unwin.

Brod, H. and Kaufman, M. (eds) (1994) *Theorizing Mascalinities.* London: Sage.

Brook, S. (2000) The 'angry young man', class and masculinity, in Posting the Male conference abstracts, John Moores University, Liverpool, August.

Brooker, P. and Widdowson, P.A. (1986) Literature for England, in R. Colls and P. Dodd (eds) *Englishness: Politics and Culture, 1880-1920.* London: Croom Helm.

Brown, C. (1987) Great Expectations: masculinity and modernity, in M. Green (ed.) *Broadening the Context.* London: John Murray.

Browne, N. and Ross, C. (1995) 'Girls' stuff, boys' stuff': young children talking and playing, in J. Holland, M. Blair and S. Sheldon (eds) *Debates and Issues in Feminist Research and Pedagogy.* Clevedon: Multilingual Matters.

Brownmiller, S. (1975) *Against our Will: Men, Women and Rape.* New York: Simon and Schuster.

Buchan, J. (1999 [1915]) *The Thirty Nine Steps.* Oxford: Oxford University Press.

Buchbinder, D. (1994) *Masculinities and Identities.* Melbourne: Melbourne University Press.

Budd, M.A. (1997) *The Sculpture Machine: Physical Culture and Body Politics in the Age of Empire.* London: Macmillan.

Burchill, J. (1999) Way back when men were men, *Guardian*, 4 January.

Burgmann, M. (1980) Revolution and machismo, in E. Windschuttle (ed.) *Women, Class and History*. Sydney: Fontana.

Burke, J. (2000) Mothers are to blame for macho mountaineers, *Observer*,7 April.

Burt, R. (1995) *The Male Dancer: Bodies, Spectacle and Sexuality*. London: Routledge.

Burt, R. (1998) *Alien Bodies: Representations of Modernity, Race and Nation in Early Modern Dance*. London: Routledge.

Burt, R. (2000) The performance of masculinities at the Judson Dance Theatre, in Posting the Male conference abstracts, John Moores University, Liverpool, August.

Burton, C. (1991) *The Promise and the Price*. Sydney: Allen & Unwin.

Butler, J. (1990) *Gender Trouble, Feminism and the Subversion of Identity*. New York and London: Routledge.

Butler, S. (1995 〔1903〕) *The Way of All Flesh*. Harmondsworth: Penguin.

Calcutt, A. (2000) *Brit Cult: An A-Z of British Pop Culture*. London: Prion.

Campbell, B. (1993) *Goliath: Britain's Dangerous Places*. London: Penguin.

Canaan, J. (1996) 'One thing leads to another': drinking, fighting and working class masculinities, in M. Mac an Ghaill (ed.) *Understanding Masculinities: Social Relations and Cultural Arenas*. Buckingham: Open University Press.

Cantarella, E. (1987) *Pandora's Daughters: The Role and Status of Women in Greek and Roman Antiquity*. Baltimore, MD: Johns Hopkins University Press.

Carrigan, T., Connell, R.W. and Lee, J. (1983) Towards a new sociology of masculinity, *Theory and Society*, 14(5): 551-604.

Castiglione, B. (1928 〔1528〕) *The Book of the Courtier* (translated by Sir Thomas Hoby). London: J.M. Dent.

Chambliss, B. (1972) *Box Man: A Professional Thief's Journal*. New York: Harper and Row.

Chandos, J. (1984) *Boys Together*. London: Yale University Press.

Chapman, R. (1988) The great pretender: variations on the 'new man' theme, in R. Chapman and J. Rutherford (eds) *Male Order: Unwrapping Masculinity*. London: Lawrence and Wishart.

Chibnall, S. and Murphy, R. (eds) (1999) *British Crime Cinema*. London: Routledge.

Chodorow, N. (1978) *The Reproduction of Mothering*. Berkeley, CA: University of California Press.

Christian, H. (1994) *The Making of Anti-Sexist Men*. London: Routledge.

Clare, A. (2000) *On Men: Masculinity in Crisis*. London: Chatto and Windus.

Clatterbaugh, K. (1990) *Contemporary Perspectives on Masculinity: Men, Women and Politics in Modern Society*. Boulder, CO: Westview.

Clatterbaugh, K. (1998) What is problematic about masculinities? *Men and Masculinities*, 1(1): 24-45.

Clayton, T. and Craig, P. (1999) *Finest Hour*. London: Hodder and Stoughton.

Coakley, J. (1998) *Sport in Society: Issues and Controversies*. New York: McGraw-Hill.

Cockburn, C. (1983) *Brothers*. London: Pluto.

Cockburn, C. (1991) *In the Way of Women: Men's Resistance to Sex Equality in Organisations*. London: Macmillan.

Coghill, N. (1960) *Modern Translation of Chaucer's Canterbury Tales*. Harmondsworth: Penguin.

Cohan, S. (1997) *Masked Men, Masculinity and Movies in the Fifties*. Bloomington, IN: Indiana University Press.

Cohan, S. and Hark, I.R. (eds) (1993) *Screening the Male: Exploring Masculinities in Hollywood Cinema*. London: Routledge.

Cohen, D. (1996) The financial independence of women, *Guardian Weekend*, 4 May.

Cohen, P. (1988) The perversions of inheritance: studies in the making of multiracist Britain, in P. Cohen and H.S. Bains (eds) *Multi-Racist Britain*. London: Macmillan.

Coleman, W. (1990) Doing masculinity: doing theory, in J. Hearn and D. Morgan (eds) *Men, Masculinities and Social Theory*. London: Unwin Hyman.

Collier, R. (1995) *Masculinity, Law and the Family*. London: Routledge.

Collinson, D.L. (1988) Engineering humour: masculinity, joking and conflict in shopfloor relations, *Organisation Studies*, 9(2): 181-9.

Collinson, D.L. (1992) *Managing the Shopfloor: Subjectivity, Masculinity and Workplace Culture*. Berlin: Walter de Gruyter.

Collinson, D.L. and Hearn, J. (1994) 'Men' at 'work': multiple masculinities and multiple workplaces, in M. Mac an Ghaill (ed.) *Understanding Masculinities*. Buckingham: Open University Press.

Collinson, D.L. and Hearn, J. (eds) (1996) Naming men as men: implications for work, organisation and management, *Gender, Work and Organisation*, 1(1): 2-22.

Colls, R. and Dodd, P. (1986) (eds) *Englishness: Politics and Culture, 1880-1920*. London: Croom Helm.

Connell, R.W. (1987) *Gender and Power*. Cambridge: Polity.

Connell, R.W. (1995) *Masculinities*. Cambridge: Polity.

Connell, R.W. (1998) Masculinities and globalization. *Men and Masculinities*, 1(1): 3-23.

Connell, R.W. (2000) *The Men and the Boys*. Cambridge: Polity.

Cook, E. (1999) On cosmetics for men, *The Independent on Sunday*, 4 July.

Cornwall, A. and Lindisfarne, N. (1994) *Dislocating Masculinity: Comparative Ethnographies*. London: Routledge.

Corrigan, P. (1979) *Schooling the Smash Street Kids*. London: Macmillan.

Coward, R. (1999) *Sacred Cows*. London: HarperCollins.

Craig, S. (ed.) (1992) *Men, Masculinity and the Media*. Newbury Park, CA: Sage.

Crang, M. (1998) *Cultural Geography*. London: Routledge.

Daley, J. (2000) The racism, sexism and violence of rap culture. *Daily Telegraph*, 22 August.

Dalton, M. (1959) *Men Who Manage*. New York: John Wiley.

Daly, M. and Wilson, M. (1988) *Homicide*. New York: Aldine de Gruyter.

Davies, R. (2000) Enduring McEwan, in Posting the Male conference abstracts, John Moores University, Liverpool, August.

Dawson, G. (1994) *Soldier Heroes: Brstish Adventure, Empire and the Imagining of Masculinities*. London: Routledge.

Defoe, D. (1963 〔1720〕) *Robinson Crusoe*. London: Dent.

Del Castillo, A. (2000) The crafting and performance of Mexican manhoods, in Posting the Male conference abstracts, John Moores University, Liverpool, August.

Dennis, N. and Erdos, G. (1992) *Fatherless Families*. London: Institute of Economic Affairs.

Dickens, C. (1999 〔1861〕) *Great Expectations*. Oxford: Oxford University Press.

Disraeli, B. (1971 〔1847〕) *Tancred or The New Crusade*. London: Greenwood.

Donald, R.R. (1992) Masculinity and machismo in Hollywood's war films, in S. Craig (ed.) *Men, Masculinity and the Media*. London: Sage.

Donaldson, M. (1993) What is hegemonic masculinity?, *Theory and Society*, 22: 643-57.

Doyle, J.a. (1989) *The Male Experience*. Dubuque, IL: Wm. C. Brown.

Durkheim, E. (1964) *The Rules of Sociological Method*. Glencoe, NY: Free Press.

Dyer, R. (1993) Rock, the last guy you'd have figured?, in P. Kirkham and J. Thumin (eds) *You Tarzan: Masculinity, Movies and Men*. London: Lawrence and Wishart.

Dyer, R. (1997) *White*. London: Routledge.

Easthope, A. (1986) *'What a Man's Gotta Do': The Masculine Myth in Popular Culture*. London: Paladin.

Edley, N. and Wetherell, M.S. (1995) *Men in Perspective: Practice, Power and Identity*. Hemel Hempstead: Harvester Wheatsheaf.

Edley, N. and Wetherell, M. (1996) Masculinity, power and identity, in M. Mac an Ghaill (ed.) *Understanding Masculinities*. Buckingham: Open University Press.

Edwards, T. (1994) *Erotics and Politics*. London: Routledge.

Edwards, T. (1997) *Men in the Mirror: Men's Fashions, Masculinity and Consumer Society*. London: Cassell.

Edwards, T. (2000) Sex, booze and fags: new men, new lads and the masculinity of men's style magazines. Address to the Posting the Male conference, John Moores University, Liverpool, August.

Ehrenreich, B. (1983) *The Hearts of Men: American Dreams and the Flight from Commitment*. New York: Anchor-Doubleday.

Ehrenreich, B. (1987) *Foreword to K. Theweleit's Male Fantasies*. Cambridge: Polity.

Ellis, B.E. (1991) *American Psycho*. London: Picador.

Elyot, T. (1907 [1531]) *The Governor*. London: J.M. Dent.

Falk, G. (1990) *Murder: An Analysis of its Forms, Conditions and Causes*. London: McFarland.

Faludi, S. (1991) *Backlash: The Undeclared War Against Women*. New York: Crown.

Faludi, S. (1999) *Stiffed: The Betrayal of the Modern Man*. London: Chatto and Windus.

Ferrebe, A. (2000) 1945-1960 as the origin of the anxieties of the modern Englishman, in Posting the Male conference abstracts, John Moores University, Liverpool, August.

Fiske, J. (1987) *Television Culture.* London: Methuen.

Fletcher, A. (1995) *Gender, Sex and Subordination in England, 1500-1800.* New Haven, CT: Yale University Press.

Forrest, D. (1994) 'We're here, we're queer and we're not going shopping': changing gay male identities in contemporary Britain, in A. Cornwall and N. Lindisfarne (eds) *Dislocating Masculinity: Comparative Ethnographies.* London: Routledge.

Foucault, M. (1972) *The Archaeology of Knowledge.* London: Tavistock.

Foucault, M. (1977) *Discipline and Punish: The Birth of the Prison.* Harmondsworth: Penguin.

Franklin, C.W. (1984) *The Changing Definition of Masculinity.* New York: Plenum.

Freely, M. (1999) He's 14 and his 12 year-old girlfriend is pregnant, *Guardian*, 8 September.

Frosh, S. (1987) *The Politics of Psychoanalysis: An Introduction.* London: Macmillan.

Frye, N. (1976) *The Secular Scripture*, Cambridge, MA: Harvard University Press.

Fussell, P. (1975) *The Great War and Modern Memory.* Oxford: Oxford University Press.

Gaillie, D., Marsh, C. and Vogler, C. (eds) (1994) *Social Change and the Experience of Unemployment.* Oxford: Oxford University Press.

Gardner, J. (1986) *Women in Roman Law and Society.* Bloomington, IN: Indiana University Press.

Gee, J.p., Hull, G. and Lankshear, C. (1996) *The New Work Order: Behind the Language of the New Capitalism.* Sydney: Allen and Unwin.

Gerrish, A. (1999) Unpublished research for MS3D5: Men, Masculinity and Culture, University of Glamorgan, Wales, UK.

Gibson, J. (1999) Hot off the press, *Media Guardian*, 11 January.

Gilmore, D. (1990) *Manhood in the Making: Cultural Concepts of Masculinity.* New Haven, CT: Yale University Press.

Gilroy, P. and Lawrence, E, (1988) Two tone Britain: white and black youth and the politics of anti-racism, in P. Cohen and H. Bains (eds) *Multi-Racist Britain.* London: Macmillan Education.

Girouard, M. (1981) *The Return to Camelot: Chivalry and the English Gentleman.* New Haven, CT: Yale University Press.

Glaser, B. and Strauss, A. (1967) *The Discovery of Grounded Theory.* Chicago: Aldine.

Goffman, E. (1971) *The Presentation of Self in Everyday Life*. Harmondsworth: Penguin.

Golding, W. (1954) *The Lord of the Flies*. London: Faber and Faber.

Golley, J. (2000) *The Day of the Typhoon*. London: Airlife.

Golley, J. (2001) *Hurricanes over Murmansk*. London: Airlife.

Goode, E. and Ben-Yehuda, N. (1994) *Moral Panics: The Social Construction of Deviance*. Oxford: Blackwell.

Goodwin, C. and Rushe, D. (1999) Drool Britannia, *Sunday Times*, 1 August.

Gosse, Sir Edmund (1989 [1907]) *Father and Son*. Harmondsworth: Penguin.

Gray, J. (1992) *Men are from Mars, Women are from Venus*. New York: HarperCollins.

Green, M. (1960) *A Mirror for Anglo-Saxons*. London: Chatto and Windus.

Green, M. (1991) *Seven Types of Adventure Tale: An Etiology of a Major Genre*. University Park, PA: Pennsylvania State University Press.

Greer, G. (1999) *The Whole Woman*. London: Doubleday.

Gregorio-Godeo, E. de (2000) Representations of masculinity in contemporary women's magazines, in Posting the Male conference abstracts, John Moores University, Liverpool, August.

Gregory, A. (2000) Re-visiting the 70s: music, culture and society, in Posting the Male conference abstracts, John Moores University, Liverpool, August.

Gristwood, S. (1999) Fury of fists, *Guardian*, 14 September.

Haggard, H.R. (1885) *King Solomon's Mines*. London: Cassell.

Haggard, H.R. (1999 [1887]) *Allan Quartermain*. London: Pulp.

Hall, C. (1989) The economy of intellectual prestige, *Cultural Critique*, 12: 178-81.

Hall, P. (1998) *Cities in Civilization*. London: Weidenfeld and Nicolson.

Hanke, R. (1992) Redesigning men: hegemonic masculinity in transition, in S. Craig (ed.) *Men, Masculinity and the Media*. Newbury Park, CA: Sage.

Hannabuss, S. (1983) Islands as metaphors, *Universities Quarterly*, 38(1): 70-82.

Hantover, J.P. (1978) The Boy Scouts and the validation of masculinity, *Journal of Social Issues*, 34: 184-95.

Hardy, T. (2000 [1874]) *Far from the Madding Crowd*. Harmondsworth: Penguin.

Hargreaves, D.H. (1967) *Social Relations in a Secondary School*. London: Routledge and

Kegan Paul.
Hargreaves, D. (1987) *Sport, Power and Culture.* Cambridge: Polity.
Hargreaves, M. (2000) Bleeding hysterics: melancholic masculinity and hyperbolic rage in Javier de Frutos' choreography, in Posting the Male conference abstracts, John Moores University, Liverpool, August.
Harris, I.M. (1995) *Messages Men Hear: Constructing Masculinities.* London: Taylor & Francis.
Harris, M. (1997) *Odd Man Out.* London: Pavilion.
Hartley, J. (1996) *Popular Reality: Journalism, Modernity, Popular Culture.* London: Arnold.
Healey, M. (1994) The mark of a man, *Critical Quarterly*, 36(1): 86-93.
Hearn, J. (1987) *The Gender of Oppression: Men, Masculinity and the Critique of Marxism.* Brighton: Wheatsheaf.
Hearn, J. (1990) Man's violence and 'child abuse', in *Violence Against Children Study Group: Taking Child Abuse Seriously.* London: Unwin Hyman.
Hearn, J. and Parkin, W. (1993) Organisations, multiple oppressions and postmodernism, in J. Hassard and M. Parker (eds) *Postmodernism and Organisations.* London: Sage.
Hebdige, D. (1989) After the masses, in S. Hall and M. Jacques (eds) *New Times.* London: Lawrence and Wishart.
Henige, D. (1982) *Oral Historiography.* London: Longman.
Henwood, F. and Miles, I. (19S7) The experience of unemployment and the sexual division of labour, in D. Fryer and P. Ullah (eds) *Unemployed People: Social and Psychological Perspectives.* Milton Keynes: Open University Press.
Heywood, J. (1997) The object of desire is the object of contempt: representations of masculinity, in S. Johnson and U.H. Meinhof (eds) *Language and Masculinity.* Oxford: Blackwell.
Hilary, R. (1997 [1942]) *The Last Enemy.* London: Pimlico.
Hill, D. (1997) *The Future of Men.* London: Weidenfeld and Nicolson.
Hilton, I. (1999) The forgotten victims, *Guardian*, 14 September.
Hoch, P. (1979) *White Hero, Black Beast: Racism, Sexism and the Mask of Masculinity.* London: Pluto.
Hoggart, R. (1957) *The Uses of Literacy.* Harmondsworth: Penguin.

Holden, W. (1998) *Shell Shock: The Psychological Impact of War.* London: Macmillan.

Holmes, J. (1995) *Women, Men and Politeness.* London: Longman.

Holt, R. (1989) *Sport and the British: A Modern History.* Oxford: Oxford University Press.

Hornby, N. (1992) *Fever Pitch.* London: Gollancz.

Hornby, N. (1995) *High Fidelity.* London: Gollancz.

Horrocks, R. (1994) *Masculinity in Crisis: Myths, Fantasies and Realities.* London: Macmillan.

Household, G. (1999 [1939]) *Rogue Male.* London: Phoenix.

Howard, C.H.D. (1967) *Splendid Isolation.* London: Macmillan.

Hughes, T. (1999 [1856]) *Tom Brown's Schooldays.* Oxford: Oxford University Press.

Humphries, S. (1981) *Hooligans or Rebels? An Oral History of Working Class Childhood and Youth, 1889-1939.* Oxford: Basil Blackwell.

Hunt, L. (1998) *British Low Culture: From Safari Suits to Sexploitation.* London: Routledge.

Ishiguro, K. (1989) *Remains of the Day.* London: Faber.

Jackson, B. (1968) *Working Class Community.* Harmondsworth: Penguin.

Jackson, B. (1972) *Outside the Law: A Thief's Primer.* New Jersey: Transaction Books.

Jackson, B. and Marsden, D. (1962) *Education and the Working Class.* London: Routledge and Kegan Paul.

Jackson, D. (1990) *Unmasking Masculinity: A Critical Autobiography.* London: Unwin Hyman.

Jackson, D. (2000) Cary Grant and the construction of male identity, in Posting the Male conference abstracts, John Moores University, Liverpool, August.

Jackson, K. (1999) Why should a John be a Joan? *The Times Higher Educational Supplement*, 8 October.

James, A. (2001) Drugs, guns and fights - all in a night's work, *The Times Higher Educational Supplement*, 23 February.

Jarvie, J. (2001) Teenage boys queue up for surgery, *Sunday Telegraph,* 7 January.

Jeffords, S. (1989) *The Remasculinization of America: Gender and the Vietnam War.* Bloomington, IN: Indiana University Press.

Jenkins, D. (2000) It's a man's world, *Daily Telegraph*, 10 December.

Jensen, J., Hagen, E. and Reddy, C. (eds) (1988) *The Feminization of the Labour Force: Paradoxes and Promises.* Cambridge: Polity.

Johansson, T. (1998) *The Sculptured Body: Gym Culture, Hard Bodies and Gender Identities.* Vaxjo, Sweden: University of Vaxjo Centre for Cultural Research.

Johnson, B.S. (1973) *All Bull.* London: Quartet.

Johnson, C.M. and Robinson, M.T. (1992) *Homicide Report.* Washington, DC: Government of the District of Columbia.

Johnson, S. and Meinhof, V.H. (1997) *Language and Masculinity.* Oxford: Blackwell.

Kanitkar, H. (1994) 'Real, true boys': moulding the cadets of imperialism, in A. Cornwall and N. Lindisfarne (eds) *Dislocating Masculinity: Comparative Ethnographies.* London: Routledge.

Katz, A. (2000) Contribution to *The Ill-Adapted Male*, BBC Radio 4 programme transcript, 28 December.

Katz, J. (1988) *The Seduction of Crime: Moral and Sensual Attractions of Doing Evil.* New York: Basic Books.

Keiser, R.L. (1979) *The Vice Lords: Warriors of the Streets.* Chicago: Holt, Rinehart and Winston.

Kelvin, P. and Jarrett, J.E. (1985) *Unemployment: Its Social Psychological Effects.* Cambridge: Cambridge University Press.

Kersten, J. (1995) Constructing the enemy: xenophobia and masculinities, in *Bundesminusterium fur Wissenschaft, Forschung und Kunst (Hg.):* Fremdenfeindlichkeit Wien, 159-77.

Kestner, J.A. (199S) *Masculinities in Victorian Paintings.* Aldershot: Scolar.

Kimmel, M.S. (ed.) (1987) *Changing Men: New Directions in Research on Men and Masculinity.* Newbury Park, CA: Sage.

Kimmel, M.S. (1994) Masculinity as homophobia: fear, shame and silence in the construction of gender identity, in H. Brod and M. Kaufman (eds) *Theorizing Masculinities.* Thousand Oaks, CA: Sage.

Kimmel, M.S. and Messner, M.A. (eds) (1992) *Man's Lives.* New York: Macmillan.

Kipling, R. (1966) *Collected Poems.* Oxford: Oxford University Press.

Kirkham, P. and Thumin, J. (1993) *You Tarzan: Masculinity, Movies and Men.* London: Lawrence and Wishart.

Klein, A.M. (1993) *Little Big Men: Bodybuilding Subculture and Gender Construction.* Albany, NY: State University of New York Press.

Knight, S. (1985) *The Brotherhood.* London: Grafton (Collins).

Knights, B. (1999) *Writing Masculinities: Male Narratives in Twentieth Century Fiction.* London: Macmillan.

Landesman, C. (1997) Boyzone, *Media Guardian*, 1 December.

Laqueur, T.W. (1990) *Making Sex: Body and Gender from the Greeks to Freud.* Cambridge, MA: Harvard University Press.

Lawrence, T.E. (1962 [1926]) *The Seven Pillars of Wisdom.* Harmondsworth: Penguin.

Lemann, N. (2000) The battle over boys: will feminists or their foes win the teenage soul? *New Yorker*, 10 July.

Letort, D. (2000) Representations of masculinity in Film Noir, in Posting the Male conference abstracts, John Moores University, Liverpool, August.

Lightfoot, L. (2000) Black culture holding back boys, *Daily Telegraph*, 21 August.

Lippert, J. (1977) Sexuality as consumption, in J. Snodgrass (ed.) *For Men Against Sexism.* Albion, CA: Times Change Press.

Lloyd, M. and Thacker, A. (2000) Masculinity and class in *The Full Monty* and *Brasssed Off*, Posting the Male conference abstracts, John Moores University, Liverpool, August.

Low, G.C-L. (1993) Histories, narratives and images of imperialism, in E. Carter, J. Donald and J. Squires (eds) *Space and Place: Theories of Identity and Location.* London: Lawrence and Wishart.

Lowerson, J. (1993) *Sport and the English Middle Classes, 1870-1914.* Manchester: Manchester University Press.

Lyndon, N. (1993) *No More Sex War: The Failures of Feminism.* London: Mandarin.

Mac an Ghaill, M. (1988) *Young, Gifted and Black.* Milton Keynes: Open University Press.

Mac an Ghaill, M. (1994) *The Making of Men: Masculinities, Sexualities and Schooling.* Buckingham: Open University Press.

Mac an Ghaill, M. (ed.) (1996) *Understanding Masculinities: Social Relations and Cultural Arenas.* Buckingham: Open University Press.

McCracken, E. (1993) *Decoding Women's Magazines.* London: Macmillan.

McCullough, D. (1992) *Truman*. New York: Simon and Schuster.

Macdonald, R. (1993) *Sons of the Empire: The Frontier and the Boy Scout Movement, 1890-1914*. Toronto: University of Toronto Press.

McDowell, L. (1997) *Capital Culture: Gender at Work in the City*. Oxford: Blackwell.

McDowell, L. and Court, G. (1994) Performing work: bodily representations in merchant banks, *Environment and Planning: Society and Space*, 12: 727-50.

McElhinny, B. (1994) An economy of affect: objectivity, masculinity and the gendering of police work, in A. Cornwall and N. Lindisfarne (eds) *Dislocating Masculinity: Comparative Ethnographies*. London: Routledge.

McEwan, I. (1998) *Enduring Love*. London: Vintage.

Macherey, P.A. (1978) *Theory of Literary Production*. London: Routledge.

MacInnes, J. (1998) *The End of Masculinity*. Buckingham: Open University Press.

McKay, J., Messner, M.A. and Sabo, D. (2000) *Masculinities, Gender Relations and Sport*. Thousand Oaks, CA: Sage.

McKee, L. and Bell, C. (1986) His unemployment, her problem: the domestic and marital consequences of male unemployment, in S. Allen, A. Watson, K. Purcell and S. Woods (eds) *The Experience of being Unemployed*. London: Macmillan.

MacKenzie, J.W. (1987) The imperial pioneer and hunter and the British masculine stereotype in late Victorian and Edwardian times, in J.A. Mangan and J. Walvin (eds) *Manliness and Morality: Middle Class Masculinity in Britain and America, 1800-1940*. Manchester: Manchester University Press.

MacKinnon, K. (1998) *Uneasy Pleasures: The Male as Erotic Object*. London: Cygnus Arts.

McMahon, A. (1993) Male readings of feminist theory, *Theory and Society*, 22(5): 675-696.

McNab, A. (1993) *Bravo Two Zero*. London: Bantam.

McNab, A. (1995) *Immediate Action*. London: Bantam.

Magor, D. (1999) Unpublished research for MS3D5: Men, Masculinity and Culture, University of Glamorgan, Wales, UK.

Mahawatte, R. (2000) Superheroes in post-silver age comics, in Posting the Male conference abstract, John Moores University, Liverpool, August.

Mangan, J.A. (1981) *Athleticism in the Victorian and Edwardian Public School*. Cambridge:

Cambridge University Press.

Mangan, J.A. and Walvin, J. (eds) (1987) *Manliness and Morality: Middle Class Masculinities in Britain and America, 1800-1940.* Manchester: Manchester University Press.

Mangan, M. (1997) Shakespeare's First Action Heroes: critical masculinities in culture both popular and unpopular, unpublished paper.

Margolis, J. (1995) Last orders for the 'new lad' fad, *Sunday Times*, 23 April.

Marsden, D. and Duff, E. (1975) *Workless: Some Unemployed Men and their Families.* Harmondsworth: Penguin.

Martin, N. (2000) Fears over here of rap's violence and obscenity, *Daily Telegraph*, 21 August.

Mason, P. (1982) *The English Gentleman: The Rise and Fall of an Ideal.* New York: Morrow.

Mellen, J. (1978) *Big Bad Wolves: Masculinity in American Film.* London: Elm Tree Books.

Men's Health Forum (1999) *Men's Health Forum Report.* London.

Messerschmidt, J.W. (1986) *Capitalism, Patriarchy and Crime.* Lanham, MD: Rowman and Littlefield.

Messerschmidt, J.W. (1993) *Masculinities and Crime.* Lanham, MD: Rowman and Littlefield.

Messerschmidt, J.W. (1997) *Crime as Structured Action: Gender, Race, Class and Crime in the Making.* Thousand Oaks, CA: Sage.

Messner, M.A. (1997) *The Politics of Masculinities: Men in Movements.* Thousand Oaks, CA: Sage.

Miedzian, M. (1992) *Boys Will Be Boys.* London: Virago.

Mills, S. (ed.) (1995) *Language and Gender: Interdisciplinary Perspectives.* London: Longman.

Moir, A. and Moir, B. (199S) *Why Men Don't Iron: The Real Science of Gender Studies.* London: HarperCollins.

Moiler, D. and Hemelrigk, S. (1999) When Dad walks away, *Reader's Digest*, June.

Money, T. (1997) *Manly and Muscular Diversions: Public Schools and the Nineteenth Century Sporting Revival.* London: Duckworth.

Moore, R. and Gillette, D. (1990) *King, Warrior, Magician and Lover: Rediscovering the Archetypes of the Mature Masculine.* New York: Harper.

Moore, S. (1996) *God's Gym.* London: Routledge.

Morgan, D.H.G. (1992) *Discovering Men.* London: Routledge.

Mori Poll (1999) Bringing up children, *Market and Opinion Research Internatsonal*, 3 June.

Morrison, B. (1993) *And When Did You Last See Your Father?*. London: Granta.

Mort, F. (1988) 'Boys Own?' Masculinity, style and popular culture, in R. Chapman and J. Rutherford (eds) *Male Order: Unwrapping Masculinity*. London: Lawrence and Wishart.

Mort, F. (1996) *Cultures of Consumption: Masculinities and Social Space in Late Twentieth Century Britain*. London: Routledge.

Mosse, G.I. (1996) *The Image of Man: The Creation of Modern Masculinity*. Oxford: Oxford University Press.

Murray, C. (1990) *The Emerging British Underclass*. London: Institute of Economic Affairs.

Murray, C. (1994) *Underclass: The Crisis Deepens*. London: Institute of Economic Affairs.

Newbolt, H. (1953) *Collected Poems*. London: Faber.

Newburn, T. and Stanko, E.A. (eds) (1994) *Just Boys Doing Business? Men, Masculinities and Crime*. London: Routledge.

Newell, W.R. (ed.) (2000) *What is a Man? Three Thousand Years of Wisdom on the Art of Manly Virtue*. London: HarperCollins.

Newson, J. and Newson, E. (1963) *Patterns of Infant Care in an Urban Community*. London: Allen and Unwin.

Nixon, S. (1996) *Hard Looks: Masculinities, Spectatorship and Contemporary Consumption*. London: UCL Press.

Ochs, E. (1992) Indexing gender, in A. Duranti and C. Goodwin (eds) *Rethinking Context: Language as an Interactive Phenomenon*. Cambridge: Cambridge University Press.

Orwell, G. (1950) *The Road to Wigan Pier*. Harmondsworth: Penguin.

Orwell, G. (1957 [1939]) Boys' weeklies, in *Selected Essays*. Harmondsworth: Penguin.

Osgerby, B. (1998) *Youth in Britain since 1945*. Oxford: Blackwell.

Owen, W. (1996) *The Pity of War: Poetry*. London: Phoenix.

Parham, J. (2000) The 'new man' in televised sport, in Posting the Male conference abstracts, John Moores University, Liverpool, August.

Parker, A. (1996) Sporting masculinities: gender relations and the body, in M. Mac an Ghaill (ed.) *Understanding Masculinities*. Buckingham: Open University Press.

Parker, T. (1990) *Life after Life: Interviews with Twelve Murderers*. London: Secker and Warburg.

Parkinson, M. (2000) The king of the people's game, *Daily Telegraph*, 28 February.

Parsons, T. (1999) *Man and Boy*. London: HarperCollins.

Patrick, M. (2000) Compositing African-American masculinities in videos, in Posting the Male conference abstracts, John Moores University, Liverpool, August.

Pauwels, A. (1998) *Women Changing Language*. London: Longman.

Pederzini, B. (2000) An analysis of male self-representation in contemporary television shows, in Posting the Male conference abstracts, John Moores University, Liverpool, August.

Penman, I. (2000) Over-loaded, in *Frank Magazine* (in association with the *Observer*), June.

Pfeil, F. (1995) *White Guys: Studies in Postmodern Domination and Difference*. London: Verso.

Phillips, A. (1999) On hugs and wails and highly involved males, *Guardian*, 17 March.

Phillips, R. (1997) *Mapping Men and Empire: A Geography of Adventure*. London: Routledge.

Plain, G. (2000) Keynote address on the novelist Ian Rankin to the Posting the Male conference, John Moores University, Liverpool, August.

Pleck, J.H. and Sawyer, J. (eds) (1974) *Men and Masculinity*. Englewood Cliffs, NJ: Prentice-Hall.

Pleck, J.H. and Thompson, E.H. (1987) The structure of male norms, in M.S. Kimmel (ed.) *Changing Men*. Newbury Park, CA: Sage.

Plummer, K. (1983) *Documents of Life*. London: Allen & Unwin.

Plummer, K. (1995) *Telling Sexual Stories: Power, Change and Social Worlds*. London: Routledge.

Podmore, D. and Spencer, A. (eds) (1987) *In a Man's World*. London: Tavistock.

Polk, K. (1994) Masculinity, honour and confessional homicide, in T. Newburn and E.A. Stanko (eds) *Just Boys Doing Business? Men, Masculinities and Crime*. London: Routledge.

Polk, K. and Ranson, D. (1991) Patterns of homicide in Victoria, in D. Chappell, P. Grabosky and H. Strang (eds) *Australian Violence: Contemporary Perspectives*. Canberra: Australia Institute of Criminology.

Pollack, W.S. with Shuster, T. (2000) *Real Boys' Voices*. New York: Random House.

Ponting, I. (2000) Obituary: Sir Stanley Matthews, *The Independent*, 25 February.

Powell, A. (1999) Whatever happened to real men? *Guardian*, 21 August.

Pringle, R. (1989) *Secretaries Talk*. London: Verso.

Raven, C. (1999) All men are bastards, *Guardian*, 9 February.

Ridley, M. (1999) Violence: let it all out or keep it buttoned up? *Daily Telegraph*, 13 September.

Ridley, Y. and Goodchild, S. (1999) Bare knuckle is all the rage, *Independent on Sunday*, 19 September.

Robinson, S. (2000) Putting the stud back into gender studies, *The Times Higher Education Supplement*, 15 December.

Roebuck, C. (2000) Dancing against the grain: alternative visions of masculinity in contemporary Western theatre dance, in Posting the Male conference abstracts, John Moores University, Liverpool, August.

Roper, M. (1991) Yesterday's model: product fetishism and the British company man, 1945-1985, in M. Roper and J. Tosh (eds) *Manful Assertions: Masculinities in Britain since 1800*. London: Routledge.

Roper, M. and Tosh, J. (eds) (1991) *Manful Assertions: Masculinities in Britain since 1800*. London: Routledge.

Ross, J. (1999) *The Nineties*. London: Ebury.

Rowe, D. (1999) *Sport, Culture and the Media*. Buckingham: Open University Press.

Rutherford, J. (1997) *Forever England: Reflections on Masculinity and Empire*. London: Lawrence and Wishart.

Rutherford, J. (2000) Keynote address to Posting the Male conference, John Moores University, Liverpool, reported in *The Times Higher Education Supplement*, 25 August.

Ryle, S. (2000) Boys will be boys in the bathroom, Observer, 9 April.

Sandow, E. (1894) *On Physical Training: A Study in the Perfect Type of Human Form*. London: Gale and Polden.

Sandow, E. (1904) *Body Building: Man in the Making*. London: Gale and Polden.

Schacht, S. (1996) Misogyny on and off the pitch: the gendered world of male rugby players, *Gender and Society*, 10(5): 550-65.

Schoene-Harwood, B. (2000) *Writing Men: Literary Masculinities from Frankenstein to the New Man*. Edinburgh: Edinburgh University Press.

Scully, D. (1990) *Understanding Sexual Violence*. London: HarperCollins.

Seaman, L.C.B. (1973) *Victorian England: Aspects of English and Imperial History, 1837-1901*. London: Methuen.

Sedgwick, E.K. (1985) *Between Men: English Literature and Male Homosocial Desire.* New York: Columbia University Press.

Segal, L. (1988) Looking back in anger: men in the fifties, in R. Chapman and J. Rutherford (eds) *Male Order: Unwrapping Masculinity.* London: Lawrence and Wishart.

Segal, L. (2000a) Opening address to Posting the Male conference, John Moores University, Liverpool, August.

Segal, L. (2000b) Contribution to *The Ill-Adapted Male*, BBC Radio 4 programme transcript, 28 December.

Seidler, V.J. (19S9) *Rediscovering Masculinity.* London: Routledge.

Seidler, V.J. (1991) *Recreating Sexual Politics.* London: Routledge.

Shail, R. (2000) Changing constructions of masculinity in 1960's British cinema, in Posting the Male conference abstracts, John Moores University, Liverpool, August.

Shaw, C.R. (1930) *The Jack Roller: A Delinquent Boy's Own Story.* Chicago: University of Chicago Press.

Shepherd, J. (1990) Violent crime in Bristol, *British Journal of Criminology*, 30(3): 289-305.

Shields, R. (1992) *Lifestyle Shopping: The Subject of Consumption.* London: Routledge.

Siebert, R. (1996) *Secrets of Life and Death.* London: Verso.

Silverman, R.A. and Kennedy, L.W. (1987) Relational distance and homicide: the role of the stranger, *Journal of Criminal Law and Criminology*, 78: 272-308.

Simon, W. (1996) *Postmodern Sexualities.* London: Routledge.

Skovmand, M. (1987) The mystique of the bachelor gentleman in late Victorian masculine romance, in M. Green (ed.) *Broadening the Context.* London: John Murray.

Smiles, S. (1996 [1859]) *Self-Help.* London: Institute of Economic Affairs.

Snodgrass, J. (ed.) (1977) *For Men Against Sexism.* New York: Times Change Press.

Sommers, C.H. (2000) *The War Against Boys.* New York: Simon and Schuster.

Southwell, T. (1998) *Getting Away with It: The Inside Story of 'Loaded'.* London: Ebury.

Spicer, A. (1999) The emergence of the British tough guy: Stanley Baker, masculinity in the crime thriller, in S. Chibnall and R. Murphy (eds) *British Crime Cinema.* London: Routledge.

Stanko, E.A. (1994) Challenging the problem of men's individual violence, in T. Newburn and

E.A. Stanko (eds) *Just Boys Doing Business?* London: Routledge.

Stanley, L. (1993) On autobiography in sociology, *Sociology*, 27(1): 41-52.

Stevenson, R.L. (1992 [1886]) *The Strange Case of Dr. Jekyll and Mr. Hyde*. Harmondsworth: Penguin.

Striff, E. (2000) Middle management, masculinity and the movies, in Posting the Male conference abstracts, John Moores University, Liverpool, August.

Sullivan, A. (2000) Mainlining manhood, *Guardian*, 8 April.

Sutherland, E.H. (1967 [1937]) *The Professional Thief*. Chicago: Phoenix.

Swart, S. (2000) 'Hard right' Afrikaner masculine identity in post-apartheid South Africa, in Posting the Male conference abstracts, John Moores University, Liverpool, August.

Swift, G. (1996) *Last Orders*. London: Picador.

Talmon, M. (2000) New masculinities in film and television in the 1990's, in Posting the Male conference abstracts, John Moores University, Liverpool, August.

Taubin, A. (2000) *Taxi Driver*. London: British Film Institute.

Thewelweit, K. (19S7) *Male Fantasies* (volumes 1 and 2). Cambridge: Polity.

Thomas, D. (1993) *Not Guilty: In Defence of Modern Man*. London: Weidenfeld and Nicolson.

Thompson, A. (1999) 'In hot water': extract from a biography of Charles Todd, *Daily Telegraph*, 4 September.

Thompson, P. (1975) *The Edwardians: The Remaking of British Society*. Oxford: Oxford University Press.

Thompson, P. (1988) *The Voice of the Past: Oral History*, 2nd edn. Oxford: Oxford University Press.

Thomson, A. (1994) *Anzac Memories: Living with the Legend*. Oxford: Oxford University Press.

Thomson, A. (1999) *The Singing Line*. London: Chatto and Windus.

Thrasher, F. (1963 [1926]) *The Gang*. Chicago: University of Chicago Press.

Thurston, R. (1996) Are you sitting comfortably? Men's storytelling, masculinities, prison culture and violence, in M. Mac an Ghaill (ed.) *Understanding Masculinities*. Buckingham: Open University Press.

Thurston, R. and Beynon, J. (1995) Men's own stories, lives and violence: research as practice, in R.E. Dobash, R.P. Dobash and L. Noaks (eds) *Gender and Crime*. Cardiff: University of Wales Press.

Tillner, G. (1997) Masculinity and xenophobia: the identity of dominance, conference paper, UNESCO Male roles and masculinities in the perspective of a culture of peace conference, Oslo, September.

Tolson, A. (1977) *The Limits of Masculinity*. London: Tavistock.

Tosh, J. (1991) Domesticity and manliness in the Victorian middle class: the family of Edward White Benson, in M. Roper and J. Tosh (eds) *Manful Assertions: Masculinities in Britain since 1800*. London: Routledge.

Tosh, J. (2000) *The Pursuit of History*, 3rd edn. London: Longman.

Townsend, R. (1997) *Manhood at Harvard*. New York: Norton.

Toynbee, P. (1987) The incredible, shrinking 'New man', *Guardian*, 6 April.

Toynbee, P. (1998) The myth of powerful women, *Guardian*, 6 May.

Turner, B. and Rennell, T. (1995) *When Daddy Came Home: How Family Life Changed Forever in 1945*. London: Pimlico.

Twain, M. (1964 [1876]) *Tom Sawyer*. London: Dent.

Vale de Almeida, M. (1996) *The Hegemonic Male: Masculinity in a Portuguese Town*. Oxford: Berghahn.

Van Gennep, A. (1960) *The Rites of Passage*. Chicago: University of Chicago Press.

Viner, K. (1999) Manhunting, *Guardian Weekend*, 4 September.

Walby, S. (1986) *Patriarchy at Work*. Cambridge: Polity.

Walby, S. (1990) *Theorizing Patriarchy*. Oxford: Blackwell.

Walker, C.R. and Guest, R.H. (1952) *The Man on the Assembly Line*. Cambridge, MA: Harvard University Press.

Wacquant, L.J.D. (1995) Why men desire muscles, *Body and Society*, 1(1): 163-79.

Weber, M. (1930) *The Protestant Ethic and the Spirit of Capitalism*. London: Allen & Unwin.

Weeks, J. (1995) *Invented Moralities*. Cambridge: Polity.

Weldon, F. (1998) *Analysis*, BBC Radio 4 transcript, March.

Weldon, S. (1998) Interview with Rosalind Coward, in R. Coward, *Sacred Cows: Is Feminism Relevant to the New Millennium?* London: HarperCollins.

Welsh, I. (1993) *Trainspotting*. London: Minerva.

Westwood, S. (1990) Racism, black masculinity and the politics of space, in J. Hearn and D.H.

Morgan (eds) *Man, Masculinity and Social Theory*. London: Unwin Hyman.
Whyte, W.F. (1955) *Street Corner Society*. Chicago: University of Chicago Press.
Whyte, W.H. (1956) *The Organization Man*. New York: Simon and Schuster.
Williams, H. (1911) Four famous authors for boys, in *Empire Annual for Boys*. London: Empire Press.
Willis, P. (1977) *Learning to Labour*. Farnborough: Saxon House.
Willis, P. (1984) Youth unemployment: thinking the unthinkable, *Youth and Policy*, 2(4): 17-36.
Willott, S. and Griffin, C. (1996) Men, masculinity and the challenge of long-term unemployment, in M. Mac an Ghaill (ed.) *Understanding Masculinities*. Buckingham: Open University Press.
Wolf, N. (1990) *The Beauty Myth*. London: Vintage.
Wollaston, S. (1997) With 'xtremely' healthy circulation, *Media Guardian*, 24 February.
Yeandle, S. (1995) Change in the gender composition of the workforce, conference paper, European Sociological Association conference, Budapest, September.
York, P. (1982) *The Official Sloane Ranger Handbook*. London: Ebury.
York, P. and Jennings, C. (1995) *Peter York's Eighties*, London: BBC Publications.
Young, M. and Willmott, P. (1957) *Family and Kinship in East London*. London: Routledge and Kegan Paul.

찾아보기

ㅇ

남성성과 문화

초판발행 2011년 10월 7일
초판 1쇄 2011년 10월 7일

지은이 존 베이넌
옮긴이 임인숙 · 김미영
펴낸곳 고려대학교출판부
www.kupress.com
kupress@korea.ac.kr
136-701 서울특별시성북구안암동
02-3290-4230, 4232
Fax 923-6311
찍은곳 한국컴퓨터인쇄정보

ISBN 978-89-7641-753-4 93330

값 15,000원